Wilhelm Friedrich Schäffer

Inconsequenzen und auffallende Widersprüche in der Kantischen Philosophie

Besonders in der Critik der reinen Vernunft

Wilhelm Friedrich Schäffer

Inconsequenzen und auffallende Widersprüche in der Kantischen Philosophie
Besonders in der Critik der reinen Vernunft

ISBN/EAN: 9783742890092

Hergestellt in Europa, USA, Kanada, Australien, Japan

Cover: Foto ©Thomas Meinert / pixelio.de

Manufactured and distributed by brebook publishing software (www.brebook.com)

Wilhelm Friedrich Schäffer

Inconsequenzen und auffallende Widersprüche in der Kantischen Philosophie

Inconsequenzen,

und

auffallende Widersprüche

in der

Kantischen Philosophie,

besonders

in der

Critik der reinen Vernunft,

ausgehoben,

und ans Licht gestellt

von

Willhelm Friedrich Schäffer,

Herzogl. Sächs. Goth. Oberconsistorialrath
und Oberhofprediger.

Dessau,
bey Karl Ludwig Müller und Kompagnie
1792.

Dem

erhabenen Freunde

wahrer Philosophie,

Sr. Hochfürstl. Durchl.

dem

Prinzen August

von Sachsen-Gotha,

ehrfurchtsvoll gewidmet

von

dem Verfasser.

Vorerinnerung.

Prüfet alles, und das Gute behaltet! — Ueber die Richtigkeit und allgemeine Anwendbarkeit dieses Grundsatzes ist doch wohl, denke ich, unter uns jetzt keine Frage mehr. — Sollte denn also die Kantische Philosophie von dieser allgemeinen, so sehr practischen, Vernunftregel eine Ausnahme machen dürfen? Ich dächte doch nicht! — Zwar hat die Größe des Mannes, dem unser Zeitalter dieses neue philosophische System verdankt, allerdings etwas Abschreckendes; und fast könnte es verwegen scheinen, die Kantische Philosophie nicht sogleich mit voller Zuversicht glauben, sondern sie erst noch lange prüfen, oder wohl gar, nach angestellter Prüfung, noch manches Unrichtige und sich selbst Widersprechende darin finden zu wollen; verwegen um so mehr, da ein sehr respectabler Theil unserer philosophirenden Zeitgenossen ein für allemahl schon entschieden zu haben scheint, daß die Kantische Philosophie über jeden möglichen Zweifel, und folglich auch über jeden Versuch, sie erst noch prüfen, oder wohl in manchen Stücken sie noch bestreiten zu wollen, unendlich erhaben sey. Bey so bewandten Umständen möchte man also freilich fast den Muth verlieren, eine solche Prüfung zu unternehmen; zumahl, da man fürchten muß, wenigstens bey denen, die nun einmahl sich gewöhnt haben, den Nimbus von Unfehlbarkeit, der die Kantische Philosophie in ihren Augen umgiebt, für etwas mehr, als bloße Erscheinung, für eine wirkliche Realität zu halten, sehr übel damit anzukommen, und, im Fall man das Unglück hat, darüber anders zu denken, mit verächtlichen Seitenblicken und mit dem höhnenden Endurtheile zurückgewiesen zu werden: der arme Mann hat nicht Verstand genug, die Kantische Philosophie gehörig zu fassen und sie richtig zu beurtheilen. — Allein so gern und willig ich es auch einräume, daß Kant unter allen Philosophen, die je vom Weibe geboren wurden, bis jetzt der größte ist; und so weit ich auch entfernt bin, auf irgend eine Weise mich mit Ihm messen zu wollen; so glaube ich dennoch: Er selbst denkt gewiß, eben darum, weil Er Kant ist, viel zu bescheiden und zu vernünftig, als daß Er Ansprüche auf Unfehlbarkeit machen sollte. Denn bey aller Größe, bey aller Höhe und Tiefe seines Geistes, ist und bleibt Er doch immer noch ein Mensch. Er kann also

irren,

irren, und kann es desto leichter, je tiefer Er in das innere Wesen und in den ganzen Umfang alles menschlichen Wissens als ein Originalgenie einzudringen und sich eine Bahn zu brechen versucht hat, die vor Ihm auf diese Art noch niemand wandelte. — Ist es also nicht desto nöthiger, erst zu prüfen, ehe man so zuversichtlich glaubt und nachspricht? Man hat ja doch nun einmahl wider Nachbeterey und blinden Glauben, und hingegen für selbstständige Denkfreyheit, oder für das unveräußerliche Menschenrecht, selbst zu denken, selbst zu prüfen und über das Geprüfte frey zu urtheilen, so vollkommen und so allgemein entschieden, daß ich gar nicht absehe, wie man mir mit Grunde einen Vorwurf darüber machen, oder es mir verargen könnte, wenn ich geglaubt habe, auch selbst in Ansehung der Kantischen Philosophie keine Ausnahme hiervon machen zu dürfen; vielmehr hielt ich mich aus den angeführten Gründen nicht allein berechtigt, sondern auch für verpflichtet, erst selbst zu prüfen, ehe ich derselben meinen vollen und durchgängigen Beyfall schenkte. Dieß habe ich nun gethan; ich habe, besonders die Critik der reinen Vernunft, oft und aufmerksam durchgelesen; ich habe die wesentlichsten Grundsätze und Behauptungen derselben nach ihrem ganzen Inhalte, und nach allen ihren Gründen, nicht allein einzeln wiederholentlich durchdacht, sondern auch sie unter einander selbst genau verglichen; kurz, ich habe sorgfältig, aber auch gewiß ganz unpartheyisch geprüft. — Unpartheyisch, sage ich; freylich also nicht mit der, wie es scheint, zwar sehr gewöhnlichen, einer genauen und unbefangenen Untersuchung der Wahrheit aber eben so schädlichen, als äußerst kühnen Voraussetzung, daß es sich a priori schon nicht anders denken lasse, als daß das, was ein Kant sagt, nothwendig wahr und richtig seyn müsse, und unmöglich falsch und irrig seyn könne; aber doch auch mit dem reinen, festen Vorsatze, das Wahre und Gute, wenn und wo ich es finden würde, willig anzunehmen, und es treulich zu behalten. — — Darf ich denn aber nun auch sagen, was ich fand? Je nun, warum nicht? Denn wenn es erlaubt ist, selbst zu prüfen; so muß es auch erlaubt seyn, die Resultate seiner Prüfung öffentlich vorzulegen, theils, um überhaupt ein weiteres Nachdenken darüber zu veranlassen, theils um zu vernehmen, ob und in wie fern die Einsicht und die Stimme des Publikums sie für gegründet oder ungegründet finden und erklären werde. Lediglich in dieser, doch wohl gewiß ganz untadelhaften Absicht, wage ich es also, hiermit öffentlich zu erklären: daß ich nicht allein sehr viele Inconsequenzen, und zwar gerade in den Hauptbeweisen, sondern auch sogar manche

wirk-

wirkliche, förmliche und ausdrückliche Widersprüche in der Kantischen Philosophie gefunden habe; und zwar Widersprüche, die nicht etwa nur in einzelen, dunkeln und deshalb vielleicht mißverstandenen Stellen oder Ausdrücken, sondern in den wesentlichsten deutlich dastehenden Grundsätzen des Systems liegen, und also von der Art sind, daß sie die ganze Haltung desselben sehr erschüttern, wo nicht ganz zu Grunde richten. Dieß, verehrungswürdige Männer Deutschlands, dieß habe ich gefunden; glaube es wenigstens und zwar aus Gründen, die mich zwingen, es zu glauben; und dieß sollte ich nicht sagen dürfen? Ich muß gestehen, daß ich gar nicht einsehe, was mit Recht mich davon abhalten könnte oder dürfte. — Zwar schrieb ich einen Theil der Aufsätze, die ich hiermit nun bekannt mache, ursprünglich nicht in der Absicht, um sie drucken zu lassen, sondern bloß zu meinem Privatgebrauche und etwa für einen oder den andern Freund nieder; und ich würde vielleicht zu ihrer öffentlichen Bekanntmachung mich auch nie entschlossen haben, wenn nicht Männer von bekannter gründlicher Gelehrsamkeit und entschiedenen Verdiensten, denen ich gelegentlich ihrer einige vorlas, mich ausdrücklich dazu aufgefordert hätten. Das Gewicht Ihres Urtheils mußte nun aber natürlicher Weise mich veranlassen, darüber noch weiter nachzudenken, und so ward der Gedanke: vielleicht können sie Nutzen stiften, wenn du sie öffentlich mittheilst, zuerst bey mir rege und reifte zum Entschlusse, indem ich allerdings nun deutlich einzusehen glaube: ich bin es der Wahrheit und nicht weniger auch mir selbst schuldig, daß ich die Resultate meiner angestellten Prüfung, sie mögen nun auch ausfallen, wie sie wollen, öffentlich vorlege. — Der Wahrheit und ihrem Dienste! — Denn wenn und wo hat es jemals ihr geschadet, wenn sie von allen Seiten her auf das schärfste geprüft wurde? Auch die Kantische Philosophie hat doch wohl unstreitig keine andere Absicht, als uns zur Erkenntniß der Wahrheit zu führen. Aber eben deswegen halte ich es ihr für ungemein zuträglich, daß sie bisher nicht allein Anhänger und Vertheidiger, sondern auch Zweifler und Gegner fand, die ihre Grundsätze angriffen. Beyde sind ihr und der Welt wirklich nöthig und höchst nützlich. Denn hätte sie unter unsern Philosophen entweder die einen oder die andern nicht gefunden; so würde sie gewiß in beyden Fällen nicht mit demjenigen Interesse, nicht mit derjenigen Schärfe, nicht mit derjenigen Genauigkeit und Beharrlichkeit geprüft werden, womit sie doch geprüft zu werden so sehr verdient. Auch dadurch also, daß ich bis jetzt noch, nicht durchgängig zwar, aber doch in Ansehung einiger ihrer

Haupt=

Hauptlehren, aus voller Ueberzeugung, ihr entschlossener Gegner bin, und es öffentlich werde, glaube ich um die Kantische Philosophie mich verdient zu machen, sie mag nun an sich selbst in diesen ihren Hauptlehren entweder Recht oder Unrecht haben. Hat sie Unrecht; nun, so wird sie unfehlbar an innerm Werthe sehr gewinnen, wenn sie dieses Unrecht bekennt und von sich ablegt; hat sie aber Recht, nun, so wird sie denn auch Recht behalten, und, indem sie meine Zweifel hebt, so wird sie ihr Reich nicht allein bey mir, sondern auch vielleicht bey tausend andern erweitern, die mit mir gleiche Zweifel hegten. Auch mir selbst also glaube ich diese offene Darlegung meiner mir selbst gewiß nicht unwichtigen Zweifel über die Kantische Philosophie schuldig zu seyn. Denn ich suche Wahrheit und bin verpflichtet sie zu suchen, nicht allein für mich, sondern auch für andere. Nun irre ich mich aber entweder in der Kantischen Philosophie, oder ich irre mich nicht. Ist das letztere und sind also meine Bemerkungen wahr und gegründet, so ist keine Frage weiter, ob ich sie mittheilen durfte oder mußte. Irre ich mich aber; nun, so muß ich doch nothwendig wünschen, von meinem Irrthume so bald als möglich gänzlich zurückkommen, und hingegen zu jenen Glücklichen, die das Licht der Kantischen Philosophie schon mit vollen Zügen schlürfen, so bald

bald als möglich mich gesellen zu können. Zürnen Sie also nicht, meine verehrungswürdigen Mitforscher nach Wahrheit, daß ich die Resultate meiner Prüfung Ihnen öffentlich vorlege. Ich suche und wünsche nur Belehrung, um entweder in meiner bisherigen Ueberzeugung desto fester zu werden; oder von der Wahrheit und Vollgültigkeit der Kantischen Philosophie desto gründlicher mich überzeugen zu können. Nach meiner jetzigen, mir unwiderstehlich einleuchtenden Ueberzeugung, die ich also nicht zu schelten bitte, muß ich nun aber freylich erklären, daß ich die Critik der reinen Vernunft für das Muster eines zwar sehr tief gedachten, aber doch in vielen seiner wesentlichen Grundsätze ganz unhaltbaren, und nicht selten sich selbst widersprechenden Systems halte. Hier sind meine Beweise! — Ehe ich nun aber diese aufstelle, muß ich mich noch zuvor mit einem Schutzbriefe versehen, der doch wohl unstreitig volle Gültigkeit haben wird. Denn kein Geringerer, als Kant selbst, schrieb ihn schon für mich, wenn Er in seiner Critik d. r. V. S. 780 also spricht: „Zu dieser Freyheit, (es ist nemlich vorhin von einer Freyheit die Rede, die durch gesetzlichen Zwang nur dahin eingeschränkt werden darf, daß sie mit jedes andern Freyheit, und eben dadurch mit dem gemeinen Besten bestehen könne,) „gehört denn „auch die, seine Gedanken, seine Zweifel, die

„man

„man sich nicht selbst auflösen kann, öffentlich zur
„Beurtheilung auszustellen, ohne darüber für einen
„unruhigen und gefährlichen Bürger verschrieen zu
„werden. Dieß liegt schon in dem ursprünglichen
„Rechte der menschlichen Vernunft, welche keinen
„andern Richter erkennt, als selbst wiederum die
„allgemeine Menschenvernunft, worin ein jeder
„seine Stimme hat; und da von dieser alle
„Besserung, deren unser Zustand fähig ist, her-
„kommen muß: so ist ein solches Recht hei-
„lig, und darf nicht geschmälert werden."
Hat nun also, wie Kant sagt, hier ein jeder seine
Stimme; so, denke ich, werde auch ich sie haben,
und also auch getrost sie geben dürfen. Hier ist sie!
Man höre und prüfe; aber, wenn es möglich ist,
ohne Vorurtheil, und, wenn ich bitten darf, ohne
Zanken und Schelten! Ich wenigstens denke nicht,
in der Darstellung dessen, was ich gegen das Kantische System einzuwenden fand, die Grenzen der
Bescheidenheit überschritten zu haben. Sollte es
aber dennoch irgendwo geschehen seyn, so bitte ich
deshalb schon im voraus um Verzeihung, und er-
kläre, daß es nicht meine Absicht war zu beleidigen,
sondern nur frey und laut zu sagen, was mir aus
Gründen, denen ich nicht zu widerstehen vermag,
Wahrheit oder Irrthum ist. Will mich also jemand
widerlegen, oder mich eines andern belehren, den
bitte

bitte ich, aus dem, was ich in der Kantischen Philosophie für unerweislich, oder für Widerspruch, und mithin für irrig halte, nicht etwa nur eins und das andere aufzugreifen, was vielleicht noch wohl einiger Entschuldigung fähig ist und dagegen das Hauptsächlichste mit Stillschweigen zu übergehen; sondern mir Schritt vor Schritt zu folgen, auf das Ganze zu sehen, und vornemlich mit seinen Erläuterungen oder gegenseitigen Belehrungen da zu weilen, wo Inconsequenzen, oder förmliche Widersprüche, oder unvermeidliche Folgen von Irrthümern wohl am schwersten abzulehnen seyn möchten. Kurz, wer im Stande ist, mich mit Gründen zu widerlegen, mit Gründen, sage ich, die wörtlich beweisen, was man damit beweisen will; der bediene sich seines Rechts und rechne darauf, daß ich ihn mit Vergnügen hören, und ihm, als Freund der Wahrheit, danken werde. Ist er aber überall, oder doch wenigstens in manchen wesentlichen Punkten, das zu leisten nicht vermögend; so gebe er auch der Wahrheit die Ehre; so gestehe er auch, daß Irrthum doch nur Irrthum ist, wenn auch selbst ein Kant ihn lehrte. Dieß zu fordern, ist das Recht der allgemeinen Menschenvernunft; und ich darf hoffen, daß man auch gegen mich, auch gegen einen Antikantianer, dieses heilige Recht nicht werde schmälern wollen. Gotha, im December 1791.

Was lehrt denn eigentlich Kant, der Einzige?

§. 1.

Die Hauptlehre, oder das erste und hauptsächlichste Fundament (πρῶτον ψεῦδος) der ganzen Kantischen Philosophie ist die Lehre dieses großen und in seiner Art einzigen Philosophen von Raum und Zeit. Er lehrt nemlich: Raum und Zeit setzt nicht etwas außer uns, sondern eine subjective Form unserer Sinnlichkeit, oder unserer innern sowohl als äußern sinnlichen Anschauung. Alles also, was im Raume und in der Zeit von uns angeschauet wird, sey bloße Erscheinung, d. h. es existire bloß in unserer Vorstellung, an sich selbst aber sey es Nichts! — Jedoch wir müssen vor allen Dingen ihn wohl selbst darüber sprechen lassen. *)

S. 42. heißt es: „der Raum ist nichts anders, „als nur die Form aller Erscheinungen äußerer Sin„ne,

---

*) Es ist zu merken, daß ich die Stellen, die ich aus Kants Critik der reinen Vernunft hier anführen werde, nach der zweyten Ausgabe von 1787 citire.

„ne, d. i. die subjective Bedingung der Sinnlichkeit,
„unter der allein uns äußere Anschauung möglich ist. —
„Gehen wir von der subjectiven Bedingung ab; —
„so bedeutet die Vorstellung vom Raume gar nichts."

S. 44. „Wir behaupten also, daß der Raum
„Nichts sey, sobald wir ihn als etwas, was den
„Dingen an sich selbst zum Grunde liegt, annehmen."

S. 49. „Die Zeit ist nichts anders, als die
„Form des innern Sinnes, d. i. des Anschauens
„unserer selbst, und unseres innern Zustandes. Denn
„die Zeit kann keine Bestimmung äußerer Erschei=
„nungen seyn, sondern sie bestimmt nur das Ver=
„hältniß unserer Vorstellungen in unserm innern Zu=
„stande."

S. 50. „Die Zeit ist die formale Bedingung
„a priori aller Erscheinungen überhaupt. Der Raum,
„als die reine Form aller äußern Anschauung, ist als
„Bedingung a priori bloß auf äußere Erscheinungen
„eingeschränkt. Dagegen, weil alle Vorstellungen,
„sie mögen nun äußere Dinge zum Gegenstande ha=
„ben oder nicht, doch an sich selbst, als Bestimmun=
„gen des Gemüths, zum innern Zustande gehören*);
„dieser

---

*) Die ganze sichtbare Welt, und alles, was darinnen
ist, als etwas durch die Zeit Bestimmtes, gehört dem=
nach, nach dieser Kantischen Erscheinungslehre, bloß zu
unserm innern Zustande. Sie ist weiter nichts, als der
Inbegriff der innern Bestimmungen unsers Gemüths.
Man höre nur weiter!

„dieſer innere Zuſtand aber, unter der formalen Be-
„dingung der innern Anſchauung, mithin der Zeit
„gehört; ſo iſt die Zeit eine Bedingung a priori von
„aller Erſcheinung überhaupt, und zwar die unmit-
„telbare Bedingung der innern, und eben dadurch
„mittelbar auch der äußern Erſcheinungen.‟

S. 55. „Zeit und Raum ſind zwey Erkennt-
„nißquellen aus denen a priori verſchiedene ſynthe-
„tiſche Erkenntniſſe geſchöpft werden können, wie
„vornehmlich die reine Mathematik in Anſehung der
„Erkenntniſſe vom Raume und deſſen Verhältniſſen
„ein glänzendes Beyſpiel giebt. Sie ſind nemlich
„beyde zuſammengenommen reine Formen aller ſinn-
„lichen Anſchauung, und machen dadurch ſyntheti-
„ſche Sätze a priori möglich. Aber dieſe Erkennt-
„nißquellen beſtimmen ſich eben dadurch, daß ſie
„bloße Bedingungen der Sinnlichkeit ſind, ihre
„Grenzen, nemlich, daß ſie blos auf Gegenſtände
„gehen, ſofern ſie als Erſcheinungen betrachtet wer-
„den, nicht aber Dinge an ſich ſelbſt darſtellen.
„Jene allein ſind das Feld ihrer Gültigkeit, woraus,
„wenn man hinausgehet, weiter kein objectiver Ge-
„brauch derſelben Statt findet.‟

S. 59. „Wir haben alſo ſagen wollen, daß
„alle unſere Anſchauung nichts als die Vorſtellung
„von Erſcheinung ſey; daß die Dinge, die wir an-
„ſchauen, nicht das an ſich ſelbſt ſind, wofür wir

B „ſie

„sie anschauen, noch ihre Verhältnisse so an sich selbst
„beschaffen sind, als sie uns erscheinen,"

(NB. So weit geht noch alles gut! Denn hier
giebt doch Kant noch zu, daß es wirkliche
Dinge sind, die wir anschauen, ob sie uns
gleich nicht ihrem innern Wesen nach, sondern
blos ihrer Aussenseite nach erscheinen! Aber nun!)
„und daß, wenn wir unser Subject, oder auch nur die
„subjective Beschaffenheit unserer Sinne überhaupt
„aufheben, alle die Beschaffenheit, alle Verhält-
„nisse der Objecte im Raum und Zeit, ja
„selbst Raum und Zeit verschwinden wür-
„den, und als Erscheinungen nicht an sich selbst,
„sondern nur in uns existiren können." (Also
alles, was im Raum und in der Zeit ist, das ist alles blos in uns!) „Was es für eine Bewandt-
„niß mit den Gegenständen an sich, und abgeson-
„dert von aller dieser Receptivität unserer Sinnlich-
„keit haben möge, bleibt uns gänzlich unbekannt."

(Aber, lieber Kant, wenn uns das gänzlich unbekannt ist, wie kann man denn wissen was ihnen zukommt, und was hingegen nicht? Wie
kann man denn so dreist entscheiden, und so
apodictisch sagen und bestimmen, daß die ob-
gedachte Beschaffenheit ihnen durchaus gar
nicht zukommen könne? Wie kann man so
apodictisch festsetzen, daß die Gegenstände an
sich

sich selbst im Raume und in der Zeit durchaus gar nicht existiren können? Wie ist es denn möglich, von gänzlich unbekannten Gegenständen etwas so apodictisch verneinen zu können? — Und überhaupt, wie ist es möglich, daß es ausser uns noch wirkliche, bekannte oder unbekannte Gegenstände geben kann, wenn es ausser uns schlechterdings keinen Raum und keine Zeit giebt? O! Philosophia — cui lumen ademtum!)

„Wir kennen weiter nichts, als unsere Art, sie „wahrzunehmen;" (Und diese muß mit den Dingen an sich selbst nothwendig disharmonisch, d. h. nothwendig falsch seyn?) „die uns eigenthümlich ist, die auch „nicht nothwendig jedem Wesen, obzwar jedem Men„schen zukommen muß." (Diesen Satz wollen wir uns doch auch ein|wenig merken!) „Mit dieser haben „wir es lediglich zu thun. Raum und Zeit sind die rei„nen Formen derselben; Empfindung überhaupt die „Materie. Jene können wir allein a priori, d. h. vor „aller wirklichen Wahrnehmung erkennen, und sie heis„set darum eine Anschauung; diese aber ist das in „unserere Erkenntniß, was da macht, daß sie Er„kenntniß a posteriori, d. i., empirische Anschauung „heißt. Jene hängen unsere Sinnlichkeit schlechts„hin nothwendig an,"

B 2 (Wo-

(Woher denn aber diese Nothwendigkeit, wenn diese Einrichtung blos subjectiv, übrigens aber in der Natur und wesentlichen Beschaffenheit der Dinge an sich selbst gar nicht gegründet, sondern vielmehr mit derselben völlig disharmonisch ist?)

„welcher Art auch unsere Empfindungen seyn mögen; „diese können sehr verschieden seyn. Wenn wir diese „unsere Anschauung auch zum höchsten Grade der „Deutlichkeit bringen könnten; so würden wir da„durch der Beschaffenheit der Gegenstände an sich „selbst nicht näher kommen." (Also unsere ganze Naturlehre ist ein leeres Phantom! Das Studium derselben ist vergebliche Mühe! Denn,) „denn wir wür„den auf allen Fall doch nur unsere Art der Anschau„ung, d. i. unsere Sinnlichkeit vollständig erken„nen, und diese immer nur unter den dem Subject „ursprünglich anhängenden Bedingungen von Raum „und Zeit; was die Gegenstände an sich selbst seyn „mögen, würde uns durch die aufgeklärteste Erkennt„niß der Erscheinung derselben, die uns allein „gegeben ist, doch niemals bekannt werden."

(Also blos die Erscheinung derselben ist uns gegeben. Folglich sind es ja doch immer Gegengenstände an sich selbst, die uns erscheinen. Daraus sollte man denken, ließe doch nun vorläufig schon immer soviel sich erkennen:

ihre

ihre innere eigenthümliche Beschaffenheit muß es doch so mit sich bringen, daß sie gerade so, und nicht anders uns erscheinen. Aber, nein! alles nichts! Wir mögen wahrnehmen und erkennen, was wir wollen; so ist es doch immer blos unsere eigene Sinnlichkeit! Wie sonderbar!)

S. 61. „Die Vorstellung eines Körpers in der „Anschauung enthält gar nichts," (gar nichts! gar nichts!) „was einem Gegenstande an sich „selbst zukommen könnte," (Wie entscheidend! Wie apodiktisch! Und das alles von Gegenständen, die uns doch gleichwohl gänzlich unbekannt seyn sollen!) „sondern blos die Erscheinung von etwas," (Also ist es ja doch ein Etwas, das uns erscheint! Wie kann denn also gleichwohl alles blos subjectiv, blos in uns selbst seyn?) „und die Art, wie wir dadurch „afficirt werden, und diese Receptivität unserer Er„kenntnißfähigkeit heißt Sinnlichkeit, und bleibt von „der Erkenntniß des Gegenstandes an sich selbst, ob „man jene (die Erscheinung) gleich bis auf den „Grund durchschauen möchte, dennoch himmelweit „unterschieden." (Wie weit ist denn das eigentlich? Der Grund der Erscheinung ist ja doch der Gegenstand an sich selbst! Nicht?)

S. 62. „So bald wir unsere subjective Be-
„schaffenheit wegnehmen, so ist auch das vorgestellte
„Object mit den Eigenschaften, die ihm die sinnliche
„Anschauung beylegte, überall nirgend anzutreffen,
„und kann überall nirgend angetroffen werden. —
„In der Erscheinung ist gar nichts anzutreffen,
„was (NB. NB.) irgend eine Sache an sich
„selbst anginge."

(Also auch unser Körper, mit allen seinen äußern
Gliedmaßen und Handlungen, als bloßen Erscheinungen, geht uns an uns selbst gar nichts
an! Das wird eine vortrefliche Moral geben!)

S. 63. „Nicht allein die Regentropfen sind
„bloße Erscheinungen, sondern selbst ihre runde Ge-
„stalt, ja sogar der Raum, worin sie fallen, sind
„nichts an sich selbst, sondern bloße Modi-
„ficationen, oder Grundlagen unserer sinnlichen
„Anschauung," (Woher entspringen denn aber diese
Modificationen? Was veranlaßt und bewirkt sie
denn in uns?) „das transscendentale Object aber
„bleibt uns völlig unbekannt.

(i. e. Es ist im Grunde Nichts! Denn wenn Objecte an sich selbst den Erscheinungen zum Grunde liegen; so können sie auch keine bloße Modificationen unserer sinnlichen Anschauung seyn;
sind sie aber diese; so liegt ihnen auch weiter
nichts

nichts zum Grunde. Außer den Erscheinungen giebt es also Nichts!)

S. 148. „Raum und Zeit gelten, als Be-
„dingungen der Möglichkeit, wie uns Gegenstände
„gegeben werden können, nicht weiter, als für Ge-
„genstände der Sinne, mithin der Erfahrung.
„Ueber diese Grenzen hinaus stellen sie gar nichts
„vor; denn sie sind nur in den Sinnen, und
„haben außer ihnen keine Wirklichkeit."

S. 236. „Das Haus, das vor mir steht,
„ist gar kein Ding an sich selbst, sondern nur eine
„Erscheinung, d. i. Vorstellung, deren transscen-
„dentaler Gegenstand unbekannt ist."

(Dies letztere sagt Kant hin und wieder blos pro forma. Denn wenn die Erscheinungen ihren Grund blos in der Form unserer sinnlichen Anschauung haben, und bloße Vorstellungen sind; so ist ja durchaus gar kein Grund vorhanden, ihnen wirkliche Gegenstände außerdem noch zum Grunde zu legen. Dies gesteht auch Kant selbst in den folgenden Stellen, die wir sogleich hier beyfügen!)

S. 242. „Wir haben Vorstellungen in uns,
„deren wir uns auch bewußt werden können. Die-
„ses Bewußtseyn aber mag so weit erstreckt, und so
„genau oder pünktlich seyn, als man wolle; so blei-
„ben es doch nur immer Vorstellungen, d. i. innere
„Be-

„Beſtimmungen unſeres Gemüths in dieſem oder je-
„nem Zeitverhältniſſe. Wie kommen wir nun dazu,
„daß wir dieſen Vorſtellungen ein Object ſetzen, oder
„über ihre ſubjective Realität als Modificationen,
„ihnen noch, ich weiß nicht, was für eine objective
„beylegen? — Wenn wir unterſuchen, was denn
„die Beziehung auf ein Object unſern Vorſtellun-
„gen für eine neue Beſchaffenheit gebe, und welches
„die Dignität ſey, die ſie dadurch erhalten; ſo fin-
„den wir, daß ſie nichts weiter thue, als die Ver-
„bindung der Vorſtellungen auf eine gewiſſe Art
„nothwendig zu machen, und ſie einer Regel zu un-
„terwerfen; und daß umgekehrt nur dadurch, daß
„eine gewiſſe Ordnung in dem Zeitverhältniſſe unſe-
„rer Vorſtellungen nothwendig iſt, ihnen objective
„Bedeutung ertheilet wird."

(Da haben wirs ja! Unſere ſämmtliche Vorſtellungen haben alſo keine andere objective Realität, als ihre innere nothwendige Ordnung. —
Und dieſe Nothwendigkeit woher entſpringt ſie?
Wie läßt ſie ſich begreifen? Denn wenn es nicht
nöthig iſt, daß die Ordnung unſerer Vorſtellungen mit einer andern von uns unabhängigen Ordnung wirklicher Gegenſtände in der
Natur der Dinge übereinſtimmt, ſondern
ſchon für ſich ſelbſt beſteht, und blos ſubjectiv
iſt; ſo muß es ja wohl vollkommen gleichgültig
ſeyn,

seyn, wie wir unsere Vorstellungen ordnen und verbinden wollen; genug, wenn sie nur geordnet und verbunden werden; so muß es jawohl lediglich bey uns stehn, die erschrecklichste Unordnung als die vollkommenste Ordnung anzuschauen. Ist nun aber diese Ordnung unserer Vorstellungen nach einer bestimmten Form von Zeitverhältnissen a priori schon nothwendig; woher kommt es denn, daß in den Vorstellungen mancher Menschen so wenig Ordnung und Zusammenhang, oder eine Zusammenordnung von so ganz entgegengesetzter Art, als bey andern, herrscht?)

S. 344. „Es ist völlig unbekannt, ob das „transscendentale Object, das sich der Ver„stand als Ursach der Erscheinung denkt, ob es in „uns, oder auch außer uns anzutreffen „sey; ob es mit der Sinnlichkeit zugleich auf„gehoben werden, oder, wenn wir jene weg„nehmen, noch übrig bleiben würde. Wollen wir „dieses Object Noumenon nennen, darum, weil „die Vorstellung von ihm nicht sinnlich ist; so steht „dieses uns frey. Da wir keine von unsern Ver„standsbegriffen (Größe, Realität, Substanz ꝛc.) dar„auf anwenden können; so bleibt diese Vorstel„lung doch für uns leer, und dient zu nichts, „als die Grenzen unserer sinnlichen Erkenntniß zu „be-

„bezeichnen, und einen Raum übrig zu laſſen, den
„wir weder durch mögliche Erfahrung, noch durch
„den reinen Verſtand ausfüllen können." —

(Alſo es iſt völlig bekannt, und folglich auch gänzlich ungewiß, ob den
Erſcheinungen noch etwas außer uns
zum Grunde liegt!)

S. 518. „Wir haben in der transſcendentalen
„Aeſthetik hinreichend bewieſen (?!), daß alles,
„was im Raum oder der Zeit angeſchauet wird, mit-
„hin alle Gegenſtände einer uns möglichen Erfah-
„rung, nichts als Erſcheinungen, d. i. bloße
„Vorſtellungen ſind, die ſo wie ſie vorgeſtellt
„werden, als ausgedehnte Weſen, oder Rei-
„hen von Veränderungen, außer unſern Ge-
„danken keine an ſich gegründete Exi-
„ſtenz haben." (Alſo giebt es keine Menſchen?
Keine wirkliche Geſchichte? Denn jene ſind doch
ausgedehnte Weſen, und dieſe iſt eine Reihe von
Veränderungen!) „Dieſen Lehrbegriff nenne ich
„den transſcendentalen Idealismus."

S. 521. „Die Gegenſtände der Erfahrung
„ſind niemals an ſich ſelbſt, ſondern nur in der Er-
„fahrung gegeben, und exiſtiren außer derſel-
„ben gar nicht. Daß es Einwohner im Monde
„geben könne, ob ſie gleich kein Menſch jemals
„wahrgenommen hat, muß allerdings eingeräumt
„wer-

„werden; aber es bedeutet nur soviel: daß
„wir in dem möglichen Fortschritt der Erfahrung auf
„sie treffen könnten; denn alles ist wirklich, was
„mit einer Wahrnehmung nach Gesetzen des empi-
„rischen Fortgangs in einem Context steht. Sie sind
„also alsdenn wirklich, wenn sie mit meinem wirklichen
„Bewußtseyn in einem empirischen Zusammenhange
„stehen, ob sie gleich darum nicht an sich,
„d. i. außer diesem Fortschritt der Erfah-
„rung wirklich sind."

(Also unsere Wahrnehmung kann Einwohner im
Monde wirklich machen, wenn sie auch an sich
nicht wirklich sind? Das ist doch äußerst sonderbar! Warum mag denn also unsere Wahrnehmung nicht schon lange dergleichen wirklich gemacht haben? Man hat ja doch schon so lange und
so viel darnach gefukt, und doch sind noch keine
dadurch wirklich geworden, das heißt, mit unserm wirklichen Bewußtseyn in einen empirischen Zusammenhang gebracht worden. Wie
mag das zugehn?)

S. 534. „Wenn die Welt ein an sich existi-
„rendes Ganzes ist; so ist sie entweder endlich, oder
„unendlich. Nun ist das erstere sowohl, als das
„zweite falsch. — Also ist es auch falsch, daß
„die Welt, der Inbegriff aller Erscheinungen,
„ein an sich existirendes Ganzes sey. Wor-
„aus

„aus denn folgt, daß Erscheinungen überhaupt
„ausser unsern Vorstellungen Nichts sind,
„welches wir eben durch die transscendentale Ideali-
„lität derselben sagen wollten. Diese Anmerkung ist
„von Wichtigkeit.

S. 74 : 75. „Unsere Erkenntniß entspringt
„aus zwey Grundquellen des Gemüths, deren die
„erste ist, die Vorstellungen zu empfangen, (die
„Receptivität der Eindrücke,) die zweite das Ver-
„mögen, durch diese Vorstellungen einen Gegen-
„stand zu erkennen, (Spontaneität der Begriffe)
„durch die erstere wird uns ein Gegenstand gegeben,
„durch die zweyte wird dieser im Verhältniß auf jene
„Vorstellung, als bloße Bestimmung des Gemüths,
„gedacht. Anschauung und Begriffe machen also
„die Elemente aller unserer Erkenntniß aus, so daß
„weder Begriffe, ohne eine ihnen auf einige Art cor-
„respondirende Anschauung, noch Anschauung ohne
„Begriffe, ein Erkenntniß abgeben können. Beyde
„sind entweder rein oder empirisch. Empirisch, wenn
„Empfindung (die die wirkliche Gegenwart des Ge-
„genstandes voraussetzt,) darin enthalten ist; rein
„aber, wenn der Vorstellung keine Empfindung bey-
„gemischt ist. Man kann die letztere die Materie
„der sinnlichen Erkenntniß nennen. Daher enthält
„reine Anschauung lediglich die Form, unter wel-
„cher etwas angeschauet wird, und reiner Begriff

„allein

„allein die Form des Denkens eines Gegenstandes
„überhaupt. Nur allein reine Anschauungen oder
„Begriffe sind a priori möglich; empirische nur a po-
„steriori. Wollen wir die Receptivität unse-
„res Gemüths, Vorstellungen zu empfangen,
„sofern es auf irgend eine Weise afficirt wird, Sinn-
„lichkeit nennen; so ist dagegen das Vermögen,
„Vorstellungen selbst hervor zu bringen,
„oder die Spontaneität des Erkenntnisses, der
„Verstand."

(Also auch unsere Sinnlichkeit ist eine bloße Receptivität unseres Gemüths. Denn einen Körper und äußere Sinne haben wir eigentlich
ganz und gar nicht, indem nemlich der Körper, als ein ausgedehntes Wesen, eine bloße
Erscheinung, d. i. Vorstellung ist, und mithin ausser unsern Gedanken keine an sich selbst
gegründete Existenz hat. —)

„Unsere Natur bringt es so mit sich, daß die
„Anschauung niemals anders, als sinnlich seyn kann,
„d. i. nur die Art enthält, wie wir von Gegenstän-
„den afficirt werden. Dagegen ist das Vermögen,
„den Gegenstand sinnlicher Anschauung zu denken,
„der Verstand. Keine dieser Eigenschaften ist der
„andern vorzuziehen. Ohne Sinnlichkeit würde uns
„kein Gegenstand gegeben, und ohne Verstand kei-
„ner gedacht werden. Gedanken ohne Innhalt sind
„leer

„leer, Anschauungen ohne Begriffe sind blind." (Was mag das heißen: Anschauungen sind blind? das scheint ja fast eine contradictio in adjecto zu seyn!) „Daher ist es eben so nothwendig, seine Be„griffe sinnlich zu machen, d. i. ihnen den Gegen„stand in der Anschauung beyzufügen; als seine An„schauungen sich verständlich zu machen, d. i. sie „unter Begriffe zu bringen. Beyde Vermögen oder „Fähigkeiten können auch ihre Functionen nicht ver„tauschen. Der Verstand vermag nichts anzu„schauen, und die Sinne nichts zu denken. Nur „daraus, daß sie sich vereinigen, kann Erkenntniß „entspringen."

S. 102. Raum und Zeit enthalten ein Man„nigfaltiges der reinen Anschauung a priori, gehö„ren aber gleichwohl zu den Bedingungen der Re„ceptivität unseres Gemüths, unter denen es allein „Vorstellungen von Gegenständen empfangen kann, „die mithin auch den Begriff derselben jederzeit af„ficiren müssen. Allein die Spontaneität unseres „Denkens erfordert es, daß dieses Mannigfaltige „zuerst auf gewisse Weise durchgegangen, aufge„nommen und verbunden werde, um daraus Er„kenntniß zu machen. Diese Handlung nenne ich „Synthesis. Ich verstehe aber unter Synthesis in der „allgemeinsten Bedeutung die Handlung, verschie„dene Vorstellungen zu einander hinzu zuthun, und

„ihre

„ihre Mannigfaltigkeit in einer Erkenntniß zu begrei-
„fen. — Die Synthesis überhaupt ist die
„bloße Wirkung der Einbildungskraft,
„einer blinden, obgleich unentbehrlichen Function
„der Seele, ohne die wir überall gar keine Erkennt-
„niß haben, der wir uns aber selten nur einmal be-
„wußt sind." (Also alle unsere Erkenntniß ist im
Grunde bloße Einbildung!) „Allein diese Synthe-
„sis auf Begriffe zu bringen, das ist eine Function,
„die dem Verstande zukommt, und wodurch er uns
„allererst die Erkenntniß in eigentlicher Bedeutung
„verschaft. — Das Erste (S. 104.) was uns zum
„Behufe der Erkenntniß aller Gegenstände a priori
„gegeben seyn muß, ist das Mannigfaltige der rei-
„nen Anschauung; die Synthesis dieses Mannigfal-
„tigen durch die Einbildungskraft ist das Zweite,
„gibt aber noch keine Erkenntniß. Die Begriffe,
„welcher dieser reinen Synthesis Einheit geben, und
„lediglich in der Vorstellung dieser nothwendigen
„synthetischen Einheit bestehen, thun das Dritte zum
„Erkenntniß eines vorkommenden Gegenstandes, und
„beruhen auf dem Verstande. — Wir wollen
„(S. 105.) diese Begriffe nach dem Aristoteles, Ca-
„tegorien nennen. — Ihre Tafel (S. 106.)
„ist diese: 1) der Quantität; (Dahin gehören die
„Begriffe) der Einheit, Vielheit, Allheit; 2) der
„Qualität (dahin gehören die Begriffe,) der Realität,
„Ne-

„Negation, Limitation; 3) der Relation (nemlich)
„der Inhärenz und Subsistenz (Substantia & acci-
„dens) der Caussalität und Dependenz (Ursach und
„Wirkung,) der Gemeinschaft (Wechselwirkung zwi-
„schen den Handelnden und Leidenden). 4) Der
„Modalität, (nemlich) Möglichkeit und Unmöglich-
„keit, Daseyn und Nichtseyn, Nothwendigkeit und
„Zufälligkeit." (Also das alles sind bloße Begriffe,
bloße subjective Denkformen; außer uns aber und
an sich selbst sind sie Nichts!)

S. 124 - 126. „Es sind nur zwey Fälle
„möglich, unter denen synthetische Vorstellung, und
„ihre Gegenstände zusammentreffen, sich auf einan-
„der nothwendiger Weise beziehen, und gleichsam
„einander begegnen können. Entweder wenn der
„Gegenstand die Vorstellung, oder diese den
„Gegenstand möglich macht. Ist das Erste-
„re; so ist diese Beziehung blos empirisch, und die
„Vorstellung ist niemals a priori möglich. — Ist
„aber das Zweite, weil Vorstellung an sich selbst —
„ihren Gegenstand dem Daseyn nach nicht hervor
„bringt; so ist doch die Vorstellung in Ansehung des
„Gegenstandes alsdenn a priori bestimmend,
„wenn durch sie allein es möglich ist, etwas als einen
„Gegenstand zu erkennen. Es sind aber zwey Bedin-
„gungen, unter denen allein die Erkenntniß eines
„Gegenstandes möglich ist, erstlich Anschauung,
„das-

„dadurch derſelbe aber nur als Erſcheinung gegeben
„wird; zweitens Begriff, dadurch ein Gegenſtand
„gedacht wird, der dieſer Anſchauung entſpricht. Es
„iſt aber aus dem Obigen klar, daß die erſte Be-
„dingung, unter der allein die Gegenſtände ange-
„ſchauet werden, in der That den Objecten der Form
„nach a priori im Gemüthe zum Grunde liege.
„Mit dieſer formalen Bedingung der Sinnlichkeit
„ſtimmen alſo alle Erſcheinungen nothwendig über-
„ein, weil ſie nur durch dieſelbe erſcheinen, d. i. em-
„piriſch angeſchauet und gegeben werden können.
„Nun frägt es ſich, ob nicht auch Begriffe a priori
„vorausgehen, als Bedingungen, unter denen al-
„lein etwas, wenn gleich nicht angeſchauet, doch als
„Gegenſtand überhaupt gedacht wird; denn als-
„denn iſt alle empiriſche Erkenntniß der
„Gegenſtände ſolchen Begriffen nothwen-
„diger Weiſe gemäß, weil ohne deren Vor-
„ausſetzung nichts als Object der Erfahrung mög-
„lich iſt. Nun enthält aber alle Erfahrung, außer
„der Anſchauung der Sinne, wodurch etwas gege-
„ben wird, noch einen Begriff von einem Gegen-
„ſtande, der in der Anſchauung gegeben wird oder
„erſcheinet;" (Kant erkennt und beweiſet alſo hier
aus der Erfahrung oder a poſteriori, daß etwas
a priori iſt. Das wollen wir uns doch merken!)
„demnach werden Begriffe von Gegenſtänden über-
„haupt,

„haupt, als Bedingungen a priori, aller Erfah-
„rungserkenntniſſe zum Grunde liegen; folglich wird
„die objective Gültigkeit der Categorien, als Be-
„griffe a priori, darauf beruhen, daß durch ſie
„allein Erfahrung, der Form des Denkens
„nach, möglich ſey. Denn alsdenn beziehen ſie
„ſich nothwendiger Weiſe und a priori auf Gegen-
„ſtände der Erfahrung, weil nur vermittelſt ihrer
„überhaupt irgend ein Gegenſtand der Erfahrung
„gedacht werden kann.‟

S. 127. „Durch dieſe Begriffe kann der
„Verſtand ſelbſt Urheber der Erfahrung ſeyn, wor-
„in ſeine Gegenſtände angetroffen werden können.‟

S. 136. „Der oberſte Grundſatz der Mög-
„lichkeit aller Anſchauung in Beziehung auf die
„Sinnlichkeit war laut der tranſc. Aeſthetik: daß
„alles Mannigfaltige derſelben unter den formalen
„Bedingungen des Raums und der Zeit ſtehe.
„Der oberſte Grundſatz eben derſelben in Be-
„ziehung auf den Verſtand iſt: daß alles Man-
„nigfaltige der Anſchauung unter Bedingungen der
„urſprünglich-ſynthetiſchen Einheit der Apperception
„ſtehe. — Dieſer letztere Grundſatz (S. 138.)
„ſagt nichts weiter, als daß alle meine Vorſtellun-
„gen in irgend einer gegebenen Anſchauung unter der
„Bedingung ſtehen müſſen, unter der ich ſie allein
„als meine Vorſtellungen zu dem identiſchen Selbſt
„rech-

„rechnen, und also, als in einer Apperception syn-
„thetisch verbunden, durch den allgemeinen Aus-
„druck: Ich denke, zusammenfassen kann. —
„Object aber (S. 137.) ist das, in dessen Begriff
„das Mannigfaltige einer gegebenen Anschauung
„vereiniget ist." — Also ein Object ist nichts an
sich selbst, sondern existirt ebenfalls bloß in unserer
Vorstellung; ist bloß eine Zusammenfassung man-
nigfaltiger Vorstellungen in eine einige zusammenge-
setzte Vorstellung!)

S. 159. „Jetzt soll die Möglichkeit erklärt
„werden, durch Categorien die Gegenstände, die
„nur immer unsern Sinnen vorkommen mögen, und
„zwar nicht der Form ihrer Anschauung, sondern
„den Gesetzen ihrer Verbindung nach, a priori zu
„erkennen, also der Natur gleichsam das Ge-
„setz vorzuschreiben, und sie sogar möglich
„zu machen."

(Das ist doch wirklich eine ganz eigentlich
erstaunungswürdige Lehre. Wie doch
nun auf einmal die Welt sich umkehrt! Bisher glaubten wir: wir hingen von der Natur
und ihren Gesetzen, und diese nur von Gott
ab; nun erfahren wir aber: es ist gerade umgekehrt: wir selbst sind Schöpfer und Gesetzgeber der Natur! — Wir haben denn aber
freylich doch nicht Ursach, auf diese unsere

Schöpferkraft stolz zu seyn; sintemal unser ganzes Geschöpf denn doch weiter nichts, als ein leeres Phantom ist!)

S. 163. „Categorien sind Begriffe, welche „den Erscheinungen, mithin der Natur, als dem „Inbegriffe aller Erscheinungen, Gesetze a priori „vorschreiben, und nun fragt sich, da sie nicht „von der Natur abgeleitet werden, und „sich nach ihr, als ihrem Muster richten, „weil sie sonst blos empirisch seyn würden, wie es „zu begreifen sey, daß die Natur sich nach „ihnen richten müsse, d. i. wie sie die Verbin- „dung des Mannigfaltigen der Natur, ohne sie von „dieser abzunehmen, a priori bestimmen können. „Hier ist die Auflösung dieses Räthsels."

(Ja wohl ein Räthsel, das in der Welt nicht sei- nes Gleichen hat, das sich denn aber freilich von selbst schon auflöset, wenn die obigen Grundsätze von Raum und Zeit ihre Richtig- keit haben. Darauf kommt also am Ende alles an!)

„Erscheinungen nemlich (S. 164.) sind bloße „Vorstellungen. Als bloße Vorstellungen aber „stehn sie unter gar keinem Gesetze der Ver- „knüpfung, als demjenigen, welches das ver- „knüpfende Vermögen vorschreibt. Nun ist „das, was das Mannigfaltige der sinnlichen An- „schau-

„schauung verknüpft, Einbildungskraft, die vom
„Verstande, der Einheit ihrer intellectuellen Synthe-
„sis nach, und von der Sinnlichkeit, der Mannig-
„faltigkeit der Apprehension nach, abhängt. Da
„nun von der Synthesis der Apprehension alle mög-
„liche Wahrnehmung, sie selbst aber, diese empirische
„Synthesis, von der transscendentalen, mithin den
„Categorien abhängt; so müssen alle mögliche
„Wahrnehmungen, mithin auch alles was zum em-
„pirischen Bewußtseyn immer gelangen kann, d. i.
„alle Erscheinungen der Natur, ihrer
„Verbindung nach, unter den Categorien
„stehen, von welchen die Natur, als dem
„ursprünglichen Grunde ihrer nothwendigen Gesetz-
„mäßigkeit abhängt." (i. q. e. d.).

S. 166. „Es sind nur zwey Wege, auf
„welchen eine nothwendige Uebereinstimmung der
„Erfahrung mit den Begriffen von ihren Gegenstän-
„den gedacht werden kann: entweder die Erfahrung
„macht die Begriffe, oder diese Begriffe machen
„diese Erfahrung möglich. Das Erste findet nicht
„in Ansehung der Categorien, auch nicht der reinen
„sinnlichen Anschauung Statt; denn sie sind Be-
„griffe a priori, mithin unabhängig von der Erfah-
„rung. Die Behauptung eines empirischen Ur-
„sprungs wäre eine Art von generatio aequivoca.
„Folglich bleibt nur das Zweyte übrig, gleichsam ein
„System

„System der Epigenesis der reinen Vernunft, daß
„nemlich die Categorien von Seiten des Verstandes
„die Gründe der Möglichkeit aller Erfahrung über-
„haupt enthalten." (Vermuthlich wird auch hier
wohl die Wahrheit in der Mitte liegen. Datur enim
tertium)

S. 198. „Alle Geseze der Natur stehen
„ohne Unterschied unter höhern Grundsätzen des
„Verstandes, indem sie diese nur auf besondere Fäl-
„le der Erscheinung anwenden."
(Also auch das Gesez der Natur, nach welchem
die Erde sich um die Sonne bewegt, stehet
unter höhern Grundsätzen unseres Verstandes,
und hängt lediglich von ihm ab. Da es nun
ehedem ein Grundsatz des Verstandes war;
die Sonne müsse um die Erde laufen, und
diese müsse stille stehen; so lief ehedem die Sonne auch wirklich um die Erde, und die Erde
stand stille!!!)

Kurze Uebersicht der Kantischen Erscheinungslehre.

§. 2. Die ganze Geschichte mit aller unserer
Erkenntniß geht also kürzlich so zu. — Alle Gegenstände, die im Raume und in der Zeit von uns
angeschauet werden, existiren, ein für allemal wohl
zu

zu merken, — bloß in unserer Vorstellung. Die subjective Form unserer sinnlichen Anschauung, Raum und Zeit, bringt es nemlich so mit sich, daß uns allerley Stoff zu allen möglichen Gegenständen oder Vorstellungen vorschwebt oder gegeben wird. Nun kommt der Verstand, und fängt an zu ordnen und zu bilden. Sein Geschäft mit Hülfe der Einbildungskraft ist Synthesis des Mannigfaltigen, d. h. er setzt das Mannigfaltige, das in der Anschauung unter der Form des Raums und der Zeit uns gegeben wird, mannigfaltig zusammen, bildet daraus, wie ein Tausendkünstler, allerley Gegenstände oder Vorstellungen, bringt sie unter Begriffe oder Categorien, d. h. er macht, daß wir nach diesen Categorien, oder ursprünglichen blos subjectiven Denkformen, vermittelst einer intellectuellen Synthesis, alles Mannigfaltige unter das Einfache und identische Bewußtseyn: Ich denke, zusammenfassen; und das heißt denn, Gegenstände oder Vorstellungen denken, oder Erkenntniß von Gegenständen haben. Diese nun sogedachte Gegenstände oder Vorstellungen afficiren alsdenn unser Gemüth, und so wird denn endlich daraus Empfindung, oder Erfahrung, oder empirische Anschauung, und zwar nach der Form, (Raum und Zeit) die dazu im Gemüthe a priori schon zum Grunde liegt. — Diese ganze Schöpfung geht also bloß in uns selbst vor,

C 4   und

und hat folglich auch außer uns keine an sich selbst gegründete Existenz. —

Kantische Hauptbeweise und Inconsequenzen in denselben.

§. 3. So lehrt Kant über Raum und Zeit, und über die Gegenstände oder sogenannte Erscheinungen, die im Raume und in der Zeit von uns angeschauet werden. Womit beweiset er denn nun aber diese Lehre? Die Erörterung derselben, wie wir schon gehört haben, nennt er transscendentale Aesthetik. Er discurirt darüber ziemlich weitläuftig, und natürlicher Weise würde es also noch viel weitläuftiger, d. h. vollends gar zu weitläuftig werden, wenn wir Schritt vor Schritt ihm darin nachgehen wollten. Zum Glück ist aber dies auch gar nicht nöthig. Denn er selbst hat dieser Mühe uns schon dadurch überhoben, daß er am Schlusse dieser Erörterung, nach S. 64 - 72. das Wichtigste und Wesentlichste in folgende vier Hauptbeweise oder allgemeine Anmerkungen zusammen gefaßt hat. Diese wollen wir denn also auch vor allen Dingen jetzt beleuchten; einige Nebenbeweise aber, die hin und wieder einzeln vorkommen, nachher noch nachholen. Damit aber der ganze Gehalt und die ganze volle Kraft derselben desto besser übersehen und empfunden werden könne; so wollen wir jeden der vier Hauptbeweise

beweise in einen förmlichen Syllogismus concentriren.

Erster Beweis. Die Sätze der Geometrie sind insgesammt synthetische Sätze, und werden gleichwohl a priori mit apodictischer Gewißheit erkannt. Nun würden sie aber als solche nicht erkannt werden können, wenn sie bloß aus empirischer Anschauung d. h. aus Erfahrung, oder a posteriori, erkannt würden, weil empirische Anschauung nie apodictische Gewißheit giebt, die doch aber den Sätzen der Geometrie wesentlich eigen ist; also erhellet hieraus, daß die Anschauung, woraus wir sie erkennen, keine empirische, sondern reine Anschauung a priori, und daß mithin Raum und Zeit, als Form dieser Anschauung, blos etwas Subjectives ist. — Mich dünkt man sieht und fühlt es gleich, wie wenig Consistenz und Consequenz in diesem ganzen Schlusse ist. Von allen Dingen heißt es denn nun aber wohl: proba Majorem! — Wir wollen hören! Der Obersatz, mit Kants eigenen Worten, lautet so: „S. 14. Mathematische Urtheile sind insgesammt synthetisch." S. 16. „Eben so wenig ist irgend ein Grundsatz der reinen Geometrie analytisch." S. 39. „So werden auch alle geometrische Grundsätze aus der Anschauung, und zwar a priori mit apodictischer Gewißheit abgeleitet." — Kant behauptet also zweierlei: 1) kein mathematischer oder geometrischer Satz ist analytisch, d. h. ein solcher, dessen Prädicat in dem Begriffe des Subjectes schon enthalten ist, und also auch richtig daraus abgeleitet werden kann; 2) sie werden gleichwohl insgesamt mit apodictischer Gewißheit, folglich nicht aus empirischer, sondern aus reiner Anschauung a priori erkannt. — Allein beyde Behauptungen sind ohne Grund und unerweislich. Denn wenn ich z. E. sage: jeder Triangel hat drey Seiten und eben so viele Winkel; so ist doch dieser geometrische Satz zuverläßig nicht ein synthetischer, sondern offenbar ein analytischer Satz. Denn der ganze Begriff eines Triangels verschwindet ja, wenn ich die drey Seiten und drey Winkel davon wegdenke. Ich setze also in diesem Satze durch das Prädicat zu dem Begriffe des Subjects nichts hinzu, als was schon wirklich darin enthalten ist, und also auch ganz richtig daraus hergeleitet werden kann. Eben so falsch ist es aber auch, wenn Kant behauptet, daß die Sätze der Geometrie insgesammt nicht aus empirischer, sondern aus reiner Anschauung a priori erkannt würden. Denn wenn ich z. E. sage: der Winkel an dem Mittelpunkte eines Cirkels ist noch einmal so groß, als der Winkel an der Peripherie desselben, wenn beyde zu ihrem Maaße einen und derselben Bogen haben; so ist doch dies unläugbar ein geometrischer Satz.

Aber

Aber wo ist der Mathematiker, der sich rühmen könnte, diesen Satz schon a priori erkennen zu können? Ist man nicht vielmehr, wenn man sich oder Andere von der Richtigkeit dieses Satzes deutlich überzeugen will, unumgänglich genöthigt, zur wirklichen Abzeichnung einer Cirkelfigur mit allen zur Demonstration erforderlichen Linien und Winkeln, und also zu einer wirklichen empirischen Anschauung, seine Zuflucht zu nehmen? Aber eben diese empirische Anschauung überzeugt dann auch einen jeden ganz unwidersprechlich, daß dieser Satz wirklich in der Natur der Sache selbst gegründet sey, und also apodictische Gewißheit habe. Jedoch Kant selbst hat ja auch dieser seiner Behauptung schon förmlich widersprochen, und sie also selbst schon wieder aufgehoben. Hiervon aber nachher, wenn wir auf die förmlichen Widersprüche kommen werden. Jetzt wollen wir nur hören, wie Kant seinen Obersatz zu beweisen gesucht hat. — „Nehmet nur den Satz,“ sagt Er S. 65, „daß durch zwey gerade Linien sich „gar kein Raum (völlig) einschließen lasse, mithin kei„ne Figur möglich sey, und versucht Ihn aus dem Be„griff von geraden Linien und der Zahl zwey ab„zuleiten;“ —

(Aber, lieber Kant, hier ist ja ein Begriff, nemlich der Begriff des Einschließens, vergessen. Diesen muß ich doch aber nothwendig haben,

um

um zu sehen, ob er daraus abgeleitet werden kann, und als Prädikat sich zum Subjecte schickt, oder nicht; und da zeigt es sich ja denn schon offenbar, daß der Satz: durch zwo gerade Linien kann ein Raum eingeschlossen werden, gänzlich falsch ist, und sich gar nicht denken läßt, theils weil der Begriff des Prädikats in dem Begriffe des Subjects gar nicht enthalten ist, und also unmittelbar zu dem Begriffe des Subjects auch nicht hinzugefüget werden kann, theils weil der Begriff des Geraden und der Begriff des Einschließens ohne Vermittelung eines dritten sich auch wirklich widerspricht. Ist nun aber die Behauptung dieses Satzes an sich selbst falsch und ungegründet; so muß ja nothwendig die Verneinung desselben richtig und gültig seyn. Vollends deutlich macht aber dies freilich die Anschauung selbst; aber NB. nicht reine a priori, (denn diese würde ja in der That nichts anders seyn, als Ableitung aus Begriffen, wie wir sie so eben gegeben haben,) sondern, wie ein jeder sieht und fühlt, wirklich empirische.)

„oder auch, daß aus drey geraden Linien eine Figur möglich sey, und versucht es eben so aus bloßen „Begriffen." —

Warum

(Warum nicht? Wenn ich einen Begriff von dem
habe, was drey Linien sind, und auch von
dem, was eine Figur ist; so ergiebt es sich ja
daraus schon ganz natürlich, daß sich etwas,
was man eine Figur, oder einen Triangel
nennt, daraus zusammensetzen läßt; aber freylich auch hierbey kann und muß man Anschauung, und zwar empirische zu Hülfe nehmen,
um es sich vollends deutlich zu machen. —)

„Alle eure Bemühung ist vergeblich, und ihr seht
„euch genöthiget, zur Anschauung eure Zuflucht zu
„nehmen, wie es die Geometrie auch jederzeit thut."—

(Richtig! Aber, lieber Kant, zu was für einer
Anschauung nimmt denn die Geometrie jederzeit ihre Zuflucht? Nicht zur empirischen,
d. h. zur wirklichen Versinnlichung der abstra-
cten Begriffe, die ein Lehrsatz enthält, durch
wirkliche Darstellung einer wirklichen Figur,
und der dazu gehörigen Linien und Winkel?
Dies leugnen zu wollen, hieße doch wohl dem,
was wirklich geschieht, mit der unerhörtesten
Kühnheit widersprechen! —)

„Ihr gebt euch also einen Gegenstand in der An-
„schauung; von welcher Art aber ist diese; ist es eine
„reine Anschauung a priori, oder eine empirische?"

(Freylich, das letzte! Was denn sonst? —)

„Wäre

„Wäre das letzte; so könnte niemals ein allgemein
„gültiger, noch weniger ein apodictischer Satz dar-
„aus werden; denn Erfahrung kann dergleichen nie-
„mals liefern."—

(Aber, mein Gott, was hilft denn alles das Ge-
rede! Denn wenn eins von beyden, entweder
die apodictische Gewißheit geometrischer Sätze,
oder die Wahrheit, daß man zur Vollendung
ihrer deutlichen Erkenntniß empirische Anschauung zu Hülfe nehmen müsse und wirklich
nehme, nothwendig aufgegeben werden müßte; so könnte ja schlechterdings gar nicht einmal die Frage seyn, welches von beyden aufzugeben man sich genöthiget sehen würde.
Denn es ist ja unläugbar, daß die Mathematiker zur Demonstration ihrer Sätze wirklich
zur empirischen Anschauung ihre Zuflucht nehmen. Aber offenbar kann ja beydes mit ein-
einander sehr wohl bestehen. Freylich liefert
empirische Anschauung für sich allein keine apodictische Gewißheit. Aber diese soll sie auch
nicht liefern; sondern sie liefert bloß die Sätze,
und zwar versinnlicht, oder sinnlich dargestellt;
die apodictische Gewißheit aber giebt ihnen alsdenn die Vernunft, und die dadurch erkannte
Natur der Sache selbst. So hängt ja alles
sehr wohl mit einander zusammen.)

„Läge

„läge nun in euch nicht ein Vermögen, a priori an-
„zuschauen;" —

(Was mag das heißen sollen? Ich übersetze es:
hättet ihr keine Vernunft, kein Vermögen,
euch deutliche Begriffe von einer Sache zu machen; — so würdet ihr freylich auch nichts erkennen können. Das ist sehr wahr! Wie
folgt nun aber daraus, daß Raum und Zeit
etwas blos Subjectives ist?)

„ — wäre diese subjective Bedingung der Form nach
„nicht zugleich die allgemeine Bedingung a priori,
„unter der allein das Object dieser äußern Anschau-
„ung möglich ist;" —

(Also wir selbst machen erst die Objecte unserer
äußern Anschauung!!! — Wie künstlich doch
der Mensch ist, ohne es einmal selbst zu wissen! Der erbärmlichste Einfaltspinsel, der
sonst kaum Fünfe zählen kann, sieht z. E. ein
königliches oder fürstliches Schloß; und in
demselben die herrlichsten Kunstwerke, Ge-
mählde, Statüen, prächtige Uhren, u. dergl.;
und siehe da, Wunder über Wunder; das
alles macht er selbst, und weiß es nicht einmal! — Ich gestehe indessen gern, daß mir
diese Voraussetzung viel zu kühn ist. Anstatt
des obigen Satzes wollen wir also lieber so lesen: wäre eure Vernunft ihren nothwendigen

Denk-

Denkgesetzen nach nicht die Bedingung a priori, unter der es allein möglich ist, eine Sache vermittelst der Anschauung so zu erkennen, wie sie ist; —)

„— wäre der Gegenstand, z. E. der Triangel et„was an sich selbst, ohne Beziehung auf euer „Subject;" —

(Warum denn, ohne Beziehung auf unser Subject? Können denn Gegenstände an sich selbst keine Beziehung auf unser Subject haben? Wo ist der Beweis? — Auch diese Prämisse muß also nur in eine andere Sprache übersetzt werden, und zwar etwa so: wäre ein Triangel an sich selbst kein für eure Vernunft vollkommen denkbares, und vermittelst eures sinnlichen Anschauungsvermögens durch wirkliche Wahrnehmung genau erkennbares Object; —)

„— wie könntet ihr sagen, daß, was in euren „subjectiven Bedingungen, einen Triangel zu con„struiren nothwendig liegt, auch dem Triangel an „sich selbst nothwendig zukommen müsse." —

(Das ist doch sonderbar! Freilich wenn die obigen Prämissen, so wie wir sie erklärt haben, falsch und ungegründet wären; d. h. wenn wir keine Vernunft, kein Vermögen hätten, uns deutliche und richtige Begriffe von einer Sache,
und

und besonders von den Sätzen der Geometrie, zu machen, und daraus richtig zu schließen; so würden wir das nicht sagen können, und zwar bloß aus dem Grunde, weil wir dann die ganze Sache gar nicht denken und uns vorstellen könnten. Da uns doch nun aber niemand abstreiten kann, daß wir Vernunft haben, und durch Vernunft, in Verbindung mit empirischer Anschauung, uns deutliche Begriffe von der Natur und Beschaffenheit eines Triangels machen können; so können wir auch apodiktisch sagen: was in unsern vernünftigen Begriffen von der Natur eines Triangels, denselben zu construiren, nothwendig liegt, das muß auch dem Triangel an sich selbst nothwendig zukommen. Denn käme es ihm nicht zu, so wäre es ja kein Triangel. Denn offenbar ist es ja schlechthin unmöglich, etwas für einen Triangel zu halten, was mit der durch Vernunft gedachten und deutlich erkannten Natur eines Triangels nicht übereinstimmt. — Nun höre man aber nur einmal den ganz sonderbaren und äußerst inconsequenten Grund, den Kant von seiner obigen Behauptung angiebt.

„Denn, sagt er, ihr könntet doch zu euren Begrif-
„fen von drey Linien, nichts Neues, die Figur, hin-
„zufügen, welches darum nothwendig an dem Ge-

D „gen-

„genstande angetroffen werden müßte, da dieser vor
„eurer Erkenntniß, nicht durch dieselbe gege=
„ben ist."

Also, ein Gegenstand, der schon vor unserer Er=
kenntniß gegeben ist, ist kein Gegenstand un=
serer Erkenntniß? Ich kann also nicht sagen:
so ist er beschaffen; so erkenne ich ihn? — Und
der Beweis hievon? Darnach, lieber Leser,
fragst du vergeblich; es ist keiner vorhanden! —
Und deine Philosophie, lieber Kant, war also
vor meiner Erkenntniß noch nicht gege=
ben? Nur erst durch meine Erkenntniß wur=
de sie gegeben? Nein! das wäre zu viel Ehre
für meinen durchaus gar nicht Kantischen Ver=
stand; viel zu stolz also, wenn ich das zugeben
wollte! — Aber noch mehr! da schließt ja
unser Kant offenbar schon wieder aus einer fal=
schen Voraussetzung. Ich thue ja das nicht,
dessen Er in dem obigen Satze mich beschuldigt.
Ich füge ja, indem ich das Obige sage, zu
meinen Begriffen nichts Neues hinzu. Denn
es ist ja nicht von bloßen drey Linien, es ist ja
von einem Triangel die Rede. Wenn ich mir
nun aber einen Triangel denke; so denke ich
mir ja eo ipso schon eine wirkliche, aus dreyen
Seiten und dreyen Winkeln bestehende Figur.
Indem ich also das Obige sage; so sage ich ja

im

im Grunde weiter Nichts, als: ein Triangel ist ein Triangel, oder: eine Figur, die ein Triangel seyn soll, muß ein Triangel seyn. Dieser Satz kann doch nun aber auf keinen Fall, und in alle Ewigkeit nicht falsch werden. Denn er ist identisch, und folglich apodictisch, oder durch sich selbst nothwendig. Er muß also nothwendig auch immer zutreffen; der Triangel, von dem die Rede ist, mag nun vor meiner Erkenntniß, oder erst durch dieselbe gegeben werden. — Nun seht, lieben Leser, so hat Kant seinen Obersatz bewiesen! Ob Er denn aber auch wohl wirklich ihn bewiesen hat? Weit gefehlt! Vielmehr ist gedachter Obersatz, wo nicht wirklich, wie doch wohl der klare Augenschein lehrt, offenbar unrichtig, doch wenigstens noch bey weitem nicht erwiesen. Dies hat auch Kant schon selbst gefühlt. Denn Er behauptet zwar ausdrücklich, S. 14. daß dieser Satz unwidersprechlich gewiß sey; allein es ist mit dieser Versicherung doch so ernstlich und strenge nicht gemeint. Denn er selbst stimmt die Saiten schon wieder gewaltig herunter, indem er S. 15. sagt: „will man aber dieses nicht einräumen; wohlan so schränke ich meinen Satz auf die reine Mathematik ein." — Man sieht also wohl, daß Er selbst

seiner

seiner Sache im Grunde gar nicht recht gewiß ist. — Aber auch diese letztere Behauptung, daß nemlich alle Sätze der reinen Mathematik nicht aus empirischer, sondern aus reiner Anschauung a priori erkannt würden, hat er nicht einmal zu beweisen vermocht. Denn auch hierbey hat er offenbar sich selbst widersprochen, indem er mit ausdrücklichen Worten das gerade Gegentheil von dem bewiesen hat, was er doch beweisen wollte. Da sich nun aber dieser Beweis zu einem förmlichen Widerspruche qualificirt; so werden wir ihn nachher unter der Reihe seiner Mitbrüder aufstellen. — Gesetzt nun aber auch: alle Sätze der Geometrie wären wirklich synthetisch, und würden als solche gleichwohl a priori mit apodiktischer Gewißheit erkannt; würde denn nun daraus folgen: also ist die Anschauung, woraus wir sie erkennen, eine Anschauung a priori, und Raum und Zeit, als Form dieser Anschauung ist etwas blos Subjectives? Nichts weniger, als das! Datur tertium! Sie können ja aus einer Anschauung oder Erfahrung erkannt werden, von welcher wir nach den wesentlichen und nothwendigen Denkgesetzen unserer Vernunft, allenfalls auch hinterher erst, deutlich einsehen, daß sie in der Natur der Sache selbst nothwenwendig gegründet ist, und schlechterdings gar nicht anders seyn kann. Ist nun aber dies, wie es denn einzig und allein auch wirklich ist; so haben die Sätze der Geometrie nichts desto weniger eine a priori schon gegründete, wiewohl vielleicht in manchen Fällen a posteriori erst erkannte apodictische Gewißheit, wenn gleich die Kantische Hypothese von Raum und Zeit gänzlich ungegründet ist. Also schon die erste Inconsequenz! — Um dies desto deutlicher zu machen; so erlaube man mir nur noch folgende Anmerkungen. Gesetzt also 1) der Raum wäre eine unmittelbare Vorstellung, oder wie es Kant nennt, eine Anschauung a priori; folgt denn daraus, daß er eine bloße Vorstellung, und sonst weiter nichts sey? Keinesweges! Denn Vorstellung von Raume, und Raum an sich selbst, ist ja noch immer zweyerley! Jene ist freylich blos subjectiv; keinesweges aber dieser; sondern er ist der Gegenstand dieser unserer Vorstellung oder Anschauung; d. h. unsere natürliche und nothwendige Denkgesetze bringen es so mit sich, daß, sobald wir anfangen, zu denken und zu urtheilen, wir schlechterdings nicht anders können, als uns vorstellen: es ist ein Raum außer uns wirklich vorhanden. Denn, wie einen jeden

sein

sein eigenes inneres Bewußtseyn lehrt, wir denken uns ja den Raum keinesweges als etwas in uns, oder als eine bloße subjective Form unserer Sinnlichkeit; sondern wir denken uns ihn ja ganz bestimmt als Etwas auſser uns! Folglich ist er keinesweges unsere sinnliche subjective Denkform selbst; sondern diese führt uns nur auf ihn, und nöthiget uns, daß wir ihn als Etwas außer uns nothwendig anerkennen und uns vorstellen müssen. Nur in diesem Sinne, und unter dieser ausdrücklichen Bestimmung (als Etwas außer uns,) ist die Vorstellung vom Raume uns eine schlechterdings nothwendige Vorstellung. Wäre nun aber gleichwohl der Raum, wie Kant will, Etwas bloß Subjectives, ob wir gleich unvermeiblich gezwungen sind, uns ihn als Etwas außer uns vorzustellen; so würde folgen, daß unsere natürliche und nothwendige Denkgesetze ihrer Natur nach auf einen totalen Irrthum gerichtet wären! Unsere vernünftigen Denkgesetze selbst müßten also ihrem ganzen Wesen nach ursprünglich fehlerhaft seyn; sie müßten uns gebieten, uns Etwas vorzustellen, und auch zugleich es nicht, sondern das gerade Gegentheil gebieten; sie müßten also durch sich selbst sich aufheben, indem sie offenbar

bar mit sich selbst im geraden Widerspruche stehen würden. Da nun aber dies nicht möglich ist, und vernünftiger Weise sich schlechterdings nicht denken läßt; so ist es auch nicht möglich, daß der Raum eine bloße subjective Form unserer Sinnlichkeit seyn kann; sondern es muß wahr seyn, daß der Raum Etwas außer uns ist, weil es nothwendig ist, daß wir auf diese Weise uns ihn vorstellen müssen. Denn eine jede Vorstellung, die strenge Allgemeinheit und absolute Nothwendigkeit hat, muß auch an sich selbst, wie ja Kant auch selbst gesteht, nothwendig wahr seyn.

2) Gesetzt also ferner, daß alle Sätze der Geometrie bloß synthetische Sätze sind, die aus einer unmittelbaren Anschauung a priori schon erkannt werden; wie folgt denn nun daraus, daß der ganze Raum, mit allen seinen Puncten, Linien und Figuren, mit allen seinen Größen, Flächen und Körpern, bloß etwas Subjectives ist? Worin liegt die Unmöglichkeit, daß die Sache nicht auch wirklich außer uns so seyn kann, wie wir genöthiget sind, auch schon a priori sie uns vorzustellen? Diese Unmöglichkeit müßte doch Kant nothwendig erst beweisen, wenn man seine Lehre von Raum und Zeit nicht für sehr willkührlich halten soll. Denn so lange diese Unmöglichkeit noch unerwiesen ist und bleibt;

so ist ja die Möglichkeit des Gegentheils unläugbar, und man kann also mit Recht sagen: es muß nicht so seyn, sondern es kann auch noch ganz anders seyn. Da nun Kant die gedachte Unmöglichkeit weder im geringsten bewiesen hat, noch je beweisen kann und wird; da vielmehr der Schluß: wir haben von dem Raume eine Vorstellung a priori, also ist er selbst weiter Nichts, als bloße Vorstellung oder eine bloße subjective Form derselben, ein sehr übereilter und offenbar ganz falscher Schluß ist, indem er theils von dem Vordersatze zu seinem Schlußsatze einen ganz gewaltigen Sprung macht, theils aber auch dem, was wir nach unsern vernünftigen Denkgesetzen in Ansehung des Raumes nothwendig annehmen und uns vorstellen müssen, geradehin widerspricht; so haben wir auch nicht nur keinen Grund, seine Lehre von Raum und Zeit für wahr zu halten, sondern wir haben vielmehr Grund, das gerade Gegentheil für wahr, und also den Raum für Etwas außer uns zu halten, weil es unendlich vernünftiger ist, eine Vorstellung für wahr zu halten, die als nothwendig sich uns aufdringt, als eine andere, die man bloß willkührlich annimmt. Nun aber ist die Vorstellung, daß der Raum Etwas bloß Subjectives sey, offenbar nichts weiter, als bloß willkührlich, weil sie aus ihren Prämissen keinesweges, als eine nothwendige Folge, fließt, und weil man nicht

bewei-

beweisen kann, daß das Gegentheil unmöglich ist.
Kann man nun aber dies nicht beweisen; so muß
man auch zugeben, daß ein Raum außer uns, als
Object unserer Vorstellung, und also von dieser ganz
unabhängig, nicht allein möglich, sondern auch
wirklich ist; **möglich**, weil die Vorstellung von der
Wirklichkeit eines solchen Raums schlechterdings
nichts enthält, was an sich selbst unmöglich wäre;
wirklich, weil die Vorstellung von einem Raume
außer uns durchaus uns unvermeidlich, oder absolut
nothwendig ist, und weil jede Vorstellung, die strenge
Allgemeinheit und absolute Nothwendigkeit mit sich
führt, auch zugleich apodiktische Gewißheit hat. Folglich ist es apodictisch gewiß, daß ein Raum außer
uns wirklich so vorhanden ist, wie wir uns ihn vorstellen.

3) Was stellen wir uns denn nun aber eigentlich vor, indem wir einen Raum uns vorstellen?
Ich antworte: die Vorstellung des Raums, als
eine Vorstellung oder Anschauung a priori, ist nichts
anders, als die Vorstellung der formalen Möglichkeit, daß unendlich viele Dinge außer einander und
neben einander außer uns existiren können; oder
kurz, der Raum ist die formale Möglichkeit der reellen Existenz der Dinge. Diese Möglichkeit ist unbegrenzt; daher ist der Raum unendlich: sie hat so
viele Abtheilungen, oder gleichsam so viele verschie-

bene

bene Fächer, als es mögliche und denkbare, oder
wirkliche und actuelle Existenzen der Dinge gibt und
geben kann; sie ist in einem fortgehend, überall sich
selbst gleich, in allen ihren Bestimmungen und Abtheilungen zugleich vorhanden, steht, so zu sagen,
nach allen Seiten hin offen, in die Länge, in die
Breite, in die Höhe und in die Tiefe, und folglich
sind die verschiedenen Dimensionen des Raums und
der Zeit in der That nichts anders, als Prädikate
dieser Möglichkeit. Diese Möglichkeit nun muß
nothwendig anerkannt und zugegeben werden; sie
ist durch sich selbst uns unwiderstehlich klar und einleuchtend; wir können sie nicht abläugnen, oder wir
müßten auch zugleich die Möglichkeit unserer eigenen
Existenz läugnen. In so fern also mit dem klaren
Bewußtseyn, oder mit der anschauenden Vorstellung unserer eigenen Existenz auch zugleich das klare
Bewußtseyn oder die anschauende Vorstellung, daß
eben sowohl auch noch unendlich viele andere Existenzen außer uns und neben uns wenigstens möglich
sind, in sehr naher Verbindung steht, und gleichsam innigst verwebt ist; in sofern ist auch allerdings
die Vorstellung von Raume eine Vorstellung, oder
eine Anschauung a priori, die, so wie das Bewußtseyn unserer eigenen Existenz, uns durchaus nothwendig ist. Wollte man also gleichwohl sagen: „die
„Dinge an sich existiren nicht im Raume, d. h. nicht
„außer

„außer und neben einander, sondern wir stellen sie „uns bloß im Raume vor, weil unsere Fähigkeit, sie „wahrzunehmen, schlechterdings an diese Form ge= „bunden ist;" so giebt man doch eben hiermit zu, daß die Vorstellung von einem Raume außer uns, vermöge unserer natürlichen und unabänderlichen Denkgesetze, uns schlechterdings nothwendig ist, wenn es uns möglich seyn soll, mehrere Dinge, oder eine Welt, als wirklich existirend uns vorzustellen. Will man also demohnerachtet behaupten: die Din= ge an sich existiren nicht im Raume; was heißt das anders, als verlangen, daß wir etwas glauben oder annehmen sollen, was uns zu denken schlech= terdings unmöglich ist? Aber welch eine For= derung! Wie ist es möglich, etwas zu glauben, was man gar nicht einmal denken kann? Heißt das nicht der Vernunft Gewalt anthun, und ihre Gesetze mit Füßen treten? Eins von beyden kann also nur Statt finden, entweder man muß die Existenz der Dinge an sich selbst gänzlich läugnen, wenn man den Raum für eine bloße subjective Form unserer Sinnlichkeit erklären will, wie denn Hn. Hof= prediger Schulz in seiner Prüfung der K. C. Th. I. S. 181. auch selbst ausdrücklich lehrt und zugiebt: man würde sogar die Möglichkeit der Vor= stellung unserer Dinge unmittelbar selbst mit aufheben, wenn man das Daseyn
des

des Raums wegdenken wollte oder könnte; oder, da dies eine offenbare Ungereimtheit seyn würde, so muß man zugeben, daß der Raum wirklich Etwas außer uns, nemlich die, von uns und unserer Vorstellung ganz unabhängige, a priori schon bestehende, formale Möglichkeit des wirklichen, reellen Außereinanderseyns der Dinge sey.

4) Die Kantische Lehre von Raum und Zeit ist also nicht allein ganz ohne allen bündigen Beweis, sondern sie ist vielmehr wirklich auch ganz einleuchtend falsch. Denn Kant lehrt: „Raum und Zeit ist eine bloße subjective Form unserer Sinnlichkeit, und zwar eine solche, wodurch die Vernunft gar nicht bestimmbar ist, oder, mit welcher die Vernunft gar nichts zu thun hat. S. Crit. d. r. V. S. 584. Wäre nun dies wahr; so müßte doch unsere Vernunft existirende Dinge ohne allen Raum, d. h. ohne alles Außer- und Nebeneinanderseyn, und ohne alle Zeit sich denken können. Allein dies ist ihr ja doch schlechterdings ganz unmöglich, wie auch Kant selbst ausdrücklich sagt: „wir können uns keinen Begriff davon machen, daß kein Raum ist." Können wir nun aber das nicht; so muß auch jene Kantische Hypothese nothwendig falsch seyn. Denn unsere Vernunft selbst kann es sich ja schlechterdings nicht anders denken, als daß mehrere existirende Dinge außer=

außereinander und nebeneinander d. h. im Raume existiren müssen. Das Gegentheil anzunehmen, ist ja also offenbar auch ganz vernunftwidrig. Wie kann es denn nun aber je erlaubt seyn, etwas Vernunftwidriges anzunehmen? Wie ist es möglich, etwas zu glauben, was doch die Vernunft selbst sich nicht einmal als möglich denken kann? Will man also gleichwohl sagen: Raum und Zeit ist bloße subjective Vorstellungsart; wirklich ist es nicht so; so entsetzt man ja in der That die Vernunft selbst eben hiermit auch zugleich alles ihres Ansehns; so gilt sie nichts mehr; und so muß es denn erlaubt seyn, auch selbst das allervernunftwidrigste und ungereimteste Zeug zu glauben! Denn wenn es einmal erlaubt ist; warum nicht immer? Ja, so kann ich alles umkehren; so kann ich auch die ganze Sittenlehre umstoßen und kann behaupten: Tugend ist nicht Tugend, und Laster ist nicht Laster; Es ist alles bloß subjective Vorstellungart, an sich selbst aber Nichts! Wohin gerathen wir doch also? Wohin? Wohin? ——

2ter Beweis. Diesen zweyten Hauptbeweis nimmt Kant aus der Natur unserer sämtlichen contemplativen Erkenntniß her, und in die Form eines Syllogismus gebracht, lautet er so: alle unsere contemplative Erkenntniß, oder alles, was in unserer Erkenntniß zur Anschauung gehört, enthält nichts als Verhältnisse, die wir in Raum und Zeit

neben

neben einander und nach einander ſetzen und ordnen; nun ſind doch aber dergleichen Verhältniſſe nicht die Sachen oder Dinge an ſich ſelbſt; alſo ſind alle Verhältniſſe, nebſt ihrer Form, dem Raum und der Zeit, worin wir ſie ſetzen, nichts als Erſcheinungen, die außer unſerer Vorſtellung keine an ſich ſelbſt gegründete Exiſtenz haben. — Hier möchte man wohl ſagen: beweiſe die Schlußfolge! Denn offenbar iſt ſie in den Vorderſätzen gar nicht gegründet, d. h. in der Verbindung des Schlußſatzes mit den Vorderſätzen iſt nichts enthalten, wodurch man in die Nothwendigkeit geſetzt würde, dieſen aus jenen nothwendig ableiten und zugeben zu müſſen. Es iſt gar nicht anders möglich, als durch einen Sprung darauf zu kommen, der aber doch in einer richtigen und gültigen Schlußfolge durchaus gar nicht Statt ſtehen kann und darf. Denn wenn es an ſich auch noch ſo wahr iſt, daß unſere Erkenntniß bloß Verhältniſſe, nicht aber Sachen oder Dinge an ſich ſelbſt enthält; ſo kann doch daraus in alle Ewigkeit nicht folgen: alſo ſind alle äuſſere Gegenſtände bloße Erſcheinungen, die nirgends exiſtiren, als in der ſubjectiven Form unſerer ſinnlichen Anſchauung. Nichts berechtiget, nichts nöthiget mich ja zu dieſer Schlußfolge! vielmehr nöthiget mich die Natur der Sache ſelbſt zu einer ganz entgegengeſetzten Schlußfolge. Denn ſo gewiß es auch iſt, daß meine Erkenntniß nur Verhältnisse, nicht Gegenstände an sich selbst enthält; so ist es doch auch eben so gewiß, daß sie sich auf wirkliche Gegenstände, und auf Dinge an sich selbst beziehet. Denn sonst wäre ja meine Erkenntniß nicht Erkenntniß, sondern sie wäre ein bloßer Traum; eine bloße subjective, an sich selbst aber völlig leere Täuschung; eben so leer, wie die Täuschung eines Verrückten, der sich für Gott den Sohn, oder des andern, der sich für Gott den Vater hielt. — Ferner, so gewiß es auch ist, daß Verhältnisse nicht die Dinge an sich selbst sind; so setzen sie doch nothwendig Dinge an sich selbst voraus, denen sie als Verhältnisse zukommen. Auch schon in dem Ausdruck also: unsere Erkenntniß enthält bloße Verhältnisse, liegt eine Zweydeutigkeit, womit Kant uns in die Irre führt. Denn offenbar giebt es ja eine zwiefache Art von Verhältnissen; nemlich innere oder subjective, und äußere oder objective. Die innern betreffen bloß unsere Vorstellungen, und bestehn in ihrer innern Anordnung und Verbindung unter einander selbst, und in dem gegenseitigen Einflusse, den sie auf einander haben, oder wodurch sie sich einander mobificiren. Es giebt aber auch äußere oder objective Verhältnisse, d. h. solche, die in der Anordnung und Verbindung der Objecte unserer Erkenntniß an sich selbst, und unabhängig von unsern Vorstellungen liegen. Nur von den Erstern

kann

kann man eigentlich sagen, daß unsere Erkenntniß sie enthält, und nur von diesen gilt der Satz: sie existiren bloß in unserm subjectiven Vorstellungsvermögen. Ein offenbarer Fehlschluß aber würde es seyn, wenn man auch die andere Art von Verhältnissen darin mit einschließen wollte. Denn der Natur der Sache selbst nach kann man nicht sagen: unsere Erkenntniß enthält diese Verhältnisse an sich selbst; sondern eigentlich kann man nur sagen: sie enthält Vorstellungen von diesen Verhältnissen. Die Verhältnisse an sich selbst sind nicht in uns, sondern außer uns, und kommen den Dingen an sich selbst zu. Denn entweder muß Kant geradehin läugnen, daß es Dinge an sich selbst außer uns gibt; oder er muß zugeben, daß sie untereinander selbst auch Verhältnisse haben. Da er nun das Erstere, wenigstens hin und wieder einräumt; so muß er nothwendig auch das Letztere zugeben. Denn das Eine läßt sich ohne das Andere gar nicht denken. Da er nun aber in seinem obigen Beweise beyde Arten von Verhältnissen nicht gehörig unterschieden, sondern unbefugter Weise in einander gemischt hat; so hat er auch den Schlußsatz seines Beweises nicht rechtmäßig erschlossen, sondern durch Verwirrung der Begriffe bloß erschlichen; wenigstens kann er nur alsdenn erst gelten, wenn er erst bewiesen hat, daß es außer uns keine Dinge an sich selbst

selbst gibt, und daß unter ihnen keine Wechselwirkungen, oder keine gegenseitige Verhältniſſe Statt finden. Zwar iſt es, leider, gewiß genug, daß seine Behauptungen am Ende wirklich dahin führen; allein dieſe Behauptungen und ins besondere seine Grundsätze von Raum und Zeit können doch nicht schon im voraus zu beweisen dienen, so lange sie selbst noch unbewiesen sind. Also schon wieder eine Inconsequenz und ein Zirkel zugleich. Denn offenbar wird ja in diesem Beweise dasjenige als bewiesen schon vorausgesetzt, was doch durch ihn erst bewiesen werden sollte. — Wer wird übrigens nicht gerne einräumen, daß wir das eigentliche innere Wesen der Dinge nicht kennen. Folgt denn aber daraus, daß wir von ihnen gar nichts wissen, oder gar, daß alle äußere Gegenstände, wie Kant behauptet, bloße Erscheinungen, bloße Vorstellungen, an sich selbst aber Nichts sind? Er giebt ja doch wenigstens hin und wieder zu, daß Dinge an sich selbst wirklich existiren, und daß sie das Etwas sind, welches uns erscheint. Können wir denn also aus der Art, wie sie uns erscheinen, nicht schon sehr richtig auf die ihnen eigenthümliche, wenn auch nicht absolut, doch relativ innere Beschaffenheit schließen, die sie an sich selbst haben? Nicht sehr richtig schließen: sie müssen an sich selbst so und so beschaffen seyn, weil sie uns so und so erscheinen? Denn es muß

E   ja

ja doch ein Grund seyn, warum sie uns gerade so und nicht anders erscheinen, warum, z. E. das Object, das bey der Erscheinung, die wir Mensch nennen, zum Grunde liegt, uns als ein Mensch, und nicht als ein Zuckerhut, oder als eine Statüe von Holz oder Stein erscheint; oder warum das Object, das bey der Erscheinung eines Hauses zum Grunde liegt, uns als ein Haus, und nicht als eine Katze oder Hund, oder nicht als eine Baßgeige, oder als ein Baum erscheint. Sollte nun der Grund hiervon bloß in uns, nicht aber in den Dingen oder Gegenständen an sich selbst liegen; so ist es ja offenbar ganz unbegreiflich, warum die Erscheinungen von einander so wesentlich verschieden sind, warum z. E. nicht eine in die andere sich verwandeln könnte, warum es also an sich selbst unmöglich, oder widersinnig seyn sollte, Gold zu machen, oder einen Menschen für einen Klotz zu halten. Denn liegt der Grund von allen Erscheinungen bloß in mir selbst, so muß ich auch nothwendig daraus machen können, was ich will. Da nun aber die Verschiedenheit der Erscheinungen in aller Absicht von mir gänzlich unabhängig ist; so ist es auch nicht möglich, daß der Grund davon bloß subjectiv seyn sollte oder könnte; sondern er muß nothwendig in den Gegenständen an sich selbst liegen. Ist nun aber dies; so kann ich auch aus der Art, wie sie mir erscheinen sehr richtig

schließ-

schließen, wie sie an sich selbst beschaffen sind, wenn ich auch ihr eigentliches Wesen, oder ihre absolut innere Beschaffenheit, d. h. die eigentliche Art und den eigentlichen Grund, wie und warum sie das sind, was sie sind, noch so wenig durchschauen, erkennen und verstehen kann. Genug ich weiß, so und so sind sie beschaffen, weil sie mir so und so erscheinen. Denn wären sie an und für sich selbst anders beschaffen; so würden sie auch nothwendig mir anders erscheinen müssen. Der Saturn z. E. erscheint mir anders als die Venus, die Venus anders als der Mond, der Mond anders als die Sonne; eine Kanone anders als eine Windmühle; jedes dieser Objecte muß also an sich selbst auch anders, als das andere beschaffen seyn. Denn eine andere Art mir zu erscheinen, erfordert auch nothwendig eine andere innere Beschaffenheit, und aus einer andern innern Beschaffenheit resultirt auch nothwendig eine andere Aussenseite. Folglich kann man mit Recht von dieser auf jene, wie von der Beschaffenheit der Wirkung auf die Beschaffenheit der Ursach zurückschließen. So weiß ich z. E. ganz und gar nicht, was Kant seinem innern Wesen nach seyn mag; aber aus seiner Philosophie, als einer Erscheinung von ihm, kann ich doch wohl mit Grunde schließen, nicht allein daß er existirt, sondern auch, daß er ein sehr großer und ungemein tiefdenkender Philosoph ist. Denn anstatt, daß andere gewöhnliche Menschenkinder ihre Grillen gewöhnlich nur von der Oberfläche der Dinge abschöpfen; so schöpft er die seinigen aus einer grundlosen Tiefe herauf, und schleudert dagegen das bischen Wahrheit, das wir noch gehabt haben, in einen Abgrund hinunter, vor dem nun Tausende schwindeln! — In der That ist es also auch gar nicht nöthig, das absolut innere Wesen und die ersten uranfänglichen Bestandtheile der Dinge zu kennen, um sagen zu können: daß und was sie sind. Wenn ich z. E. mein Auge betrachte; so kenne ich freylich die uranfänglichen Bestandtheile desselben nicht; aber ich habe auch gar nicht nöthig, sie zu kennen, und demohnerachtet kann ich mit Recht und mit völliger Zuverläßigkeit sagen: dieser Gegenstand ist ein Auge, nicht bloß, er erscheinet mir als ein Auge; er ist es wirklich an und für sich selbst; und er würde aufhören das zu seyn, was er ist, wenn es mir möglich wäre, ihn in seine uranfänglichen Bestandtheile aufzulösen. Oder wenn ich z. E. das Buch betrachte, das ich so eben vor mir habe, muß ich da nothwendig erst wissen, aus was für uranfänglichen Bestandtheilen das Papier und die Buchdruckerschwärze besteht, um sagen zu können: das ist Kants Critik der reinen Vernunft? Oder sollte ich denn wirklich wohl im Ernste glauben dürfen, daß ihr Geburtsort bloß

mein

mein Kopf, oder die subjective Form meines Verstandes und meiner Sinne sey? — Nein! — In Wahrheit, ich wiederhohle es noch einmal, es wäre zu viel Stolz, wenn ich mir einbilden sollte, daß ich die Kantische Philosophie selbst erdacht hätte! —

Dritter Beweis. Wenn man annehmen wollte, daß Raum und Zeit etwas wäre, was außer uns in den Dingen an sich selbst angetroffen werde, so würde folgen: daß Raum und Zeit die nothwendige Bedingung der Existenz aller Dinge wäre, und auch alsdenn noch übrig bliebe, wenn gleich die Dinge an sich selbst völlig aufgehoben würden; nun ist aber dies etwas Ungereimtes, und man verwandelt dadurch alles in bloßen Schein, indem man die Existenz der Dinge von einem Undinge abhängig macht; also kann man nicht annehmen, daß Raum und Zeit etwas außer uns in den Dingen an sich selbst ist. — Welch ein Schluß! Wenn man Raum und Zeit als etwas außer uns annimmt; so verwandelt man alles in bloßen Schein! Hm! hm!! Sollte man nicht ganz natürlich denken, daß die Sache gerade umgekehrt sich so verhielte? Denn wenn es außer uns keinen Raum und Zeit giebt; wie ist es möglich, daß es außer uns wirkliche, an sich selbst existirende Gegenstände geben kann? Dann ist ja also wirklich alles bloßer Schein! — Jedoch wir müssen unsern Kant darüber selbst hören! —

„Es

„Es wäre, sagt Er S. 69. meine eigene Schuld, „wenn ich aus dem, was ich zur Erscheinung zäh„len sollte, bloßen Schein mache."

Ja, lieber Kant, es ist wirklich lediglich deine eigene Schuld, daß wir am Ende schlechterdings nicht anders können, als alles zu bloßem Schein zu machen, wenn wir an deine Erscheinungslehre glauben sollen. Denn Beydes läuft am Ende wirklich ganz auf Eins hinaus! Erscheinung ist Schein, und Schein ist Erscheinung; nur mit dem kleinen, in der Sache selbst aber wirklich nichts bedeutendem Unterschiede, daß Schein eine vorübergehende nur von gewissen Umständen abhangende Erscheinung, die sogenannte Erscheinung aber ein schon ganz gewöhnlicher, immer wiederkehrender, oder beständiger Schein ist. — Hierbey macht nun Kant unter dem Texte eine Anmerkung, die folgender Maaßen lautet:

„Die Prädicate der Erscheinung können dem „Objecte selbst beygelegt werden, in Verhältniß auf „unsern Sinn, z. B. der Rose, die rothe Farbe, oder „der Geruch, —

(NB. Das ganze Object, mit alle dem, was ihm die Erscheinung beylegt, also nicht allein die rothe Farbe und der Geruch, sondern auch die Rose selbst, existirt aber NB. nirgends als in meiner Vorstellung. So lehrt ja Kant, wie wir oben gehört haben, ganz ausdrücklich.

Hat

Hat denn also Schein und Erscheinung, nach der Kantischen Theorie von der letztern, nicht denselben Sitz, nicht im Grunde daſſelbe Weſen? —) „Aber der Schein, sagt Kant weiter, kann niemals „als Prädicat dem Gegenstande beygelegt werden."— (Freylich nicht! Aber auch die Prädicate der Erscheinung sollen ja nur den erscheinenden Objecten, als Erscheinungen, niemals aber den Dingen oder Gegenständen an sich selbſt beygelegt werden dürfen. Ist also nicht Beydes im Grunde Eins? Beydes im Grunde nichts? —) „Eben darum, sagt Kant, (kann nemlich der „Schein dem Gegenstande niemals als Prädicat „beygelegt werden) weil er, was diesem nur im „Verhältniß auf die Sinne oder überhaupt aufs „Subject zukommt, dem Object für sich beylegt, „z. E. die zwey Henkel, die man anfänglich dem „Saturn beylegte."

(Wie künstlich doch das Falsche hinter dem Wahren hier versteckt ist. Freilich kann ich nicht sagen: der Saturn hat zwey Henkel. Dies ist nur Schein, und zwar nur zu Zeiten. Aber eben so wenig kann ich ja folglich mit Grunde sagen, daß die zwey Henkel im Verhältniß auf die Sinne ihm bloß zukommen. Auch in dieser Rücksicht kommen sie vielmehr ihm gar nicht zu. Denn nach geschehener Appellation a sensibus male informatis ad sensus melius informandos sprechen ja auch unsere Sinne die beyden Henkel ihm gänzlich ab, weil sie alsdenn deutlich wahrnehmen, daß es ein bloßer optischer Betrug ist, der sie ihm beylegt. Dieses Exempel paßt also gar nicht zu dem übrigen Inhalte dieser Kantischen Behauptung. Denn nach dieser setzt ja Kant den Schein, oder das, was er Schein nennt, eigentlich und hauptsächlich, oder lediglich darin, wenn man dem Objecte für sich das beylegt, was ihm unsere Sinne beylegen. Nun denke man einmal, wie der gute Mann uns überlisten will. Denn offenbar giebt er ja hier vom Schein eine nicht allein ganz willkührliche und völlig sprachwidrige, sondern auch in der That ganz falsche Erklärung; eine Erklärung, die wir schlechterdings gar nicht zugeben können. Denn in derselben setzt er ja schon als bewiesen voraus, was er doch noch nirgends bewiesen hat, und zuverläßig auch nie beweisen wird. Er setzt dabey voraus, daß alle Gegenstände der Sinne bloße Erscheinungen, an sich selbst aber Nichts sind, und daß es also bloßer Schein und bloßer Selbstbetrug seyn würde, wenn man glauben wollte, daß die Prädicate der Erscheinungen auch wirkliche Beschaffenheiten der Gegenstände

stände an sich selbst bezeichnen. Das ist ja aber offenbar petitio principii! Das geht ja nicht. Nicht das ist Schein, was Kant so nennt, sondern das ist Schein, wenn man sich Gegenstände in der Sinnenwelt vorstellt, die an sich selbst doch gar nicht existiren, oder ihnen Beschaffenheiten beylegt, die ihnen als Dingen an sich selbst doch gar nicht zukommen. Wenn z. E. der Patient in der Fieberhitze diese oder jene fürchterlichen Gegenstände oder an den wirklichen Gegenständen sich Beschaffenheiten vorstellt, die ihnen an sich selbst gar nicht zukommen; so wird jedermann sagen, es scheint dir nur so; diese Gegenstände oder diese Beschaffenheiten existiren bloß in deiner Vorstellung, an sich selbst aber sind sie Nichts! Gerade eben so sollen wir ja nun aber auch nach der Kantischen Erscheinungslehre denken; wir sollen glauben, daß die Gegenstände, die unser sinnliches Anschauungsvermögen im Raume und Zeit uns darstellt, bloß in unserer Vorstellung existiren, an sich selbst aber Nichts sind. Wie sind denn also Schein und Erscheinung, ihrem innern Wesen nach, von einander unterschieden? —)

„Kant sagt: was gar nicht am Objecte an sich „selbst, jederzeit aber im Verhältnisse desselben zum „Sub-

„Subjecte anzutreffen und von der Vorstellung des „Erstern unzertrennlich ist, ist Erscheinung."

<blockquote>(Um Vergebung, da muß ich doch nun fragen: was sind denn also, z. E. unsere Hände und Füße? Nach dieser Kantischen Erklärung, und bey vorausgesetzter Richtigkeit seiner Erscheinungslehre, könnten sie nicht Erscheinung, sondern sie müßten bloßer Schein seyn. Denn 1) wo ich sie wahrnehme, da sind sie jederzeit am Objecte, am Menschen selbst; 2) sie sind aber gleichwohl im Verhältnisse des Objects zu meinem Subjecte, oder zu meinen Sinnen, nicht jederzeit anzutreffen; denn ich sehe auch Menschen, die theils keine Hände, theils keine Füße haben; 3) auch sind sie vom Objecte, und von der Vorstellung desselben nicht unzertrennlich; — Dies beweiset besonders jede Bataille! — Man sieht also wol, daß nach der Kantischen Erscheinungslehre Schein und Erscheinung von einander gar nicht wesentlich verschieden ist! —)</blockquote>

„Und so werden, sagt Kant weiter, die Prädi„cate des Raums und der Zeit mit Recht den Gegen„ständen der Sinne, als solchen (NB. als solchen) „beygelegt, und hierin ist kein Schein." —

<blockquote>(Nach dem gewöhnlichen und richtigen Sprachgebrauche, allerdings! Denn jedermann nennt das</blockquote>

das Schein, was sich nicht wirklich so verhält. Nun nehme man z. E. nur den Raum. Indem ich die Gegenstände darin anschaue und neben einanderseße; so stelle ich mir ja offenbar etwas vor, was sich nach der Kantischen Erscheinungslehre ganz und gar nicht so verhält. Denn der Raum, wie Kant selbst S. 39. sagt, wird ja als eine unendliche gegebene Größe vorgestellt; allein dies ist er doch nicht wirklich. Denn nach eben dieser Kantischen Erscheinungslehre ist er ja weiter nichts, als eine bloße subjective Form unserer sinnlichen Anschauung. Diese subjective Form unserer Sinnlichkeit kann doch nun aber auf keine Weise und um so weniger unendlich groß, oder eine wirkliche unendliche Größe seyn, je weniger wir selbst jemals wirklich unendlich groß sind. Da nun aber gleichwohl der Raum, worin ich meine Gegenstände sehe, als etwas unendlich Großes vorgestellt wird; so wird ja offenbar hiermit etwas vorgestellt, was sich gar nicht wirklich so verhält. Folglich ist ja auch darin bloßer Schein! —)

„Dagegen, fährt Kant fort, wenn ich der Rose
„an sich die Röthe, dem Saturn die Henkel,
„oder allen äußern Gegenständen die Ausdehnung
„an sich beylege, ohne auf ein bestimmtes Verhält=
„niß

„niß dieser Gegenstände zum Subject zu sehen, und
„mein Urtheil darauf einzuschränken; alsdenn aller-
„erst entspringt der Schein."

(Wenn ich also der Rose an sich die Röthe, und
den äußern Gegenständen an sich Ausdehnung
beylege; so ist das eben so wohl bloßer Schein,
oder sinnlicher Betrug, als wenn ich dem Saturn Henkel beylege? Ich kann und darf also
eben so wenig sagen, die Rose ist roth, und die
äußern Gegenstände haben Ausdehnung, als
ich sagen kann: der Saturn hat Henkel? —
Nun, so ist es denn doch wohl klar genug, daß
das Kantische System alles in bloßen Schein
verwandelt. Vorhin erklärte er doch noch die
rothe Farbe der Rose für ein Prädicat der Erscheinung; aber auch dies nimmt er nun ausdrücklich hier wiederum zurück, indem er sie
mit den Henkeln des Saturns in eine Classe
setzt, und so wird denn also alles bloßer Schein.
Zwar liegt hierbey abermals die obige willkührliche und unrichtige Erklärung vom Scheine
zum Grunde; allein wie wenig ihn diese von
diesem gerechten Vorwurfe retten kann, liegt
am Tage. Denn offenbar ist ja Schein im
Grunde eben das, was die Kantische Erscheinungen sind, und entspringt auch völlig eben
so, wie Kant diese entspringen läßt. Nach

seiner

seiner eigenen Erklärung nemlich ist ja das, was Er Erscheinung nennt, nichts anders, als das beständige Verhältniß des Objects zum Subjecte. Nun würde dies freylich nach jeder andern Philosophie unendlich mehr, als blosser Schein seyn; allein nach der Kantischen, nach welcher jedes Object der Sinne bloß in unserer Vorstellung existirt, an sich selbst aber Nichts ist, bleibt zwischen Schein und Erscheinung schlechterdings gar kein innerer und wesentlicher Unterschied übrig. Denn auch der Schein entsteht ja aus dem Verhältnisse eines durch die productive Einbildungskraft gegebenen Gegenstandes zu unsern Sinnen. Die productive Einbildungskraft gibt ihn, und unsere dadurch afficirte Sinnlichkeit läßt alsdenn im Raume und in der Zeit ihn uns erscheinen. Auf eben die Art entstehen ja nun aber nach der Kantischen Erscheinungslehre auch alle Erscheinungen. Der Verstand ist nemlich Urheber der Erfahrung und aller der Gegenstände, die darin angetroffen werden; (S. 127.) als productive Einbildungskraft erzeugt er die Gestalten, (S. 162. coll. 204.) bestimmt die Sinnlichkeit, (S. 161.) und diese läßt alsdenn die auf solche Art erzeugte Gestalten im Raume und in der Zeit erscheinen. Offenbar sind also

nach

nach dieser Philosophie Schein und Erscheinung ihrer innern wesentlichen Beschaffenheit nach gar nicht unterschieden; sondern wenn man ja noch einen Unterschied machen will, so besteht er bloß in der zufälligen Bestimmung: daß Schein nur zuweilen und unter besondern nicht immer Statt, findenden Umständen und Veranlassungen; Erscheinung aber gewöhnlich und für beständig erscheint. Beydes aber ist doch seinem innern Wesen nach ganz dasselbe, und kommt darin mit einander völlig überein, daß eins wie das andere bloß in unserer Vorstellung existirt, an sich selbst aber Nichts ist! — Jedoch wir wollen weiter hören! —)

"Dieses, heißt es im Texte selbst nun weiter, "geschieht aber nicht nach dem Princip der Ide"alität aller unserer sinnlichen Anschauungen."

(NB. Man merke also wohl: alle unsere sinnlichen Anschauungen sind bloß idealisch; wir werden von diesem Satze nachher Gebrauch machen.)

"Vielmehr, wenn man jenen Vorstellungsfor"men (Raum und Zeit) objective Realität beylegt; "so kann man nicht vermeiden, daß nicht alles da"durch in bloßen Schein verwandelt werde." —

Frey-

(Freylich, wenn man Raum und Zeit schon im Voraus für Undinge ansieht, oder überhaupt sich davon unrichtige Begriffe macht; so kann man es wohl nicht vermeiden, daß nicht unrichtige Folgen daraus fließen sollten. Wenn man aber Raum und Zeit für das nimmt, was sie sind, nemlich für nothwendige Bedingungen der reellen Existenz aller endlichen Dinge, oder für die Art und Weise, wie alle endliche Dinge, wenn sie existiren, nothwendig existiren müssen; so müßte es doch wirklich sonderbar zugehn, wenn man eben dadurch, daß man etwas glaubt, auch zugleich das gerade Gegentheil glauben müßte. — Jedoch man höre den Beweis! —)

„Denn, sagt Kant, (S. 70.) wenn man den „Raum und die Zeit, als Beschaffenheiten ansieht, „die, ihrer Möglichkeit nach, in Sachen an sich an„getroffen werden müßten, und überdenkt die Unge„reimtheiten (?) in die man sich alsdenn verwickelt, „indem zwey unendliche Dinge, die nicht Substan„zen, auch nicht etwas wirklich den Substanzen In„härirendes, dennoch aber Existirendes, ja die noth„wendige Bedingung der Existenz aller Dinge seyn „müssen, auch übrig bleiben, wenn gleich alle exi„stirende Dinge aufgehoben werden; so kann man „es dem guten Berkley wohl nicht verdenken, wenn
„er

„er die Körper zu bloßem Schein herabsetzte; ja es
„müßte sogar unsere eigene Existenz, die auf solche
„Art von der für sich bestehenden Realität eines Un-
„dings, wie die Zeit (ist das nicht petitio principii?)
„abhängig gemacht wäre, mit dieser in lauter Schein
„verwandelt werden; eine Ungereimtheit, die sich
„bisher noch niemand hat zu Schulden kommen
„lassen."

(NB. Kant gebraucht hier, bis auf einen, lauter
Ausdrücke, die sehr zweydeutig und eben
darum auch sehr verfänglich sind. Der Ausdruck „Beschaffenheiten" wenn er von Raum
und Zeit gebraucht wird, ist gar nicht adäquat,
eben darum, weil er zu unbestimmt ist. Denn
er könnte leicht zu dem Irrthume verleiten, als
ob Raum und Zeit eben solche Beschaffenheiten der Dinge seyn sollten, wie es z. E., die
Farbe, oder der Geruch sind. Wären Raum
und Zeit solche Beschaffenheiten; so ließe es
sich freylich denken, daß Dinge existiren könnten, denen diese Beschaffenheiten nicht zukä-
men. Ferner „zwey unendliche Dinge" —
ist ebenfalls ein verfänglicher Ausdruck. Denn
es könnte scheinen, als hielte man Raum und
Zeit auf eben die Art für unendliche Dinge,
wie man z. E. von Gott sagt, daß er ein Ens
infinitum ist. Raum und Zeit sind im eigentlichen

lichen und engsten Verstande keine Dinge, und also kann man eigentlich auch nicht sagen, daß sie unendliche Dinge sind. Eben so kann man auch nicht füglich, wenigstens nicht ganz ohne Zweydeutigkeit, sagen: sie sind etwas Existirendes. Denn wenn das Wort substantive genommen wird; so denkt man dabey leicht an ein gewisses Concretum, das für sich selbst, ohne Rücksicht auf etwas anders Subsistenz hat. Nun kann man zwar wohl sagen: Raum und Zeit existiren; aber doch nicht so, wie man von Substanzen sagt, daß sie existiren; sondern nur so, wie etwa irgend eine nothwendige Bedingung existiren kann. — Endlich kommt denn doch nun Kant auch auf den rechten und völlig adäquaten Ausdruck, nemlich: Raum und Zeit sind die nothwendigen Bedingungen der Existenz aller Dinge. — Und allerdings, so ist es in der That. Denn was nirgends und niemals existirt, das existirt auch wahrhaftig ganz und gar nicht. Mir ist es wenigstens unbegreiflich, wie es möglich wäre, daß Kant existiren könnte, wenn für ihn kein Raum in der Welt wäre! — Aber, sagt Kant: „So macht man unsere Existenz von einem Unbinge abhängig, und verwandelt sie dadurch in bloßen Schein;

F eine

eine Ungereimtheit, die sich noch niemand hat zu Schulden kommen lassen." Wie! Von einem Undinge? Aber eben darüber ist ja noch erst die Frage, ob Raum und Zeit ein Unding ist, d. h. ein Prädicat der Dinge, das einen Widerspruch in sich faßt, und wobey sich gar nichts Vernünftiges denken läßt. Darüber streiten wir ja eben, und gleichwohl spricht hier Kant durch einen Machtspruch so darüber ab, als ob es schon bewiesen wäre? Ist das nicht zu voreilig? — Wie? Man verwandelt unsere Existenz in bloßen Schein, wenn man sie von Raum und Zeit abhängig macht? Wie denn so? Wie ist es denn möglich, in bloßen Schein etwas dadurch zu verwandeln, wenn man anerkennt, daß die Wirklichkeit desselben von einer gewissen nothwendigen Bedingung abhängig sey? So wenig ich im Stande bin, mich von der Richtigkeit dieser Kantischen Behauptung zu überzeugen; so sehr freuet es mich hingegen, daß es Kant selbst für eine Ungereimtheit erklärt, wenn es Jemand wagt, unsere eigene Existenz in bloßen Schein zu verwandeln. Aber, was soll ich sagen? Nach unserm Kant ist doch gleichwol Raum und Zeit, und alles, was darinnen ist, eine bloße Erscheinung. Da nun auch unsere eigene Existenz

stenz nicht anders, als in Raum und Zeit, gedacht werden kann; so ist folglich auch diese eine bloße Erscheinung. Nun sind ja aber nach eben diesem Kant alle Erscheinungen an sich Nichts! Was nun aber an sich Nichts ist; das verhält sich doch nicht wirklich so, wie es uns erscheint; es ist also bloßer Schein. Folglich ist auch unsere eigene Existenz weiter nichts, als bloßer Schein, weil dasjenige, worin sie nothwendig gedacht werden muß, an sich Nichts ist. Wenn nun also Kant diese Behauptung hier verwirft, und sie der Ungereimtheit beschuldigt, und zwar mit Recht; so verurtheilt er in der That sich selbst, und seine eigene Grundsätze. Denn er selbst hat ja vorhin solche Grundsätze aufgestellt, woraus das nothwendig folgt, wovon er hier sagt, daß man durch die Behauptung desselben sich einer Ungereimtheit schuldig mache. Er selbst stößt nun also eben hiermit das gänzlich wieder um, was er vorhin behauptet hatte. Denn wenn unsere Existenz, wie er doch hier deutlich und ausdrücklich zu gestehen scheint, eine reelle Existenz wirklich ist, nicht aber bloße Erscheinung, oder ein bloßer leerer Schein, der nichts Wirkliches und nichts Beharrliches zum Grunde hat; so folgt auch schon von selbst hieraus,

F 2   daß

daß Raum und Zeit nicht davon abgesondert werden kann. Denn, wie gesagt, Raum und Zeit sind nothwendige Bedingungen der reellen Existenz aller endlichen Dinge; oder die Art und Weise, wie alle endliche Dinge, wenn sie existiren, nothwendig existiren müssen. Denn endliche Dinge können das, was sie sind, oder was sie seyn und werden sollen, nicht alles auf einmal seyn; sondern ihrer Natur nach können sie nur nach und nach von einem Zustande ihres Seyns zu dem andern fortgehn. Aber eben diese Reihe und Folge ihrer innern Veränderungen und ihrer äußern Verhältnisse nennt man Zeit; also müssen alle endliche Dinge nothwendig in der Zeit seyn. Wenn nun aber mehrere solche Dinge wirklich existiren; so müssen sie doch nothwendig außereinander und nebeneinander existiren. Eben dieses Außereinander- und Nebeneinanderseyn der wirklichen Dinge nennt man nun aber Raum; also müssen alle wirkliche Dinge nothwendig im Raume existiren. Mir ist es wenigstens nicht möglich, diese durch sich selbst so einleuchtende Sätze anders zu denken. Kann es Jemand, der thue es; Ich kann nicht anders! — Noch Eins! Kant sagte vorhin: auch sogar unser eigenes Daseyn werde in lauter Schein verwan-

wandelt, wenn man es von einem solchen Undinge, als wofür er Raum und Zeit erklärt,
abhängig mache. Nun hat doch aber unser
guter Kant selbst von diesem Undinge, wie er
es nennt, unser ganzes Vorstellungsvermögen
abhängig gemacht; wird denn also zugleich mit
diesem Undinge nicht auch unser ganzes Vorstellungsvermögen aufgehoben, und in bloßen
Schein verwandelt? Keinesweges, höre ich
schon alle Kantianer mir entgegen rufen; „denn
„nach Kant ist ja Raum und Zeit, bloß die
„Form unseres Vorstellungsvermögens, und
„unserer sinnlichen Anschauung, (Forma sive
„modus cogitandi atque percipiendi;) wie soll-
„te denn also das Vorstellungsvermögen selbst
„dadurch aufgehoben werden können, wenn
„die Art und Weise beschrieben wird, die un-
„ser Vorstellungsvermögen nothwendig befolgt,
„und davon es abhängt. Eins kann ja viel-
„mehr ohne das andere nicht gedacht werden,
„und gar nicht Statt finden." — Recht schön!
Wie! wenn ich nun aber dagegen sagte: Raum
und Zeit ist nichts anderes, als die Form oder
die Art und Weise zu existiren, (Forma sive
modus existendi;) wie sollte denn also die Existenz selbst dadurch aufgehoben, oder in bloßen
Schein verwandelt werden können, wenn die

F 3   Form

Form oder die Art und Weise beschrieben wird, der jede Existenz gleichzeitiger und veränderlicher Dinge nothwendig unterworfen ist? Das Eine kann ja vielmehr ohne das Andere gar nicht gedacht werden, und gar nicht Statt finden; eben so wenig als eine facultas cogitandi ohne einen modus cogitandi gedacht werden, oder Statt finden kann. Entweder existirt also ganz und gar Nichts; oder es muß einen modum existendi haben. Es kann nicht alles auf einmal seyn; folglich muß alles Endliche, als etwas beständig Veränderliches, nothwendig in der Zeit seyn; es kann auch nicht alles in einem Puncte seyn; folglich muß es außereinander und nebeneinander, d. h. im Raume seyn. Nun fräg' ich einen Jeden: habe ich nicht ganz aus denselben Grundsätzen geschlossen, woraus Kant selbst zu schließen nicht umhin kann, wenn er nicht will, daß unser ganzes Vorstellungsvermögen und folglich auch unsere ganze Existenz, in bloßen Schein verwandelt werden soll? Kann er denn aber wohl verlangen, daß ein Satz bloß für ihn, nicht aber für mich und für andere gelten soll? Wie ist es denn nun also möglich, daß durch den Grundsatz: Raum und Zeit sind die Form oder die Art und Weise, und mithin die nothwenwendige Bedingung der wirklichen Existenz aller endlichen Dinge, — daß, sage ich, durch diesen Grundsatz gleichwohl alles, alles in bloßen Schein verwandelt werden könnte? — Also schon wieder eine Inconsequenz!! Gesetzt nun aber, wir wollten es unserm Kant, aller gesunden Vernunft zum Trotz, einmal einen Augenblick zuglauben: man könne es bey diesem Grundsatze nicht vermeiden, daß nicht alles in bloßen Schein verwandelt werde; so wäre das freylich ein großes Unglück; indessen müßte man sich denn damit trösten, daß man diesem Unglück doch nicht entgehen könne, man möge es auch anfangen, wie man wolle. Denn es ist gerade eben dasselbe, worin die Kantische Philosophie uns vollends ganz unvermeidlich stürzt. Kant versichert zwar, daß es damit keine Noth habe; allein man kann sich darauf nicht verlassen. Denn zu gleicher Zeit, wie wir oben gehört haben, sagt er uns doch ganz ausdrücklich, daß alle unsere sinnliche Anschauungen bloß idealisch sind. Nun ist es doch aber ein richtiger Schluß: alles, was bloß idealisch ist, und doch zugleich als so etwas vorgestellt wird, was sich wirklich außer uns befindet, und vor unsern Augen gleichsam dasteht, das ist weiter nichts,

als

als bloßer Schein. Nun stellen wir uns doch nach der Kantischen Erscheinungslehre lauter Gegenstände vor, die bloß idealisch sind; und gleichwohl stellen uns doch unsere Sinne diese Gegenstände als solche vor, die sich wirklich außer uns befinden, und alle Welt glaubt es auch; also geben uns unsere Sinne nach der Kantischen Erscheinungslehre bloßen Schein. Die Sache verhält sich also eigentlich gerade umgekehrt; wenn man die Kantische Erscheinungslehre annimmt; so wie die Critik der Vernunft sie uns vorträgt; so kann man nicht vermeiden, daß nicht alles in bloßen Schein verwandelt werde. —)

Vierter Beweis. In der natürlichen Theologie ist man sorgfältig darauf bedacht, die Bedingungen des Raums und der Zeit von Gott und seiner Anschauung gänzlich zu entfernen; nun kann und darf man aber doch dieses nicht, wenn man Zeit und Raum zu Formen der Dinge an sich selbst, und zu Bedingungen alles Daseyns überhaupt macht; also bleibt nichts weiter übrig, als daß man Raum und Zeit bloß zu subjectiven Formen unserer sinnlichen Anschauung macht. — — Auch diesem Schlusse fehlt es durch und durch an der nöthigen Consistenz und an erforderlicher Bündigkeit. Denn er schließt nicht aus richtigen, genau bestimmten Prin-

cipien

ciplen; sondern bloß aus Misdeutung dessen, was man in der natürlichen Theologie eigentlich lehrt und lehren muß. „Man ist sorgfältig darauf bedacht, „von Gott und seiner Anschauung, die Bedingun„gen des Raums und der Zeit hinwegzuschaffen." — Aber, lieber Kant, was heißt denn das? Doch wohl nichts weiter, als: Gott hat nicht nöthig, das, was ist, so wie wir, nur allmählig und nacheinander anzuschauen; sondern seine Anschauung umfaßt alles, was da ist, auf einmal und, so zu sagen, mit einem einzigen Blicke. Folgt denn nun aber daraus: also giebt es keine Zeit, d. h. keine wirkliche Reihe und Folge der Dinge? Nicht doch! Beydes kann ja vielmehr sehr wohl mit einander bestehn. Denn niemand wird doch wohl behaupten können oder wollen, daß es der Vollkommenheit Gottes entgegen sey, dasjenige, was im Raume und in der Zeit wirklich ist, auch als so etwas anzuschauen und sich vorzustellen, was auf diese Weise ist, und seyn muß. Denn wenn Er es als etwas Anderes anschauete und sich vorstellte; so irrte er sich ja, und erkennete die Dinge nicht so, wie sie an sich selbst doch wirklich sind. Da nun also alle endliche Dinge im Raume und in der Zeit wirklich sind, und nothwendig seyn müssen; und da es nicht möglich ist, daß die Erkenntniß Gottes mit der wahren und wirklichen Beschaffenheit der Dinge nicht ganz vollkom-

F 5   men

men und auf das Allergenaueste übereinstimmen sollte; so folgt, daß Gott alle endliche, außer ihm wirklich existirende Dinge gar nicht anders anschauen und sich vorstellen könne, als nur als solche, die im Raume und in der Zeit nebeneinander und nacheinander existiren, d. h. er erkennt die Dinge, ihrer Natur, ihrer Verbindung, ihrem Zusammenhange, und ihrer Ordnung nach, gerade so, wie sie wirklich sind. Denn eine Welt, worin überall der vollkommenste Zusammenhang und die zweckmäßigste Ordnung herrscht und herrschen muß, kann er doch nicht als Chaos betrachten, worin keine Ordnung und kein Zusammenhang herrscht; eine Welt, die wirklich unermeßlich groß ist, kann er doch nicht als eine solche betrachten, die keine Größe, sondern nur die Beschaffenheit eines mathematischen Punctes hat; die Wirkungen, die erst nach ihren Ursachen da sind, kann er doch nicht so sich vorstellen, als ob sie schon vor ihren Ursachen da wären; das aufeinander Folgende doch nicht als etwas Gleichzeitiges, d. h. als etwas, das sich nicht einander folgte; das Veränderliche doch nicht als etwas Unveränderliches; das, was entstanden ist, und auch wieder vergeht, doch nicht so, als ob es nicht entstanden wäre, und nicht vergehen könnte oder würde; das, was unvollkommen ist, und nur nach und nach erst wachsen, und vollkommner werden kann, doch nicht als etwas,

das

das schon auf einmal ganz vollkommen wäre; das Kind z. E. doch nicht als einen Mann, und den Mann, z. B. einen Kant, doch nicht als ein unmündiges Kind, u. s. w. Gesetzt nun also; es existirt wirklich eine Welt, und zwar eben auf diese jetzt beschriebene Art im Raume und in der Zeit; so ist auch der Vollkommenheit Gottes auf keine Weise entgegen, sie als eine solche anzuschauen und sich vorzustellen. Vielmehr könnte er nicht Gott, nicht der Allwissende und Allervollkommenste seyn, wenn er sie nicht so anschauete, und sich vorstellte. Ist nun aber dies; so hat man ja auch von dieser Seite her nicht den geringsten gültigen und vernünftigen Grund, die objective Realität des Raums und der Zeit für ein Unding zu erklären. Wollte man aber gleichwohl behaupten, daß man in Gott etwas Unschickliches setze, wenn man diese Anschauungsart ihm beylege: so würde dieser Vorwurf das Kantische System eben sowohl, als das Meinige, treffen. Denn nach der Kantischen Erscheinungslehre sind wir doch wenigstens diejenigen, die im Raume und in der Zeit sich alles vorstellen; ist nun aber dies; so muß auch zugegeben werden, daß etwas da ist, was auch Gott selbst nicht anders anschauen und sich vorstellen kann, als nach den Bedingungen des Raums und der Zeit; oder man müßte denn behaupten wollen, daß Gott von unserer Anschauungsart und

den

dem gesamten Inhalte derselben keine Kenntniß habe, und folglich auch nicht allwissend sey. — Wenn wir also Raum und Zeit von Gott entfernen, oder wenn wir lehren: Gott sey nicht in Raum und Zeit; so wollen wir damit nur soviel sagen: Gott ist an keine Einschränkungen des Raums gebunden, d. h. seine Vollkommenheiten, seine Allmacht, Allwissenheit, Weisheit und Güte sind in keinen Raum, in keine Grenzen eingeschlossen; sie sind grenzenlos, oder sowohl intensive, als extensive ganz unendlich; Er hat also auch nicht nöthig, die Dinge, die im Raume, d. h. außereinander und nebeneinander in der Welt wirklich existiren, gleichsam die Revüe passiren zu lassen; sondern er übersieht sie alle auf einmal, oder sie sind ihm alle auf einmal, vermöge seiner Allwissenheit, oder vermöge seiner ganz uneingeschränkten und allumfassenden Anschauung vollkommen gegenwärtig; — Er ist nicht in der Zeit, d. h. alles, was er ist, das ist er auf einmal, und was er erkennt, das erkennt er auf einmal; seine Existenz ist in keine Zeitgrenzen eingeschlossen; er ist kein Zeitwesen, sondern ein Wesen ohne Anfang und Ende, ohne Wechsel und Veränderung; Gott leidet also nichts von dem Fortgange der Zeit; er veraltet nie, und wird auch nie entkräftet oder hinfällig; seine Vollkommenheit nimmt weder ab noch zu, sondern er ist beständig immer eben derselbe, und es

kann

kann eben so wenig ein Zeitpunct gedacht werden, wo er noch nicht gewesen wäre, als ein Zeitpunct, wo er entweder gar nicht, oder nicht mehr das wäre, was er ist. — Dies heißt Raum und Zeit von Gott entfernen. — „Aber, sagt Kant, mit welchem Rechte kann man dieses thun, wenn man beyde vorher „zu Formen der Dinge an sich selbst gemacht hat;"—

(Wenn wir sagen: Raum und Zeit sind Formen der Dinge, woran ihre Existenz nothwendig gebunden ist; folgt denn daraus, daß hiermit diese Form auf eben die Art auch auf Gott übertragen wird, und übertragen werden muß; und zwar dergestalt, daß die allerhöchste oder absolute Vollkommenheit Gottes dadurch geschmälert oder eingeschränkt werde? Wenn Kant dies behaupten wollte; so würde er in der That wider sich selbst streiten. Denn er selbst nimmt ja an, daß Raum und Zeit die nothwendige Form unserer sinnlichen Anschauung, und also der Existenz oder des Charakters unseres denkenden Ichs in der Sinnenwelt sey. Er giebt also zu, daß diese Form irgendwo in der Welt wirklich Statt finde. Wenn aber irgendwo; warum nicht überall? Ist es nicht in Rücksicht auf Gott vollkommen einerley, ob diese Form nur einer Art von Dingen, oder vielen Tausenden derselben;

oder

ober allen in aller Absicht zukommt? Geht denn Gott darunter etwas ab, wenn diese Form nicht bloß einer Art von Dingen, sondern allen ohne Ausnahme, und zwar nicht bloß in Ansehung ihres Anschauungsvermögens, sondern auch in Ansehung ihrer ganzen Existenz überhaupt schon zukommt? Ich sehe wenigstens gar nicht ab, wie dies in Absicht auf Gott einen Unterschied machen könnte. Denn wenn wir sagen: Gott stellt sich die Dinge so vor, wie sie sind; er stellt sie folglich sich im Raume und in der Zeit vor, weil sie wirklich im Raume und in der Zeit existiren; geht denn dadurch der Vollkommenheit Gottes etwas ab? Gewiß nicht! Es ist vielmehr so weit entfernt, daß wir hiermit etwas Unschickliches in Gott setzen, und seinen Vollkommenheiten etwas entziehn sollten; daß er vielmehr nicht der Allervollkommenste seyn könnte, wenn seine Erkenntniß mit der wirklichen Natur und Beschaffenheit der Dinge nicht ganz vollkommen und auf das allergenaueste übereinstimmte. Raum und Zeit mag also noch so sehr die Form, oder die Bedingung seyn, an welche die Existenz aller endlichen und eingeschränkten Dinge nothwendig gebunden ist; so kann dennoch, theils nichts bestoweniger Raum und Zeit, in dem

dem Sinne nemlich, wie wir es vorhin angegeben haben, mit Recht von Gott entfernt werden, theils ist es hingegen auch ganz unläugbar, daß seiner Vollkommenheit ganz und gar nichts dadurch abgeht, wenn man Raum und Zeit zu nothwendigen Formen der wirklichen Existenz aller Dinge an sich selbst macht. Ja, es ist sogar unmöglich, auch nur im geringsten noch wirklich anständig, groß und erhaben von Gott denken zu können, wenn man Raum und Zeit, als objective Formen der Dinge, gänzlich aufhebt. Denn seine Allmacht, Allwissenheit, Allweisheit und Allgüte erfordert ja nothwendig, daß er außer sich wirken und dadurch diese seine Eigenschaften äußern und offenbaren könne. Wie ist es aber möglich, daß Er außer sich wirken könne, wenn es außer Ihm schlechterdings gar keinen Raum giebt? Hebt man also diesen auf; so hebt man eo ipso auch alle diese göttliche Eigenschaften, ihren einzig möglichen Wirkungskreis, und folglich in der That auch sogar Gott selbst auf. —)

„und zwar zu solchen, fährt Kant fort, die als „Bedingungen der Dinge a priori übrig bleiben, „wenn man gleich die Dinge selbst aufgehoben „hätte."

(Was

(Was heißt das? Wie bleiben sie denn übrig? Doch nur so, wie eine nothwendige Bedingung übrig bleiben kann, wenn ich das aufhebe, dessen Bedingung sie ist; d. h. wenn ich auch alle wirkliche Dinge völlig aufhebe; so sehe ich mich doch genöthigt, immer voraus zu setzen, daß, wenn sie existiren, sie nothwendig unter dieser Bedingung existiren müssen. Allerdings bleiben also Raum und Zeit in diesem Sinne beständig übrig, d. h. sie bleiben von Ewigkeit zu Ewigkeit die nothwendige Bedingung der wirklichen Existenz aller endlichen Dinge, wenn es auch möglich wäre, diese einmal gänzlich wieder aufzuheben; und zwar gerade so, wie Raum und Zeit nach dem Kantischen Systeme, als nothwendige Bedingung a priori unseres sinnlichen Anschauungsvermögen immer übrig bleiben würden, wenn auch dieses gänzlich aufgehoben würde. Will also Kant in diesem Uebrigbleiben des Raums und der Zeit einen Widerspruch finden, so findet er ihn nicht weniger auch in seinem eigenen Systeme. —)

„Denn, setzt Kant endlich noch hinzu, als Be-
„dingungen alles Daseyns überhaupt, müßten sie es
„auch vom Daseyn Gottes seyn."

(Aller-

(Allerdings sind Raum und Zeit nothwendige Bedingungen alles Daseyns überhaupt, weil es absolut nothwendig ist, daß alle wirkliche existirende Dinge außereinander und nebeneinander existiren müssen, und schlechterdings nicht anders können; und weil es nicht möglich ist, daß sie alle auf einmal existiren können, sondern nothwendig, und zwar darum, sich einander folgen müssen, theils weil es widersprechend ist, daß z. E. das ganze menschliche Geschlecht, das doch seiner Natur nach nur nach und nach erst zur Wirklichkeit kommen kann, gleichwohl schon ganz auf einmal existiren könnte, theils weil auch alle endliche Dinge an sich selbst veränderlich, und also sowohl in Ansehung ihrer innern Realitäten, als auch ihrer äußern Verhältnisse nothwendig durch die Zeit bestimmt sind. — Allerdings sind aber Raum und Zeit in einem gewissen, und zwar sehr vernünftigen Sinne, auch nothwendige Bedingungen des Daseyns Gottes. Wir wollen uns darüber deutlicher erklären. Nach meiner Vernunft ist es nemlich ein ganz unläugbarer Grundsatz: was nirgends existirt, das existirt auch ganz und gar nicht. Alles also, was existirt, muß nothwendig ein gewisses Irgendwo, ein gewisses Ubi haben, wo es existirt.

G Inso-

Insofern es also ganz unmöglich ist, daß Gott existiren könnte, wenn kein Irgendwo seiner Existenz oder kein Raum für ihn vorhanden wäre; insofern ist auch der Raum eine nothwendige Bedingung seiner Existenz. Eben so ist es nach meiner Vernunft ein ganz unläugbarer Grundsatz: was nun und nimmer existirt; das existirt auch ganz und gar nicht. Denn wenn ich sage: dieses oder jenes existirt nimmer, weder jetzt, noch jemals; so ist klar, daß ich eben hiermit seine Existenz ganz verneine. Insofern es also unmöglich ist, daß Gott, wenn Er existirt, weder jetzt noch jemals existiren sollte; insofern ist auch die Zeit, als die Form seines Daseyns, nach welcher ich von ihm sagen kann: so existirt er jetzt, so hat er immer existirt, und so wird er beständig bis ins Unendliche existiren, eine nothwendige Bedingung seiner Existenz. Denn wäre dies nicht die wirkliche und nothwendige Form seines Daseyns; so existirte er in der That ganz und gar nicht. Aber, ob nun also gleich Raum und Zeit eine nothwendige Bedingung alles Daseyns überhaupt, und folglich auch vom Daseyn Gottes ist; so muß man doch auch wohl bemerken, daß in Ansehung des Raums und der Zeit zwischen der Existenz aller endlichen

Dinge

Dinge und zwischen der Existenz des unendlichen Wesens ein großer und sehr wesentlicher Unterschied Statt findet. Bey allen endlichen Dingen nemlich ist Raum und Zeit nicht allein die nothwendige Bedingung ihres Daseyns und der Möglichkeit desselben, sondern auch der bestimmten Modification ihres Wesens, und aller ihrer darin gegründeten Beschaffenheiten und Eigenschaften, d. h. nicht allein die Möglichkeit ihres Daseyns hängt von der Möglichkeit des Raums und der Zeit, oder von der nothwendigen Bedingung ab, daß es für sie möglich sey, nicht allein außereinander und nebeneinander, sondern auch in einer möglichen Causalverbindung, oder in einer möglichen Reihe und Folge aufeinander, existiren zu können; hievon sage ich, von dieser Möglichkeit des Raums und der Zeit, hängt nicht allein die Möglichkeit ihres Daseyns ab, sondern Raum und Zeit modificirt und bestimmt auch zugleich ihr ganzes Wesen, ihre Qualität und Quantität, ihre Kräfte und Eigenschaften, und ihren jedesmaligen Wirkungskreis. Hingegen bey dem unendlichen Wesen ist Raum und Zeit, d. h. das Ubi und Quando seiner Existenz, einzig und allein die nothwendige Bedingung der Möglichkeit seines Daseyns;

keinesweges aber dasjenige, wodurch sein Wesen begrenzt und modificirt würde; d. h. wenn es möglich seyn soll, daß ein Gott existirt, so muß es nothwendig ein Irgendwo geben, wo Er existirt, und man muß von Ihm sagen können: Er existirt jetzt, so wie immer; — Hingegen in Ansehung seines Wesens und seiner Eigenschaften selbst müssen die Bedingungen des Raums und der Zeit von Gott gänzlich entfernt werden; oder, mit andern Worten, er ist den Begrenzungen des Raums und der Zeit, denen jedes endliche Wesen unterworfen ist, bey seinem Erkennen, Wollen und Wirken auf keine Weise unterworfen. Denn er ist unendlich; folglich unbegrenzt allmächtig, allweise und allgütig; er ist alles auf einmal und unveränderlich Derselbe; folglich seinem Wesen und seinen Eigenschaften nach durch Raum und Zeit nicht bestimmbar. Wenn wir nun aber die Zeit bloß in sofern auf Gott anwenden, daß wir von Ihm sagen: Er existirt jetzt, wie immer; sollte nicht nothwendig auch Gott selbst so von sich denken müssen? Es ist wenigstens nicht abzusehn, wie die nothwendige allerhöchste Vollkommenheit Gottes auch nur im geringsten dadurch alterirt würde. Ja, auch selbst nach dem Kantischen Systeme

hat

hat dies im geringsten keine Schwierigkeit. Denn der Hauptbegriff der Zeit ist nach Kant **Beharrlichkeit**. (Cr. d. r. V. S. 226. f. f.) Und darin hat Er Recht. Denn ohne etwas Beharrliches, z. E. ohne stete oder beharrliche Fortdauer des Weltalls würde sich auch eine Reihe und Folge von Veränderungen gar nicht einmal denken lassen. So wie also Zeit bey uns Beharrlichkeit unseres denkenden Ichs, oder stete und beharrliche Fortdauer desselben, und des Weltalls überhaupt, unter allen Reihen und Folgen von mannigfaltigen Abwechselungen und Veränderungen ist; so ist Zeit, auf Gott angewendet, Beharrlichkeit seines Wesens ohne Anfang und Ende, oder beständige, an sich selbst wechsellose und beharrliche Fortdauer desselben bey allen den großen oder kleinen Veränderungen, die in dem Weltall nach einer beständigen, aneinanderhängenden, und in sofern ebenfalls beharrlichen Reihe und Folge unter seinem Auge vorgehn. Kurz, es ist klar: Gott bleibt Gott, wenn auch die Kantische Hypothese von Raum und Zeit, als blossen Formen unserer Sinnlichkeit, gänzlich ungegründet ist; Er würde vielmehr aufhören, Gott zu seyn, wenn sie gegründet wäre; — klar also, daß auch dieser vierte Kantische

G 3   Haupt-

Hauptbeweis das gar nicht beweiset, was er doch beweisen sollte, und also inconsequent ist. —)

Noch einige Anmerkungen über die Kantischen Grundsätze von Raum und Zeit.

§. 4. Zwar könnten wir uns wohl begnügen von der Beschaffenheit der obigen vier Hauptbeweise für die Kantische Erscheinungslehre stillschweigend auch auf die übrigen schließen zu lassen; indessen wird es doch vielleicht nicht ohne Nutzen seyn, wenn wir in einigen Anmerkungen nun auch noch die hauptsächlichsten von den beyläufig vorkommenden Nebenbeweisen nachhohlen, womit Kant seine Hauptlehre von Raum und Zeit zu unterstützen gesucht hat. Wir wollen also hier nur noch Folgendes anmerken.

1) S. 38. sagt Kant: „der Raum ist kein „empirischer Begriff, der von äußern Erfahrungen „abgezogen worden. Denn damit gewisse Empfin„dungen auf etwas außer mich bezogen werden, d. i. „auf etwas in einem andern Orte des Raumes, als „darinnen ich mich befinde, imgleichen damit sie als „außer- und nebeneinander, mithin nicht bloß ver„schieden, sondern als in verschiedenen Orten vor„stellen können, dazu muß die Vorstellung des „Raums schon zum Grunde liegen." —

(Wie

(Wie, sollte das wohl wahr seyn? Kann man denn eine Vorstellung nur dann und nur dadurch erst erlangen, wenn eben diese Vorstellung im Gemüthe schon zum Grunde liegt? Denn mit andern Worten heißt doch das, was Kant hier sagt, eigentlich weiter nichts, als soviel: zur Erlangung einer Vorstellung vom Raume muß die Vorstellung vom Raume schon zum Grunde liegen! —— Heißt das nicht mit Worten spielen? Gleichwohl schließt nun hieraus Kant:)

„Demnach kann die Vorstellung des Raums „nicht aus den Verhältnissen der äußern Erschei„nung durch Erfahrung erborgt seyn, sondern „diese äußere Erfahrung ist selbst nur durch ge„dachte Vorstellung allererst möglich."

(Aber, lieber Kant, wie folgt denn das? Ist denn jede Erfahrung nur allererst dadurch möglich, wenn wir von der Sache, worauf die Erfahrung sich bezieht, schon im voraus eine Vorstellung haben? Freylich ist es richtig, daß der Raum an sich, als nothwendige Bedingung der Existenz aller wirklichen Dinge, den Gegenständen an sich selbst schon zum Grunde liegen muß; folgt denn aber daraus, daß der Raum kein empirischer Begriff ist? Muß denn dasjenige, was dem wirklichen

Daseyn einer Sache schon zum Grunde liegt, auch nothwendig in unserer Erkenntniß oder Anschauung, schon vorhergehen und zum Grunde liegen? Kann die Sache selbst nicht früher, und dasjenige, was ihr zum Grunde liegt, nicht erst später erkannt werden? Ist dies nicht sehr oft der Fall? Werden wir denn auf eine nothwendige Voraussetzung nicht oft genug erst dann geleitet, wenn wir die Sache selbst erst kennen? Z. E. die Welt-Ordnung, kannte Copernicus diese eher, als die Welt selbst? Gleichwohl aber liegt sie doch dem Daseyn der Welt nothwendig zum Grunde, weil eine Welt ohne eine ihr angemessene Weltordnung sich gar nicht denken läßt, und in der That auch keine Welt, sondern nur ein Chaos seyn würde. Man halte also den obigen Kantischen Satz nur an den Probierstein eines förmlichen Syllogismus; so wird sich der Ungrund und die Falschheit desselben sogleich entdecken. Denn da müßte man so schließen: alles dasjenige, was bey der Vorstellung des Daseyns und der Verhältnisse äußerer Gegenstände immer schon zum Grunde liegen und voraus gesetzt werden muß, das ist kein empirischer Begriff, sondern eine Vorstellung a priori; atqui, ergo. Offenbar hat ja nun aber

Kant

Kant diesen Obersatz mit nichts bewiesen; er ist nichts weniger, als allgemeingültig. Denn sehr oft bringt uns erst die Vorstellung und Kenntniß der Sache selbst auf die Vorstellung der dabey nothwendigen Voraussetzung. Ist nun aber der Obersatz nicht gültig; wie kann es denn der daraus gezogene Schlußsatz seyn? Ja er widerlegt sich schon von selbst, wenn man ihn nur gehörig übersetzt, wie es so eben von uns geschehen ist. Denn wenn man den Satz hört: um eine Vorstellung vom Raume zu erlangen, muß man schon eine Vorstellung vom Raume haben; wer kann damit übereinstimmen? —)

2) Kant sagt, l. c.: „der Raum ist eine nothwendige Vorstellung a priori, die allen unsern Anschauungen zum Grunde liegt; man kann sich niemals eine Vorstellung davon machen, daß kein Raum sey, ob man sich gleich ganz wohl denken kann, daß keine Gegenstände darin angetroffen werden. Er wird also als die Bedingung der Möglichkeit der Erscheinungen, und nicht als eine von ihnen abhängende Bestimmung angesehen, und ist eine Vorstellung a priori, die nothwendiger Weise, äußern Erscheinungen zum Grunde liegt." —

(Dieses ganze Argument könnten wir zugeben, und es würde doch das nicht daraus folgen, was Kant daraus beweisen will. Er selbst gestehet ja: man könne sich keine Vorstellung davon machen, daß kein Raum sey; wie kann er denn also gleichwohl sich die Vorstellung machen, daß der Raum an sich selbst, und außer uns Nichts sey? Das heißt ja doch wohl, Ich die Vorstellung machen, daß kein Raum sey! Aber, sagt Kant, der Raum ist eine Vorstellung a priori, die allen äußern Anschauungen nothwendig zum Grunde liegt. Es sey! Folgt denn aber daraus, daß der Raum bloß etwas Subjectives, an sich selbst aber Nichts ist. Ist denn eine Vorstellung a priori eo ipso auch nothwendig eine leere Vorstellung, d. h. eine solche, die außer dem Subjecte kein wirkliches Object hat, dem sie correspondirt und also auf ein Nichts hinaus läuft? Folgt das nothwendig aus dem Begriffe einer Vorstellung a priori! Bin ich berechtigt so zu schließen? Nichtsweniger als das! Denn wenn ich sage: eine Vorstellung a priori ist eine leere Vorstellung, sie hat außer uns kein wirkliches Object; so ist ja dies keinesweges ein analytischer, sondern offenbar nur ein synthetischer Satz. Denn ich gehe ja aus meinem Begriffe hinaus, und füge zu ihm etwas Neues hinzu, was darin schlechterdings nicht liegt, und also auch nicht daraus her-

hergeleitet werden kann. Was berechtiget mich denn also, beydes gleichwohl mit einander zu verbinden? Daß dies nicht allein geschehen könne, sondern auch nothwendig müsse; hat ja Kant offenbar mit Nichts erwiesen; Er nimmt es vielmehr, wie der Augenschein lehrt, nur so willkührlich an; zum Unglück aber hat er bey dieser willkührlichen Voraussetzung nichts für sich, sondern vielmehr alles wider sich. Denn ist es wahr, was Kant hier sagt: können wir uns keine Vorstellung davon machen, daß kein Raum sey, ist also die Vorstellung vom Raume eine nothwendige Vorstellung a priori, d. h. eine solche, die in nothwendigen Denkgesetzen der allgemeinen Menschenvernunft nothwendig gegründet ist; so muß diese Vorstellung auch an sich selbst nothwendig wahr seyn; denn sonst könnte die allgemeine Menschenvernunft nicht das seyn, was sie ist, sie könnte keine Vernunft seyn. Wenn demnach die allgemeine Menschenvernunft es so mit sich bringt, daß wir uns einen Raum außer uns nothwendig vorstellen müssen; so muß auch diese Vorstellung nothwendig wahr seyn, und es muß mithin einen Raum außer uns wirklich geben. Ferner wenn ich sage: wenn eine Welt existirt; so kann sie schlechterdings

nicht

nicht anders, als im Raume existiren; so ist ja dies keinesweges ein synthetischer, sondern es ist offenbar ein analytischer Satz. Er hat also innere Nothwendigkeit und apodictische Gewißheit. Denn der Begriff des Raums ist ja in dem Begriffe einer Welt nothwendig schon enthalten. Also ist der Raum nicht bloß wie Kant meint, die Bedingung der Möglichkeit äußerer Erscheinungen; sondern er ist noch weit mehr; er ist wesentliche und nothwendige Bedingung der wirklichen Existenz einer wirklichen Welt. — Allerdings ist also der Raum eine unvermeidlich nothwendige Vorstellung; warum denn aber? Etwa darum, weil er eine bloße uns angebohrne, subjective Form ist? Keinesweges; sondern darum, weil nun einmal diese Vorstellung durch Vernunft und wirkliche Erfahrung sich uns aufgedrungen hat, und weil es der Natur der Sache selbst nach nicht anders möglich ist, als daß wir durch Vernunft und wirkliche Wahrnehmung der äußern Gegenstände nothwendig darauf kommen müssen. Daß dies unmöglich sey, hat ja Kant mit nichts bewiesen; vielmehr ist es ja klar, daß diese Entstehungsart der nun uns unvermeidlichen Vorstellung vom Raume sehr wohl und ohne allen

Wider-

Widerspruch sich denken lasse. Denn zur Erlangung dieser Vorstellung vom Raume ist es ja keinesweges nothwendig, daß er als eine gewisse subjective Form im Gemüthe schon zum Grunde liege; sondern offenbar wird ja dazu weiter nichts erfordert, als bloß die Fähigkeit unserer Sinne und unsers Verstandes, etwas so wahrnehmen und denken zu können, wie es wirklich ist. Womit kann denn nun aber Kant beweisen, daß unsere Sinne und unser Verstand diese Fähigkeit nicht haben? Gewiß mit nichts! Wenn er nun aber dies nicht beweisen kann, und auch wirklich mit nichts bewiesen hat; wie will er denn beweisen können, daß diese Entstehungsart des Begriffs vom Raume, die empirisch und vernunftmäßig zugleich ist, nicht wirklich Statt finde? — Ja, daß sie die einzig wahre wirklich sey, erhellet ja vielmehr ganz unwidersprechlich aus der Natur der Sache selbst, so wie sie in der wirklichen Erfahrung uns vor Augen liegt. Denn man kann sich, sagt Kant, S. 36. nur einen einigen Raum vorstellen, und „der Raum wird als eine gegebene Größe vorgestellt." — Sollte denn nun aber irgend Jemand wohl kühn genug seyn, behaupten zu wollen, daß ein neugebohrnes Kind irgend eine Vorstellung,

oder

oder Anschauung von einem gegebenen unendlichen Raume schon mit sich auf die Welt bringe? Ist es nicht vielmehr unwidersprechlich gewiß, daß die Vorstellung vom Raume sich nur erst nach und nach entwickelt und erweitert, je nachdem Verstand und Sinne ihren Gesichts- und Wirkungskreis, und mit demselben ihre wirkliche Wahrnehmungen und Erfahrungen erweitern? Wäre nun aber die Vorstellung von einem gegebenen unendlichen Raume eine Vorstellung a priori im Kantischen Sinne, d. h. wäre der Raum eine ursprüngliche, subjective Form unserer sinnlichen Anschauung; wie wäre es denn möglich gewesen, daß die Philosophen ehedem noch lange darüber streiten konnten, ob es, bey vorausgesetzter Endlichkeit der Welt, noch ausser ihr ein unendliches Vacuum gebe oder nicht? So müßten ja nothwendig in Ansehung der Unendlichkeit des Raums alle Philosophen und alle Menschen ohne Ausnahme von jeher vollkommen einstimmig gewesen seyn! So müßte auch das kleinste Kind, auch der einfältigste Bauer, und zwar ohne allen Unterricht, diese Vorstellung von einem unendlichen Raume schon haben! Ist denn aber das? Nicht doch! Man frage doch nur nach; so wird man finden, daß diese Kanti-

Kantische Hypothese nichts weniger, als gegründet ist. Denn so wie alle Begriffe ununterrichteter Kinder und einfältiger Bauern noch sehr eingeschränkt und klein sind; so sind es auch ihre Begriffe vom Raume. Wie klein und eingeschränkt denken sie nicht von der Größe der Welt! Könnten und würden sie denn aber das, wenn schon a priori eine Vorstellung von einem unendlichen Raume ihnen beywohnte? Gewiß nicht! Dann würde es ihnen nicht allein sehr leicht, sondern auch ganz natürlich seyn, auch die Welt sich unermeßlich groß zu denken. Allein die Erfahrung lehrt ja, daß hiervon das gerade Gegentheil geschiehet; sie lehrt ja, daß es dem gemeinen und ununterrichteten Menschenverstande unendlich schwer wird; ja, daß der größte Theil der Menschen es nur mit Mühe oder sehr oft auch niemals so weit bringt, seine Begriffe vom Raume und von der Welt bis zum Unendlichen und Unermeßlichen zu erheben. — Kurz, es ist klar, daß diese Kantische Hypothese: Raum und Zeit sey eine bloße subjective Form unserer sinnlichen Anschauungsart, in der Natur der Sache selbst gar nicht gegründet ist. Die ganze Darstellung derselben, nebst der ganzen Reihe von seynsollenden Beweisen, die Kant dafür

dafür geführt hat, ist vom Anfang bis zu Ende voll von Inconsequenzen; und nicht allein dies, sondern am Ende, wie wir nachher noch hören werden, zerstört er sie sogar auch selbst wieder durch die auffallensten Widersprüche, deren er sich, vermuthlich überrascht durch einen geheimen, unwiderstehlichen Drang der Wahrheit, nicht zu erwehren vermocht hat. — Der ganze Fehler dünkt mich, liegt übrigens bloß darin, daß Kant etwas mit einander verwechselt, was doch von einander sehr wesentlich verschieden ist. Eine Erkenntnißart nemlich, die nach nothwendigen Denkgesetzen des allgemeinen Menschenverstandes, oder der allgemeinen Menschenvernunft, und nach dem wirklichen Vorgange einer damit einstimmigen Erfahrung von selbst erfolgt, und also hiernach selbstthätig von uns zu Stande gebracht wird, macht er ganz willkührlich zu einer blossen subjectiven Form unserer sinnlichen Anschauung. Es ist doch aber ein großer Unterschied, wenn ich sage: Raum und Zeit ist eine bloße subjective Form unserer sinnlichen Anschauung, an sich selbst aber und objective Nichts; oder wenn ich sage: es ist ein nothwendiges Denkgesetz des allgemeinen Menschenverstandes, oder der allgemeinen Menschenvernunft,

daß,

daß, wenn etwas außer uns, es sey auch, was es sey, wirklich existirt, wir schlechterdings nicht anders denken können, als daß es im Raume und in der Zeit existirt. Der erste Satz ist nicht allein, wie bereits gezeigt ist, völlig unerweislich, sondern vielmehr auch wirklich ganz falsch und irrig, wie in der Folge noch weiter erhellen wird. Der andere hingegen ist keinem Zweifel unterworfen; allein es folgt aus demselben keinesweges: daß Raum und Zeit außer uns nichts sey, und die Dinge an sich selbst gar Nichts angehe; sondern es folgt vielmehr das gerade Gegentheil hieraus. Denn obgleich der Begriff des Raums und der Zeit auf der einen Seite an und für sich selbst ein Erfahrungsbegriff ist, indem er, wie die Erfahrung lehrt, nur a posteriori sich erst bildet und entwickelt; so erkenne ich doch den Satz: alles, was an sich selbst wirklich existirt, das muß auch nothwendig wirklich außer uns im Raume und in der Zeit existiren; diesen Satz erkenne ich und schließe nun, nachdem meine Vernunft durch Erfahrung sich gebildet und entwickelt hat, nach nothwendigen Denkgesetzen meiner Vernunft; und also in sofern wirklich a priori, d. h. ich kann diesen Satz, als wahr, jetzt erkennen und beweisen,

H ohne

ohne deshalb erst noch auf Erfahrung mich berufen zu dürfen. Denn was ich nach nothwendigen Denkgesetzen meiner Vernunft denken muß, und nicht anders denken kann; das ist auch a priori schon gewiß. Was nun aber auf diese Weise a priori schon gewiß ist; das hat, wie Kant selbst sagt, apodictische Gewißheit. Also ist es apodictisch gewiß, daß Raum und Zeit nicht eine bloße subjective Form unserer sinnlichen Anschauung ist, die weiter kein Object hat; sondern den Dingen außer uns, als nothwendige Bedingung ihrer Existenz, wirklich zum Grunde liegt. —)

Fortsetzung.

§. 5. Größtentheils, darf man das, was Kant sagt, nur gehörig übersetzen, d. h. aus der Sprache der Paradoxie in die Sprache der Natur und allgemeinen Menschenvernunft übertragen; so fallen auch seine paradoxen Behauptungen mit ihren Beweisen schon von selbst hin. Wir wollen einen Versuch machen. —

„Geometrie, sagt Kant S. 40., ist eine Wissenschaft, welche die Eigenschaften des Raums synthetisch und doch a priori bestimmt." Was heißt das? Sie ist eine Wissenschaft, die die Eigenschaften des Raums zwar erfahrungsmäßig, oder durch erfah-

erfahrungsmäßige Zusammensetzung der Begriffe, aber doch auch zugleich nach nothwendigen Denkgesetzen der allgemeinen Menschenvernunft, und folglich a priori bestimmt.

„Was muß die Vorstellung des Raumes denn „seyn, damit eine solche Erkenntniß von ihm möglich „sey? Er muß ursprünglich Anschauung seyn; denn „aus einem bloßen Begriffe lassen sich keine Sätze, „die über den Begriff hinausgehn, ziehen, welches „doch in der Geometrie geschiehet." —

(Was heißt das? Nichts anders, als: wir müssen ursprünglich die Fähigkeiten haben, uns eine deutliche Vorstellung vom Raume, und von den darin vorkommenden Gegenständen zu machen, und zwar eine solche, die eben sowohl mit den nothwendigen Denkgesetzen der allgemeinen Menschenvernunft, als mit der wirklichen Erfahrung übereinstimmt. Denn aus einem bloßen Begriffe lassen sich keine Sätze, die über den Begriff hinausgehn, ziehen; wohl aber aus Erfahrung, oder durch eine erfahrungsmäßige Zusammensetzung der Begriffe, die zugleich den nothwendigen Denkgesetzen der allgemeinen Menschenvernunft gemäß ist, und dies ist eben, was in der Geometrie wirklich geschiehet; z. E. aus dem bloßen Begriffe eines Triangels kann ich freylich nicht den Satz sogleich herleiten: das Quadrat von der Hypotenuse eines rechtwinklichten Triangels ist so groß, als die Quadrate der beyden gegenüber stehenden Seiten zusammengenommen. Aber wenn nun dieser Satz in der Anschauung dargestellt und erfahrungsmäßig oder empirisch demonstrirt wird; so sieht denn die Vernunft auch deutlich und mit apobictischer Gewißheit ein, daß es wirklich so ist, und auch gar nicht anders seyn kann. Wie kann denn nun aber dieser Satz dadurch wahr, oder oder dadurch als wahr bewiesen werden, daß Raum und Zeit als eine bloße subjective Form unserer Sinnlichkeit angesehen wird? Eine bloße Form kann doch offenbar weder etwas erkennen, noch etwas durch Beweise wahr machen; sondern dies ist lediglich ein Geschäft der Vernunft, selbst vermittelst der Befolgung ihrer natürlichen und nothwendigen Denkgesetze.)

„Aber diese Anschauung muß a priori, d. i. vor „aller Wahrnehmung eines Gegenstandes, in uns „angetroffen werden, mithin reine, nicht empirische „Anschauung seyn."

(Was heißt das? Ein jeder frage sich doch einmal, ob es nicht wirklich ganz eigentliche empirische Anschauung ist, wodurch der vorhin ange-

angeführte geometrische Satz demonstrirt, und
der Vernunft anschaulich dargestellt werden
muß? Wenn also diese Kantische Behauptung
nicht gänzlich aller wirklichen und unläugbaren
Erfahrung widersprechen soll; so kann man sie
nicht anders, als so, übersetzen: die Grundlage oder Fähigkeit zu dieser deutlichen Vorstellung von den Sätzen der Geometrie muß
selbst in der ursprünglichen Natur, oder in dem
Wesen der Vernunft liegen, und also vor aller
Wahrnehmung eines Gegenstandes in uns angetroffen werden; mithin auch unabhängig von
Erfahrung oder von empirischer Anschauung,
völlig für sich selbst bestehn; so, daß die Vorstellung, die dadurch möglich und wirklich wird,
zwar durch Erfahrung zum deutlichen Bewußtseyn kommen, aber doch auch an und für sich
selbst schon ihre Gültigkeit haben muß, weil
sie nemlich nicht allein erfahrungsmäßig, sondern auch an und für sich selbst vernunftmäßig
ist. Eine höhere Vernunft würde also einen
solchen Satz auch schon durch sich selbst, als
wahr und gültig, einsehen und anerkennen
können und müssen, ohne dazu erst des Hülfs-
mittels einer empirischen Anschauung zu bedürfen. —)

„Denn

„Dennn die geometrischen Sätze sind insge-
„samt apodictisch, d. i. mit dem Bewußtseyn ihrer
„Nothwendigkeit verbunden, z. B., der Raum hat
„drey Abmessungen; (so weit ist alles richtig, deut-
„lich und verständlich;) dergleichen Sätze aber kön-
„nen nicht empirische oder Erfahrungsurtheile seyn,
„noch aus ihnen geschlossen werden." —

(Das heißt: es ist nicht genug, daß sie bloß aus
Erfahrung erkannt werden; sondern sie müssen auch zugleich als solche erkannt werden, die
mit der Vernunft, und ihren Denkgesetzen
nothwendig übereinstimmen, und auch umgekehrt, als solche, mit denen die Vernunft, als
Vernunft, nothwendig einstimmt. — Kann
man wohl eine größere innere Nothwendigkeit,
oder apodictische Gewißheit verlangen? —)

„Wie kann nun eine äußere Anschauung dem
„Gemüthe beywohnen, die vor den Objecten
„selbst vorhergeht, und in welcher der Begriff
„der Letztern a priori bestimmt werden kann? Of-
„fenbar nicht anders, als sofern sie bloß im Sub-
„jecte, als die formale Beschaffenheit desselben, von
„Objecten afficirt zu werden, und dadurch unmit-
„telbare Vorstellung derselben, d. i., Anschau-
„ung zu bekommen, ihren Sitz hat; also nur als
„Form des äußern Sinnes überhaupt."

(Wie?

(Wie? Iſt es möglich? Aeußere Anſchauung ſoll vor den Objecten ſelbſt vorher gehen? Welch eine Behauptung! Gründe dazu ſind nicht vorhanden; der ſchlichte Menſchenverſtand empört ſich dagegen; vermuthlich alſo will Kant nur mit uns ſpaßen, oder vielmehr durch dergleichen räthſelhafte Paradoxien nur unſer Denkvermögen nützlich beſchäftigen; wir wollen ſie alſo in Gottes Nahmen nur ſo überſetzen: wie kann nun die Fähigkeit, eine äußere Anſchauung, oder eine unmittelbare und deutliche Vorſtellung von äußern Gegenſtänden zu bekommen, dem Gemüthe beywohnen, und zwar als eine Fähigkeit, die vor den Objecten ſelbſt vorhergeht, d. i. von ihnen unabhängig iſt, und Kraft welcher der Begriff, der ihnen weſentlich zukommt, (z. E. der Begriff eines Cirkels oder Triangels) auch a priori ſchon beſtimmt wird? Offenbar nicht anders, als in ſofern ſie im Subjecte dergeſtalt ihren Sitz hat, daß ſie, als Form, d. h. als Formale zu dem beſtimmten Weſen des Subjects nothwendig erforderliche und daraus reſultirende Naturanlage, oder, (da von einem vernünftigen Subjecte die Rede iſt,) als ſubjective Receptivität der Vernunft, und ihrer ſinnlichen Hülfswerkzeuge, von Objecten afficirt zu werden, und

dadurch

dadurch unmittelbare Vorstellung derselben, d. h. Anschauung zu bekommen, den Objecten an sich selbst genau correspondirt, und also auch umgekehrt, diese jener genau correspondiren. So hat z. E. die Vernunft, als Vernunft, ihrem Wesen nach die Fähigkeit, sich von einem Triangel einen solchen Begriff zu machen, der dem Wesen eines Triangels genau correspondirt; der Triangel an sich selbst aber ist so beschaffen, daß er diesem Vernunftbegriffe genau correspondirt; und das ganze Subject endlich (der vernünftige Mensch) hat vermöge seiner Vernunft und seines sinnlichen Anschauungsvermögen die Fähigkeit, den Triangel an sich selbst so zu erkennen und so anzuschauen, wie er an sich selbst wirklich ist, oder seiner Natur nach, als Triangel, nothwendig seyn muß. — „Also macht allein unsere Erklärung, (unsere, nicht die Kantische) die Möglichkeit der Geometrie als einer theils synthetischen, theils analytischen, d. h. eben sowohl erfahrungsmäßigen als vernunftmäßigen Erkenntniß a priori begreiflich." —)

NB.) Nun erwäge man aber, ob aus dieser Erklärung die Kantischen Schlüsse über Raum und Zeit auch nur im geringsten folgen? —

Fortse-

Fortsetzung.

§. 6. Kant sagt; S. 46. „Die Zeit ist „kein empirischer Begriff, der irgend von einer Er- „fahrung abgezogen wäre." (Nun höre man ein- mal den Grund!) — „Denn das Zugleichseyn, oder „Aufeinanderfolgen würde selbst nicht in die Wahr- „nehmung kommen, wenn die Vorstellung der Zeit „nicht a priori zum Grunde läge. Nur unter deren „Voraussetzung kann man sich vorstellen, daß eini- „ges zu einer und derselben Zeit, (zugleich) oder in „verschiedenen Zeiten (nacheinander) sey."

(Das heißt: nur unter Voraussetzung der Zeit kann ich mir vorstellen, daß eine Zeit sey. Und darum sollte die Zeit eine Vorstellung a priori seyn? Kommt das nicht gerade eben so heraus, als wenn ich sagen wollte: nur unter Voraus- setzung eines Kants kann ich mir vorstellen, daß ein Kant sey: also ist Kant eine Vorstel- lung a priori? — Wie? Die Zeit sollte nicht in die Wahrnehmung kommen können, wenn nicht die Vorstellung der Zeit a priori schon zum Grunde läge? Also kann ich nichts wahr- nehmen, als wovon ich vorhin schon eine Vor- stellung habe? — Nicht doch! Nicht doch! Mein Verstand und meine Sinne dürfen ja nur die zum Denken und Wahrnehmen erfor- derliche Fähigkeit und Receptivität haben; so

er-

erfolgt ja alles ganz natürlich schon von selbst! Da sieht man doch wohl klärlich, daß der Beweisgrund eben so unerweislich und unerwiesen ist, als der dadurch zu beweisende Satz selbst.)

Kant fährt fort: „Die Zeit ist eine nothwendige „Vorstellung, die allen Anschauungen zum Grunde „liegt. Man kann in Ansehung der Erscheinungen „überhaupt die Zeit selbst nicht aufheben, ob man „zwar ganz wohl die Erscheinungen aus der Zeit weg„nehmen kann. Die Zeit ist also a priori gegeben. „In ihr allein ist alle Wirklichkeit der Erscheinungen „möglich. Diese können insgesamt wegfallen; aber „sie selbst, als die allgemeine Bedingung ihrer Mög„lichkeit, kann nicht aufgehoben werden."—(Richtig! Denn alle Anschauungen sind entweder zugleich oder folgen auf einander, so wie die Dinge, die wir anschauen, selbst: So muß es seyn; wir können es uns schlechterdings nicht anders vorstellen, d. h. nicht anders als möglich denken. Dieser Satz ist also auch a priori schon gewiß; aber folgt denn daraus, daß die Zeit eine bloße subjective innere Form unserer sinnlichen Anschauung ist? —) „Auf diese „Nothwendigkeit a priori gründet sich auch die Mög„lichkeit apodictischer Grundsätze von den Verhält„nissen, oder Axiomen von der Zeit." —

(Was heißt das? Nothwendigkeit a priori ist nichts anders, als Nothwendigkeit nach Grundsätzen,

sätzen, die aus der nothwendigen Natur der Dinge, und aus den nothwendigen Denkgesetzen der allgemeinen Menschenvernunft nothwendig fließen. Auf einer solchen Nothwendigkeit a priori beruhet allerdings alle und jede apodictische Gewißheit. —)

„Sie hat nur eine Dimension; verschiedene Zeiten „sind nicht zugleich, sondern nach einander, so wie ver„schiedene Räume nicht nach einander sondern zugleich „sind. Diese Grundsätze können aus der Erfahrung „nicht gezogen werden; denn diese würde weder „strenge Allgemeinheit, noch apodictische Gewißheit „geben; wir würden nur sagen können: so lehrt es „die gemeine Erfahrung, nicht aber, so muß es seyn."

Dieser Ausspruch ist wahr oder falsch, je nachdem man ihn erklärt. Wahr ist es, daß bloße Erfahrung für sich allein keine strenge Allgemeinheit und apodictische Gewißheit giebt; falsch aber, wenn behauptet werden wollte, daß diese auch alsdenn nicht dabey Statt finde, wenn diese Erfahrung nach nothwendigen Denkgesetzen der allgemeinen Menschenvernunft auch zugleich als eine solche erkannt wird, die in der Natur der Dinge selbst nothwendig gegründet ist, so, daß wir die Sache auch schon a priori schlechterdings nicht anders denken können und nothwendig so und nicht anders sie uns vorstellen müssen. Wenn dies keine strenge Allge-

Allgemeinheit und apodictische Gewißheit geben sollte; so könnte schlechterdings nichts sie geben. Oder soll denn etwa eine bloße subjective Form unserer sinnlichen Anschauung, wovon doch Kant selbst behauptet, daß deren völlige und strenge Allgemeinheit uicht behauptet werden könne, (S. 59.) gleichwohl mehr strenge Allgemeinheit und apodictische Gewißheit geben können, als die nach nothwendigen Denkgesetzen der gesunden Vernunft als nothwendig erkannte Natur der Dinge? Das ist doch gewiß schlechterdings unmöglich. Denn was eine Sache selbst nicht hat, das kann sie doch unmöglich geben. Sie kann mich also nicht berechtigen, zu sagen, so muß es seyn: sondern nur, so ist es; so lehrt es unsere gemeine subjective Erfahrung! Hingegen nach jener durch Vernunft erkannten objectiven Nothwendigkeit der Natur der Dinge selbst kann ich mit Recht sagen: so muß es seyn; nicht bloß: so lehrt es unsere subjective Form.' — Es geht also sehr wohl an, daß Sätze zuerst aus Erfahrung erkannt seyn, und dennoch strenge Allgemeinheit und apodictische Gewißheit haben können. Diese haben sie nemlich jedesmal alsdenn, wenn die Vernunft selbst sie schlechterdings nicht anders denken kann, oder

mit

mit andern Worten, wenn ein Satz in der durch Vernunft erkannten Natur der Sache selbst nothwendig gegründet ist. Dies giebt offenbar strenge Allgemeinheit und apodictische Gewißheit. Denn was eine Sache, z. E. die Vernunft, ihrer Natur oder ihrem Wesen nach ist; das muß sie seyn; oder sie würde nicht das seyn, was sie ist; sondern etwas anderes. Jeder Satz also, der in dem Wesen der Vernunft, und der hiernach erkannten Natur der Dinge so gegründet ist, daß die Vernunft ihn schlechterdings nicht anders denken kann; der hat auch seiner Natur nach strenge Allgemeinheit und apodictische Gewißheit, z. E. der Satz: was nirgends und niemals existirt; das existirt auch ganz und gar nicht. Ich kann mit Recht sagen: so muß es seyn! — —)

Nun müssen wir doch auch noch hören:

Wie Kant einen Einwurf beantwortet, der Ihm von einsehenden Männern wider sein System gemacht wurde.

§. 7. „Wider diese Theorie, sagt Kant „S. 53., welche der Zeit empirische (i. e. bloß subje‑ „ctive) Realität zugesteht; aber die absolute und „transscendentale bestreitet, (i. e. sie in der That und „an sich selbst gänzlich aufhebt!) habe ich von ein‑
„sehen‑

„sehenden Männern einen Einwurf so einstimmig
„vernommen, daß ich daraus abnehme; er müsse
„sich natürlicher Weise bey jedem Leser, dem diese
„Betrachtungen ungewohnt sind, vorfinden. Er
„lautet also: Veränderungen sind wirklich; dies be-
„weiset der Wechsel unserer eigenen Vorstellungen,
„wenn man gleich alle äußere Erscheinungen, samt
„deren Veränderungen, läugnen wollte. Nun sind
„Veränderungen nur in der Zeit möglich; folglich
„ist die Zeit etwas Wirkliches. — Die Beantwor-
„tung hat keine (?) Schwierigkeit. Ich gebe das
„ganze Argument zu. Die Zeit ist allerdings etwas
„Wirkliches, nemlich die wirkliche Form der innern
„Anschauung. Sie hat subjective Realität in Anse-
„hung der innern Erfahrung, d. i. ich habe wirk-
„lich die Vorstellung von der Zeit und meinen Be-
„stimmungen in ihr. Sie ist also wirklich nicht als
„Object (?), sondern als die Vorstellungsart mei-
„ner Selbst als Object anzusehen. (?) Wenn aber
„ich selbst, oder ein ander Wesen mich, ohne diese
„Bedingung der Sinnlichkeit," (NB. diese Benen-
nung der Zeit ist petitio principii, und kann also
in einer seynsollenden gründlichen Widerlegung eines Einwurfs nicht geduldet werden!) „anschauen
„könnte; so würden eben dieselben Bestimmungen,
„die wir uns jetzt als Veränderungen
„vorstellen, eine Erkenntniß geben, in welcher
„die

„die Vorstellung der Zeit, mithin auch der Verän-
„derung, gar nicht vorkäme."

(Freylich: wenn! wenn! — Ist denn aber das
nicht eine wahre Unmöglichkeit? Die ganze
Behauptung kommt gerade so heraus, als
wenn ich sagen wollte: wenn keine Zeit wäre;
so wäre keine Zeit. Das ist freylich richtig;
aber es beweiset und entscheidet nur nichts! —).

„Es bleibt also ihre empirische Realität, als Be-
„dingung aller unserer Erfahrungen. Nur die ab-
„solute Realität kann ihr, nach dem oben Angeführ-
„ten, (?) nicht zugestanden werden. Sie ist nichts,
„als die Form unserer innern Anschauung. Wenn
„man von ihr die besondere Bedingung unserer
„Sinnlichkeit wegnimmt; so verschwindet auch der
„Begriff der Zeit, und sie hängt nicht an den Ge-
„genständen, sondern blos am Subjecte, welches
„sie anschauet." (NB. alles wieder weiter nichts, als
eine leere petitio principii!)

Ich muß gestehen, daß diese Beantwortung
des obigen Einwurfs auf keine Weise mich befriedigt.
Kant sagt zwar: ich gebe das ganze Argument zu;
allein, lieber Leser, du würdest dich sehr irren, wenn
du das im Ernste glauben wolltest. Er giebt keinesweges das ganze Argument zu; sondern er ergreift
bloß den letzten Ausdruck des Einwurfs: „Die Zeit
ist etwas Wirkliches. Hingegen das Argument
dessel-

desselben, nemlich den Wechsel unserer Vorstellungen, giebt er keinesweges zu; weiß denn aber freylich ihm auch nicht anders, als mit einem vorhin angezeigten Idem per Idem, und mit widerholentlicher Voraussetzung seiner Voraussetzungen auszuweichen. Denn der Einwurf behauptet, und zwar mit Recht: der Wechsel unserer Vorstellungen ist mehr, als bloße Vorstellung; er ist ein wirklicher, von unserer Vorstellung ganz unabhängiger Wechsel. Kant hingegen setzt bey seiner ganzen Beantwortung immer voraus: der Wechsel unserer Vorstellungen ist kein wirklicher Wechsel, sondern eine bloße täuschende Vorstellung, die kein wirkliches Object hat. Wie ist es denn aber möglich, daß er dies behaupten und voraussetzen kann? Offenbar giebt es doch hierbey nur eine Alternative; entweder Kant muß behaupten, daß wir nichts wissen, und in der That uns gar nichts vorstellen; oder er muß behaupten, daß wir alles auf einmal wissen und uns vorstellen, und also Götter, oder allwissend und schon ganz vollkommen sind. — Beydes streitet doch nun aber ganz offenbar wider unser klares inneres Bewußtseyn. Wir sind es uns bewußt, daß wir etwas wissen, und uns vorstellen; aber eben so deutlich sind wir es uns auch bewußt, daß wir nicht alles auf einmal wissen, und uns vorstellen; sondern daß wir bald dieses, bald wieder

etwas

etwas anders denken und uns vorstellen; daß wir neue Vorstellungen bekommen, die wir noch nicht hatten, und hingegen diese oder jene, die wir sonst hatten, jetzt nicht mehr haben; kurz, daß also die ganze Masse unserer Vorstellungen wechselt und sich verändert, ab- und zunimmt. Dieser Wechsel unserer Vorstellungen ist ja also keinesweges wieder bloße Vorstellung, sondern er geht wirklich in uns vor; er hat nicht bloß eine nur empirische oder subjectiv vorgestellte, sondern in Rücksicht auf unser denkendes Ich, und auf unser Selbstbewußtseyn eine objective Realität. Denn unsere Vorstellungen sind doch etwas Wirkliches; unser denkendes Ich betrachtet sie als ein von ihm selbst gewirktes Object; sie haben also objective Realität. Folglich muß auch ihr Wechsel etwas Wirkliches seyn; er muß nothwendig objective Realität haben. Ist nun aber dies; so ist es auch unläugbar, daß es eine wahre wirkliche Zeit in dem ganz gewöhnlichen Sinne dieses Worts giebt. Denn in uns selbst treffen wir etwas an, was auf eine sehr reelle Art, ohne daß wir es ändern oder hindern könnten, wirklich wechselt, und sich einander folgt. Dies sagt uns deutlich unser eigenes inneres Bewußtseyn! Oder sollen wir denn etwa auch diesem nicht mehr trauen dürfen? Nun — so ist es unvermeidlich um unsere ganze Existenz geschehen; so müssen wir auch diese läugnen! Denn,

daß

daß wir existiren, sind wir uns nicht im geringsten
klärer bewußt, als der innigst mit unserer ganzen
Existenz verwebten Thatsache, daß unsere Vorstellungen wechseln. Ich kann und darf also nicht bloß
sagen, wie oben Kant: ich habe eine Vorstellung
von der Zeit und von meinen Bestimmungen in ihr;
sondern ich muß sagen: die Zeit an sich selbst, als
Object der Vorstellung, die ich von ihr habe, bestimmt meine Vorstellungen; sie ist nicht eine bloße
Vorstellung, wie z. E., die Vorstellung eines Ge-
spenstes, das nicht wirklich existirt; sondern diese
Vorstellung hat ein wahres wirkliches Object; und
meine Bestimmungen in der Zeit sind ebenfalls nicht
bloß vorgestellte, sondern wirkliche von aller meiner
Vorstellung ganz unabhängig existirende Bestimmungen. Existiren sie nun aber wirklich, und wechseln
sie folglich auch ganz unabhängig von aller meiner
Vorstellung, als welches mein eigenes inneres Bewußtseyn mir eben so deutlich sagt, als es mir sagt,
daß ich wirklich existire; so ist es klar, daß die Zeit
nicht bloß eine subjective Form meiner sinnlichen Anschauung, nicht eine bloße Vorstellung ist; sondern
daß wir wirklich in der Zeit existiren, oder mit andern Worten, daß die Zeit nicht bloß ein Resultat
von der Art unseres Denkens und Empfindens, sondern eine wesentliche und nothwendige Bedingung
unserer ganzen Existenz ist, d. h. Beharrlichkeit derselben

selben unter Wechsel und Veränderung. — Nach,
dem wir nun also, wie ich glaube, zur Genüge gezeigt haben, daß die Kantischen Beweise für seine
Erscheinungslehre, weder die gehörige Consistenz
noch Consequenz haben, und also noch bey weitem
nicht vermögend sind, das zu beweisen, was sie
doch beweisen sollen; so wollen wir nun auch die
förmlichen und auffallenden Widersprüche darstellen,
die an der Wahrheit, Bündigkeit und Haltbarkeit
des Systems uns nun vollends ganz verzweifeln lassen. Hier sind sie!

Auffallende Widersprüche in der Kanti-schen Philosophie, und besonders in der Critik der reinen Vernunft.

§. 8. Indem ich hier die Feder ansetze; so
gestehe ich gern, daß es mir wirklich eine ganz besondere Empfindung verursacht, einen so großen Philosophen, als unser Kant doch würklich ist, so auffallender Widersprüche zeihen zu müssen. Aber
ich bin unschuldig; denn was ich gefunden habe, das
habe ich gefunden! Ich tröste mich indessen damit,
daß Kant gewiß ein Freund der Wahrheit ist, und
jeder Freund der Wahrheit wird es mir dann gewiß
auch nicht verargen, daß ich, was ich fand, zur
allgemeinen Belehrung, Warnung und Ermunte-
rung öffentlich aufstelle. Kant wird bey alledem doch

immer Kant bleiben, und ich glaube diesem großen Manne gewiß noch immer genug zu verdanken, wenn ich es Ihm hier öffentlich verdanke, daß Er es ist, der in unsere Philosophie neues Leben, und welches unausbleiblich der Erfolg davon seyn wird, — auch neues Licht brachte. Also, es lebe Kant, der Wiederhersteller des Studiums unserer Philosophie, der Vater ihres neuen Glanzes! — Dies sind meine wahren Ueberzeugungen und Empfindungen! — Nun zur Sache! — Man bemerke also:

1) In Ansehung der äußern Gegenstände, oder der sogenannten Erscheinungen, lehrt Kant zweyerley: a) alle Erscheinungen sind bloß subjectiv, oder sie haben ihren Grund bloß in der subjectiven Form unserer Sinnlichkeit und unserer sinnlichen Anschauung; b) den Erscheinungen liegt noch etwas außer uns zum Grunde. — Beyde Sätze widersprechen einander; denn sie heben sich einander gegenseitig auf. Dies fällt deutlich in die Augen. Denn wenn alle Erscheinungen bloß subjectiv sind; oder ihren Grund bloß in uns selbst haben; so ist es falsch, daß ihnen noch etwas außer uns zum Grunde liegt. Behauptet man hingegen, oder giebt man zu, daß den Erscheinungen noch Etwas außer uns zum Grunde liegt; so ist es falsch, daß sie bloß subjectiv sind, oder ihren
Grund

Grund bloß in uns selbst und in unsern Sinnen haben. — Gleichwohl behauptet doch Kant dies ganz ausdrücklich, wie aus den oben angeführten Stellen deutlich zu ersehen ist, die ich deswegen nur nochmals nachzulesen bitte. Besonders merkwürdig ist es hierbey, daß Kant den ersten von den beyden obigen Sätzen bey jeder Gelegenheit so oft wiederholt, so angelegentlich einschärft, und mit so starken Ausdrücken vorträgt, daß es scheint, als könne er ihn nicht stark genug sagen, und nicht oft und angelegentlich genug einschärfen; den andern hingegen stellt er nur so verlohren hin, vermuthlich um den Vorwurf eines völligen und gnüglichen Idealismus von sich abzulehnen, und in dieser Rücksicht sich allenfalls, wie man zu reden pflegt, eine Hinterthür zum Entschlüpfen offen zu lassen. Allein es ist und bleibt doch klar, daß sein System wirklich darauf hinführt, und daß es ihm also mit dem gedachten zweyten Satze auch im Grunde gar kein Ernst ist. Dies erhellet deutlich,

a) daraus, daß er es ausdrücklich für völlig unbekannt, und folglich auch für gänzlich ungewiß erklärt, ob den Erscheinungen auch noch etwas außer uns zum Grunde liegt. (S. 344.)

Man merke also wohl, Kant sagt nicht: es ist völlig unbekannt, was den Erscheinungen zum Grunde liegt; sondern er sagt: es ist völlig unbekannt, ob das, was wir uns als Ursach der Erscheinungen denken, in uns, oder auch außer uns anzutreffen sey, ob es mit der Sinnlichkeit zugleich aufgehoben werden, oder, wenn wir jene wegnehmen, noch übrig bleiben würde. Offenbar erklärt er es also hiermit für gänzlich ungewiß, ob den Erscheinungen irgend etwas außer uns zum Grunde liegt.

b) Daraus, daß ohnehin schon der erste Satz diesen zweyten gänzlich ausschließt, und völlig aufhebt. —

2) Noch ein anderer Widerspruch! Wir haben eben jetzt gehört: Kant erklärt es ausdrücklich für völlig unbekannt und ungewiß, ob den Erscheinungen, die er vielmehr für bloß subjectiv, für bloße Vorstellungen ausgiebt, noch etwas außer uns zum Grunde liege; gleichwohl erklärt er es doch für einen ungereimten Satz, Erscheinungen anzunehmen, ohne Etwas, das da erscheint. (S. Vorrede S. XXVI.) Wie in aller Welt ist es aber möglich, daß beyde Behauptungen mit einander bestehen können? —

3) Kant sagt: „der Raum ist kein empirischer Begriff, der von äußern Erfahrungen abgezogen

zogen worden; — die Vorstellung deſſelben kann nicht aus den Verhältniſſen der äußern Erſcheinung durch Erfahrung erborgt ſeyn., So ſagt Kant, S. 38. Nun höre man aber, was Er über eben dieſen Gegenſtand S. 349. ſagt: „wenn das Licht, heißt es daſelbſt, nicht den Sinnen gegeben worden, ſo kann man ſich auch keine Finſterniß, und wenn nicht ausgedehnte Weſen wahrgenommen werden, keinen Raum vorſtellen." — Alſo 1) die Vorſtellung des Raums iſt nicht aus äußern Erfahrungen abgezogen; 2) Ja, ſie iſt daraus abgezogen, denn man kann ſich keinen Raum vorſtellen, wenn nicht ausgedehnte Weſen wahrgenommen worden.

4) Kant ſagt: S. 5. „Laſſet von eurem Erfahrungsbegriffe eines Körpers alles, was daran empiriſch iſt, nach und nach weg; die Farbe, die Härte oder Weiche, die Schwere, ſelbſt die Undurchdringlichkeit, ſo bleibt doch der Raum übrig, den er, welcher nun ganz verſchwunden iſt, einnahm, und den könnt ihr nicht weglaſſen. — Ihr müßt alſo, überführt durch die Nothwendigkeit, womit ſich dieſer Begriff euch aufdringt, geſtehen, daß er in eurem Erkenntnißvermögen a priori ſeinen Sitz habe." — Gleichwohl ſagt

sagt er, S. 11. „Erfahrungsurtheile, als solche, sind insgesamt synthetisch. Denn es wäre ungereimt, ein analytisches Urtheil auf Erfahrung zu gründen, weil ich aus meinem Begriffe gar nicht herausgehen darf, um das Urtheil abzufassen, und also kein Zeugniß der Erfahrung dazu nöthig habe. Daß ein Körper ausgedehnt sey, ist ein Satz, der a priori feststeht, und kein Erfahrungsurtheil." — Hiermit verbinde man nun auch noch die dritte Stelle.' S. 39. sagt nemlich Kant: „der Raum wird als eine unendliche gegebene Größe vorgestellt; nun muß man zwar einen jeden Begriff als eine Vorstellung denken, die in einer unendlichen Menge von verschiedenen möglichen Vorstellungen, als ihr gemeinschaftliches Merkmal enthalten ist, mithin diese unter sich enthält; aber kein Begriff, als ein solcher, kann so gedacht werden, als ob er eine unendliche Menge von Vorstellungen in sich enthielte. Gleichwohl wird der Raum so gedacht, denn alle Theile des Raums ins Unendliche sind zugleich. Also ist die ursprüngliche Vorstellung vom Raume Anschauung a priori, und nicht Begriff. „Hier giebt es nun auf einmal ein ganzes Convolut von Widersprüchen. Denn a) Kant sagt:

sagt: das Urtheil oder der Satz: ein Körper ist ausgedehnt, ist kein Erfahrungsurtheil; gleichwohl gesteht er doch, daß der Begriff eines Körpers ein Erfahrungsbegriff ist. Da nun das Urtheil: ein Körper ist ausgedehnt, ganz offenbar sich auf einen Erfahrungsbegriff gründet, und daraus abgeleitet ist; wie kann er denn behaupten: es sey kein Erfahrungsurtheil? —

b) Erfahrungsbegriffe geben auch keine andere, als Erfahrungsurtheile. Indem nun also Kant gesteht, daß der Begriff eines Körpers ein Erfahrungsbegriff sey; so widerspricht er sich selbst, indem er gleichwohl behauptet: Erfahrungsurtheile, als solche, sind insgesamt synthetisch. Denn hier ist ein Erfahrungsurtheil, und demohnerachtet ist es nicht synthetisch, sondern, wie Kant auch selbst ausdrücklich lehrt, analytisch. Zwar lehrt er auch zugleich: es würde ungereimt seyn, ein analytisches Urtheil auf Erfahrung zu gründen; allein dies thut hier nichts zur Sache. Denn es ist ein großer Unterschied, einen Satz aus der Erfahrung, als seiner ersten Erkenntnißquelle, schöpfen oder ableiten; und einen Satz aus der Erfahrung beweisen, oder den Beweis desselben auf Erfahrung gründen. Das Erstere geschiehet un-

läug-

läugbar bey dem Satze: ein Körper ist ausgedehnt. Denn da wir nur aus Erfahrung wissen, was ein Körper ist, oder, wie Kant selbst gesteht, nur aus Erfahrung von ihm einen Begriff haben; so können wir auch nur aus der Erfahrung wissen und urtheilen, daß der Begriff der Ausdehnung ihm wesentlich angehört, und folglich als Prädicat auf ihn angewendet werden kann und muß. Der Satz: ein Körper ist ausgedehnt, ist und bleibt also ein Erfahrungsurtheil, weil er, wie Kant selbst gesteht, seinem ganzen Hauptbegriffe, oder seinem ganzen wesentlichen Inhalte nach aus Erfahrung entsprungen ist. Aber dem ohnerachtet steht er auch schon a priori fest, d. h. man hat nicht nöthig, den Beweis desselben auf Erfahrung zu gründen, weil er nicht synthetisch, sondern analytisch ist. ―

c) Kant nennt hier die Vorstellung vom Raume ausdrücklich einen Begriff, und eben so sagt er S. 178: „wir haben jetzt schon zwey„erley Begriffe von ganz verschiedener Art, die „doch darin miteinander übereinkommen, daß „sie beyderseits völlig a priori sich auf Gegen„stände beziehn, nemlich die Begriffe des „Raums und der Zeit, als Formen der
„Sinne

„Sinnlichkeit, und die Categorien, als „Begriffe des Verstandes." — Gleichwohl sagt er doch in der oben angeführten Stelle ausdrücklich: „die ursprüngliche Vorstellung vom Raume ist Anschauung a priori und **nicht Begriff**." — Fragt man nun, warum nicht? So ist die Antwort: „der Raum wird als eine unendliche gegebene Größe vorgestellt, Nun muß man zwar jeden Begriff, u. s. w. — Welch ein Gewebe von sich selbst widersprechenden Spitzfindigkeiten! Man denke nur: erst ist der Raum, auch als Form der Sinnlichkeit, im Begriff, und dann heißt es wieder ausdrücklich: er ist es nicht! Erst heißt es: **ein jeder Begriff muß als eine Vorstellung gedacht werden, die eine unendliche Menge von Vorstellungen unter sich enthält**; und dann heißt es wieder: **kein Begriff kann so gedacht werden, als ob er eine unendliche Menge von Vorstellungen in sich enthielte**. —

5) Kant sagt, S. 38. „der Raum ist eine nothwendige Vorstellung a priori;" und eben so sagt er in einer der vorhin angeführten Stellen: Ihr müßt also, überführt durch die Nothwendigkeit, womit sich dieser Begriff euch aufdringt, gestehen, daß er in eurem Erkenntnißvermögen a priori seinen Sitz habe."— Gleichwohl

wohl behauptet er doch auch: „der Raum ist bloß etwas Subjectives, außer uns aber, und an sich selbst ist er Nichts!" S. 42. Beydes, dächte ich, widerspräche sich einander! Denn wenn es außer uns nicht wirklich einen Raum giebt, worauf sich dieser nothwendige Begriff bezieht; so würde er ja nach Kants eigenem Ausspruche, S. 87. eben dadurch, daß er alle Beziehung auf irgend ein Object verlöhre, auch zugleich allen Inhalt, und mithin alle Wahrheit verlieren. Denn Wahrheit, wie Kant S. 670. sagt, ist ja Uebereinstimmung unserer Begriffe mit dem Objecte. Er würde also gerade nicht mehr und nicht weniger Wahrheit haben, als die Vorstellung von Bildern und Gestalten, die wir in einem Traume sehen. Kurz, es würde ein nothwendiger und doch zugleich ein leerer und ganz falscher Begriff seyn. Wie läßt sich aber das nun denken? Wie behaupten? Nothwendig und doch falsch!!! —

6) In unzähligen Stellen lehrt und behauptet Kant ausdrücklich: außer uns giebt es weder Raum noch Zeit. Raum und Zeit sind bloße subjective Vorstellungsformen; alle äußere Gegenstände in Raum und Zeit sind bloße Erscheinungen, d. h. bloße Vorstellungen, bloße innere

innere Bestimmungen, unsers Gemüths; alle unsere Anschauungen sind bloß idealisch; denn unsere Anschauung geht sogar vor den Objecten selbst schon vorher. — (S. die oben angeführten Stellen.) Nun sage man einmal, ob das nicht ein gänzlicher und völliger Idealismus ist, den Kant hiermit ausdrücklich lehrt. — Gleichwohl kommt doch in eben dem Buche, worin er alles dieses lehrt, ein besonderer Abschnitt vor, welcher überschrieben ist: Widerlegung des Idealismus. Und diese Widerlegung stellt nun folgenden Lehrsatz auf: „das bloße aber empirisch bestimmte Bewußtseyn meines eigenen Daseyns beweiset das Daseyn der Gegenstände im Raume außer mir. S. 275. Auch sogar bewiesen wird dieser Lehrsatz, und zwar mit folgendem Beweise. — „Ich bin „mir meines Daseyns, als in der Zeit bestimmt „bewußt; alle Zeitbestimmung setzt etwas Be„harrliches in der Wahrnehmung voraus. „Dieses Beharrliche kann nicht etwas in mir „seyn, weil eben mein Daseyn in der Zeit „durch dieses Beharrliche allererst bestimmt „werden kann. Also ist die Wahrnehmung „dieses Beharrlichen nur durch ein Ding außer „mir, und nicht durch die bloße Vor-
„stel-

„stellung eines Dinges außer mir möglich.
„Folglich ist die Bestimmung meines Daseyns
„in der Zeit nur durch Existenz wirkli-
„cher Dinge, die ich außer mir wahr-
„nehme, möglich. Nun ist das Bewußt-
„seyn in der Zeit mit dem Bewußtseyn der Mög-
„lichkeit dieser Zeitbestimmung nothwendig ver-
„bunden, also ist es auch mit der Existenz der
„Dinge außer mir, als Bedingung der Zeit-
„bestimmung nothwendig verbunden, d. i. das
„Bewußtseyn meines eigenen Daseyns ist zu-
„gleich ein unmittelbares Bewußtseyn
„des Daseyns anderer Dinge außer
„mir. Man wird in diesem Beweise gewahr,
„daß das Spiel, welches der Idealismus trieb,
„ihm mit mehrerem Rechte umgekehrt vergol-
„ten wird. Dieser nahm an, daß die einzige
„unmittelbare Erfahrung die innere
„sey; — allein hier wird bewiesen, daß äus-
„sere Erfahrung eigentlich unmittel-
„bar sey." — Nun sage man einmal, ob
etwas mit einander stärker contrastiren, und
sich einander auffallender und augenscheinlicher
widersprechen kann, als eben dies? Wir wollen das ganze Convolut von Widersprüchen,
das sich hier abermals findet, deutlich vorle-
gen. Also:

a)

a) Es giebt einen Raum außer mir; nein, der Raum ist bloß eine subjective Form meiner Sinnlichkeit; außer mir aber, und an sich selbst ist er Nichts. —

b) Es giebt Gegenstände im Raume außer mir; — nein, alle Gegenstände im Raume sind bloße Erscheinungen, die ihren Grund bloß in mir selbst haben. —

c) Alle Zeitbestimmung setzt etwas Beharrliches in der Wahrnehmung voraus; dieses Beharrliche aber kann nicht etwas in mir seyn. — Nein, das ist nicht wahr; denn das Beharrliche ist weiter nichts als die Zeit selbst. „Sie ist, S. 224. das Substrat „oder die beharrliche Form der innern Anschau„ung. Die Zeit also, in der aller Wechsel der „Erscheinungen gedacht werden soll, bleibt und „wechselt nicht. — Die Beharrlichkeit S. „226. drückt überhaupt die Zeit, als das be„ständige Correlatum alles Daseyns der Er„scheinungen, alles Wechsels und aller Beglei„tung aus. Denn der Wechsel trift die Zeit „selbst nicht, sondern nur die Erscheinungen in „der Zeit." Diese Beharrlichkeit S. 229. ist indessen doch weiter Nichts, als die Art uns das Daseyn der Dinge in der Erscheinung vorzustellen. — Dies sind Kants eigene und ausdrückbrückliche Worte. Da nun nach Ihm die Zeit weiter nichts, als eine bloße subjective Form unserer Anschauung ist; so ist auch das Beharrliche, das der Wahrnehmung zum Grunde liegt, bloß etwas in mir selbst, nicht aber etwas außer mir. —

d) „Die Wahrnehmung dieses Beharrlichen ist nur durch ein Ding außer mir, und nicht durch eine bloße Vorstellung eines Dings außer mir möglich." — Nein! — „Die Zeit, (und diese beschreibt doch Kant als das einzig Beharrliche,) ist kein empirischer Begriff, der von irgend einer Erfahrung abgezogen wäre. Sie ist eine nothwendige Vorstellung a priori, die allen Anschauungen zum Grunde liegt, S. 46. Wie kann denn also ihre Wahrnehmung nur durch ein Ding außer mir möglich seyn? Alle Objecte der Wahrnehmung oder Anschauung sind ja bloße Vorstellungen, an sich selbst aber Nichts."

S. 62. e) Die Bestimmung meines Daseyns in der Zeit ist nur durch die Existenz wirklicher Dinge möglich, die ich außer mir wahrnehme." — Nein; „Wir haben in der transcendentalen Aesthetik hinreichend bewiesen, daß alles, was im Raume oder der Zeit angeschauet wird, mithin alle Gegenstände einer

einer uns möglichen Erfahrung, nichts als Erscheinungen, d. i. bloße Vorstellungen sind, die außer unsern Gedanken keine an sich gegründete Existenz haben." S. 518. „Es ist auch gänzlich unbekannt und ungewiß, ob ihnen noch etwas außer uns zum Grunde liegt. S. 344. — „Auch meines eigenen Daseyns bin ich mir bloß, als in der Zeit bestimmt, bewußt; folglich bloß als Erscheinung, S. 334. von der ich also nicht weiß, ob ihr etwas an sich selbst zum Grunde liegt. Denn es kann ja ein Ding bloß aus lauter Verhältnissen bestehn." S. 341. — Kurz, wirkliche Dinge, die ich außer mir wahrnehmen könnte, sind ganz unmöglich. S. 520. 821.

f) Das Bewußtseyn meines Daseyns in der Zeit ist mit der Existenz der Dinge außer mir, als Bedingung der Zeitbestimmung nothwendig verbunden." — Nein! — „Nicht die Existenz der Dinge ist Bedingung der Zeitbestimmung; sondern umgekehrt, die Zeit ist die formale Bedingung a priori aller Erscheinungen überhaupt." S. 50. Und Erscheinungen haben ja keine an sich selbst gegründete Existenz.

g) „Der Idealismus nahm an, daß die einzige unmittelbare Erfahrung die innere sey; allein hier wird bewiesen, daß äußere Erfahrung eigentlich unmittelbar sey." — Nein! "Die Zeit ist eine Bedingung a priori aller Erscheinung überhaupt, und zwar unmittelbare Bedingung der innern und eben dadurch mittelbar auch der äußern Erscheinungen oder Erfahrungen." S. 50. Die Möglichkeit der Erfahrung ist also das, was allen unsern Erkenntnissen a priori objective Realität giebt. Nun beruht Erfahrung auf der synthetischen Einheit der Erscheinungen, d. i. auf einer Synthesis nach Begriffen; S. 195. "das Medium aller synthetischen Urtheile ist aber nur ein Begriff, darin alle unsere Vorstellungen enthalten sind, nemlich der innere Sinn und die Form desselben a priori, die Zeit." S. 194. Also nur innere Erfahrung ist unmittelbar; die äußere aber nur mittelbar. Wie wäre es denn auch anders möglich, da nach der Kantischen Erscheinungslehre alles bloß subjectiv ist? — Nun bedenke man aber einmal, ob das nicht lauter Lehren sind, die sich einander gerade zu und gleichsam e diametro entgegen gesetzt sind? Ob denn also das, was Kant hier eine Widerlegung des Idealismus nennt, wohl wirklich eine Widerlegung seyn mag? Und wenn sie es ist; ob er denn wohl

wohl nicht ganz offenbar sich selbst widerlegt hat? Man vergesse indessen nicht zu bemerken, was Kant hier sagt, nemlich das Spiel, welches der Idealismus treibe, werde ihm hier umgekehrt vergolten! Er scheint also zu gestehn, oder andeuten zu wollen, daß auch diese Widerlegung des Idealismus ebenfalls ein bloßes Spiel ist. Und wirklich, dem sieht sie auch ganz vollkommen ähnlich! —

7) Kant sagt, S. 274. „Der dogmatische Idea„lismus, (der das Daseyn der Gegenstände im Raume außer uns für falsch und unmöglich erklärt,) „ist unvermeidlich, wenn man den Raum „als Eigenschaft, die den Dingen an sich selbst „zukommen soll, ansieht;" (NB. man kann eigentlich nicht sagen: der Raum ist eine Eigenschaft der Dinge. Diese Erklärung giebt entweder einen ganz falschen Sinn; oder sie ist doch wenigstens zweydeutig, und sehr verfänglich!) „Denn da ist er mit allem, dem er zur Bedin„gung dient, ein Unding. Der Grund zu die„sem Idealismus aber ist von uns in der trans„scendentalen Aesthetik gehoben. (Ist es möglich? „Liegt nicht vielmehr das gerade Gegentheil am „Tage?) Der problematische, der nichts hier„über behauptet, sondern nur das Unvermö-
„gen,

„gen, ein Daseyn außer dem Unsrigen durch
„unmittelbare Erfahrung zu beweisen vor-
„giebt, ist vernünftig, und einer gründ-
„lichen philosophischen Denkungsart
„gemäß; nemlich, bevor ein hinreichender
„Beweis gefunden worden, kein entscheiden-
„des Urtheil zu erlauben." — Gleichwohl sagt
er in seiner so genannten Widerlegung des
Idealismus S. 276. ganz ausdrücklich: „hier
„wird bewiesen, daß äußere Erfahrung
„eigentlich unmittelbar sey." — Also
es ist vernünftig, vorzugeben, daß man nicht
vermögend sey, ein Daseyn, außer dem
Unsrigen durch unmittelbare Erfahrung
zu beweisen; gleichwohl hat er dieses Unvermö-
gen auf derselben und auf der andern Seite
schon wieder vergessen, und will bewiesen haben, daß nur äußere Erfahrung eigentlich unmittelbar sey, und daß die Bestimmung unseres Daseyns in der Zeit nur durch
die Existenz wirklicher Dinge außer
uns möglich sey! Freylich versteht es sich ja
wohl von selbst, daß man kein entscheidendes
Urtheil in keiner einzigen Sache erlauben kann,
bevor ein hinreichender Beweis gefunden worden ist. Wie ist es denn aber möglich, einen
solchen zu finden, oder wie kann man es sich

auch

auch nur noch einfallen laſſen, einen ſinden zu wollen, oder wie kann und darf man glauben, einen ſolchen gefunden zu haben, wenn es auch zugleich vernünftig, und einer gründlichen philoſophiſchen Denkungsart gemäß iſt, vorzugeben, daß man nicht vermögend ſey, einen ſolchen zu finden? — Welch ein Widerſpruch! Welch ein erſchreckliches Wanken und Schwanken von einer Seite zu der andern! —

8) Kant ſagt in der vorhin angeführten Stelle: „der problematiſche,“ oder wie er ihn auch ſonſt nennt, „der tranſcendentale Idealismus behauptet hierüber nichts!“ — Gleichwohl ſagt er doch ausdrücklich: S. 534. „Wenn die Welt ein an ſich exiſtirendes Ganzes iſt; ſo iſt ſie entweder endlich oder unendlich. Nun iſt das Erſtere ſowohl als das Zweyte falſch. — Alſo iſt es auch falſch, daß die Welt, der Inbegriff aller Erſcheinungen, ein an ſich exiſtirendes Ganzes ſey. Woraus denn folgt, daß Erſcheinungen überhaupt außer unſern Vorſtellungen Nichts ſind; welches wir eben durch die tranſcendentale Idealität derſelben ſagen wollten.“ Man vergleiche auch hiermit die ſchon vorhin Nr. 6. litt. e. angeführte Stelle, ſo wie überhaupt alle diejenigen Kantiſchen Be-

haupt-

hauptungen, die §. 1. ausführlich zu lesen sind; und dann frage man sich einmal: heißt das hierüber nichts behaupten?

9) Kant sagt S. 66. „Es ist also ungezwei„felt gewiß, und nicht bloß möglich oder „wahrscheinlich, daß Raum und Zeit bloß „subjective Bedingungen aller unserer An„schauung sind, im Verhältniß auf welche da„her alle Gegenstände bloße Erscheinungen, „und nicht für sich in dieser Art gegebene Din„ge sind, von denen sich auch um deswillen, „was die Form derselben betrift vieles a priori „sagen läßt, niemals aber das Mindeste von „dem Dinge an sich selbst, das diesen Erschei„nungen zum Grunde liegen mag." — (Mag? Also auch das ist ungewiß? Ungewiß also, ob irgendetwas außer uns wirklich ist? Es läßt sich davon nicht das Mindeste sagen? Also auch nicht einmal, daß es wirklich existirt? Gut! Wer das lieset, der merke darauf!) — Eben so sagt er S. 821. „wenn vorausgesetzt wird, „daß die Sinnenwelt an sich selbst ihrer Totali„tät nach gegeben sey; so ist es falsch, daß sie ent„weder unendlich dem Raume nach, oder end„lich und begrenzt seyn müsse, darum weil „beydes falsch ist. Denn Erscheinungen,
„als

„als bloße Vorstellungen, die doch an
„sich selbst als Objecte gegeben wären, sind
„etwas Unmögliches." — Imgleichen
S. 520. „Der Raum selbst aber, samt der
„Zeit, und zugleich mit beyden alle Erschei-
„nungen, sind doch an sich selbst keine Dinge,
„sondern nichts als Vorstellungen, und kön-
„nen gar nicht außer unserm Gemüth exi-
„stiren." — Und doch sagt er gleichwohl kurz
vorher: „unser transscendentale Idealismus
„erlaubt es, daß die Gegenstände äußerer An-
„schauung, eben so, wie sie im Raume
„angeschauet werden, auch wirklich
„seyn, und in der Zeit alle Veränderungen,
„so wie sie der innere Sinn vorstellet. — Wir
„können und müssen ausgedehnte Wesen als
„wirklich darin annehmen, und eben so ist es
„auch mit der Zeit." — Also, einmal erklärt
es der transscendentale Idealismus nicht etwa
bloß für möglich oder wahrscheinlich, sondern
für ungezweifelt gewiß, daß die äußern
Gegenstände an sich gar nicht existiren; ein an-
dermal erlaubt er es wieder, daß sie so, wie
sie angeschauet werden, auch wirklich existiren
können; aber diese Erlaubniß wird, leider,
völlig und auf ewig wieder aufgehoben, indem
er hinterher doch ausdrücklich und apodictisch

erklärt:

erklärt: die Erscheinungen, als Objecte an sich selbst, sind etwas Unmögliches; sie können gar nicht existiren. Wie ist nun das mit einander zu vereinigen?

10) Kant sagt: S. 12. „Es bleibt nichts übrig, „als daß man Raum und Zeit zu subjectiven „Formen unserer äußern sowol, als innern An„schauungsart macht, die darum sinnlich heißt, „weil sie nicht ursprünglich, d. i. eine „solche ist, durch die selbst das Daseyn „des Objects gegeben wird, und die, „so viel wir einsehen, nur dem Urwesen zukom„men kann; sondern von dem Daseyn des „Objects abhängig, mithin nur da„durch möglich ist, daß die Vorstel„lungsfähigkeit des Subjects durch „daßelbe afficirt wird." — Ebenderselbe Kant sagt aber dagegen S. 40. „unserm „Gemüthe wohnt eine Anschauung bey, die „vor dem Objecte schon vorher geht." Und S. 62. „sobald wir unsere subjective „Beschaffenheit wegnehmen; so ist auch „das vorgestellte Object mit den Eigen„schaften, die ihm die sinnliche Anschauung „beylegte, überall nirgends anzutref„fen, und kann überall nirgend an„ge

„getroffen werden." — Und S. 67. „die Form der Anschauung, da sie nichts vor„stellt, außer sofern etwas im Gemüthe gesetzt „wird," (die Vorstellungen der äußern Sinne, heißt es kurz vorher, machen aber den eigentlichen Stoff aus, womit wir unser Gemüth besetzen;) „kann nichts anders seyn, als die „Art wie das Gemüth durch eigene „Thätigkeit, nemlich durch dieses Setzen sei„ner Vorstellungen, mithin durch sich selbst „afficirt wird." Man vergleiche hiermit auch besonders die oben §. 1: schon angeführte merkwürdige Stelle von den Einwohnern im Monde, so wird man folgende ganz contradictorisch sich entgegengesetzte Sätze bekommen; nemlich:

a) Das Daseyn des Objects wird durch unsere Anschauung nicht gegeben, sondern unsere Anschauungsart ist vom Daseyn des Objects abhängig. — Nein! — Unsere Anschauungsart ist nicht vom Daseyn des Objects abhängig, sondern das Daseyn des Objects wird durch unsere Anschauungsart erst gegeben. Denn unsere Anschauung geht ja vor dem Objecte schon vorher; ja, wenn wir unsere subjective Beschaffenheit wegnehmen; so wird auch das Object mit allen den Eigenschaften, die

ihm

ihm unsere Anschauung beylegte, gänzlich aufgehoben, und kann alsdenn überall nirgend angetroffen werden. Denn die Gegenstände der Erfahrung existiren außer der Erfahrung gar nicht, und z. E. Einwohner im Monde sind nur alsdenn erst wirklich, wenn sie mit meinem wirklichen Bewußtseyn in einem empirischen Zusammenhange stehen, ob sie gleich darum nicht an sich, d. i. außer diesem Fortschritt der Erfahrung wirklich sind. —

b) „Unsere Anschauung des Objects ist nur dadurch möglich, daß die Vorstellungsfähigkeit des Subjects durch dasselbe afficirt wird; — Nein! Sie ist bloß dadurch möglich, daß das Gemüth durch eigene Thätigkeit, mithin durch sich selbst, afficirt wird." — Was ist nun das? Heißt das nicht auf die auffallendste Weise sich selbst widersprechen?

11) Kant sagt, S. 235. „Die Apprehension „des Mannigfaltigen in der Erscheinung ei„nes Hauses, das vor mir steht, ist succes„siv. Nun ist die Frage: ob das Mannigfal„tige dieses Hauses selbst auch in sich succeßiv „sey, welches freylich Niemand zuge„ben wird. Nun ist aber, sobald ich meine

„Be-

„Begriffe von einem Gegenstande bis zur trans„scendentalen Bedeutung steigere, das Haus
„gar kein Ding an sich selbst, sondern
„nur eine Erscheinung, d. i. Vorstel„lung, deren transscendentaler Gegenstand
„unbekannt ist; was verstehe ich also unter der
„Frage: wie das Mannigfaltige in der Er„scheinung selbst, die doch nichts an sich
„selbst ist, verbunden seyn möge? Hier wird
„das, was in der succeßiven Apprehension
„liegt, als Vorstellung; die Erscheinung aber,
„die mir gegeben ist, ohnerachtet sie nichts
„weiter, als ein Inbegriff dieser
„Vorstellungen ist, als der Gegenstand
„derselben betrachtet, mit welchem mein Be„griff, den ich aus den Vorstellungen der Ap„prehension ziehe, zusammenstimmen soll. Man
„sieht bald, daß, weil Uebereinstimmung der
„Erkenntniß mit dem Object Wahrheit ist,
„hier nur nach den formalen Bedingungen der
„empirischen Wahrheit gefragt werden kann,
„und Erscheinung, im Gegenverhältniß mit
„den Vorstellungen der Apprehension, nur da„durch als das davon unterschiedene Object der„selben vorgestellt werden könne, wenn sie un„ter einer Regel steht, welche sie von jeder an„dern Apprehension unterscheidet, und eine
„Art

„Art der Verbindung des Mannigfaltigen „nothwendig macht. Dasjenige an der Er„scheinung, was die Bedingung dieser noth„wendigen Regel der Apprehension enthält; ist „das Object." — Nun sage einmal ein Mensch, wie das nun wieder mit einander bestehen kann? — Kant behauptet ausdrücklich: das Haus ist nicht etwas an sich selbst, sondern es ist eine bloße Erscheinung, d. h. eine bloße Vorstellung, und das Mannigfaltige, das in der succeßiven Apprehension dieser Erscheinung enthalten ist, ist auch wieder weiter nichts, als ein Inbegriff von Vorstellungen. Dieser Inbegriff der Vorstellungen hat nun aber nicht etwa ein Object, das an sich selbst wirklich existirt, sondern er selbst wird nur bloß als Object betrachtet, und der Unterschied desselben, als Object der Vorstellung, von der Vorstellung an sich selbst, ist ebenfalls wieder nur eine bloße Vorstellung, oder eine gewisse subjective Regel, nach welcher die Apprehension geschiehet; kurz, es ist alles durch und durch bloße Vorstellung. (S. 242. 244.) So lehrt Kant; gleichwohl gesteht doch eben dieser Kant, daß Niemand zugeben könne und werde, daß das Mannigfaltige des Hauses an sich selbst auch succeßiv sey. — Also, „das Man-

nigfal-

nigfaltige in der Erscheinung eines Hauses ist bloß ein Inbegriff von Vorstellungen." — Nein, das ist nicht wahr; denn das Mannigfaltige des Hauses selbst ist nicht succeßiv; hingegen das Mannigfaltige in meinen Vorstellungen, oder in der Apprehension, ist succeßiv; beydes ist also von einander wesentlich verschieden, und jenes ist von meinen Vorstellungen ganz unabhängig. —

Fortsetzung.

§. 9. Jedoch genug, von den Widersprüchen, worin die Kantische Erscheinungslehre, auch bloß für sich betrachtet, schon mit sich selbst steht. Jetzt wollen wir sie nun auch in ihrer nähern Verbindung mit einigen anderweitigen Behauptungen der Kantischen Philosophie, und zwar besonders in ihrer nähern Anwendung auf Mathematik, Naturlehre, Seelenlehre, Religion und Moral betrachten, und auch da wird es sich zeigen, daß die Kritik sowohl der reinen als der practischen Vernunft, in ein wahres unabsehbares Labyrinth von Widersprüchen sich hineingegrübelt hat. Man höre nur:

1) Kant will S. 14 - 15. beweisen: „daß „eigentliche mathematische Sätze jederzeit Urtheile „a priori, und nicht empirisch sind, oder, wie er es
„auch

"auch ausdrückt, z. E. S. 65. daß sie nicht aus em„pirischer Anschauung, sondern aus reiner Anschau„ung a priori erkannt werden, weil sie Nothwen„digkeit bey sich führen, welche aus Erfahrung nicht „abgenommen werden kann." — Nun höre man den Beweis! — „Man sollte anfänglich zwar den„ken: daß der Satz 7 + 5 = 12 ein bloß analyti„scher Satz sey, der aus dem Begriffe einer Sum„me von Sieben und Fünfe nach dem Satze des „Widerspruchs erfolge. Allein wenn man es näher „betrachtet; so findet man, daß der Begriff der „Summe von 7 und 5 nichts weiter enthalte, als „die Vereinigung beyder in eine einzige," (Richtig! Er braucht aber auch weiter nichts zu enthalten, und eben darum ist der Satz wirklich analytisch. Denn der Begriff bestimmt sich ganz von selbst; nur der Nahme ist willkührlich!) „wodurch ganz und gar „nicht gedacht wird, welches diese einzige Zahl sey, „die beyde zusammen faßt. Der Begriff von Zwölfe „ist keinesweges dadurch schon gedacht, daß ich mir „bloß eine Vereinigung von Sieben und Fünfe den„ke, und mag meinen Begriff von einer solchen „möglichen Summe noch so lange zergliedern, so „werde ich doch darin die Zwölfe nicht antreffen." (Allerdings! der Begriff an sich selbst wird darin ganz bestimmt gedacht und angetroffen; nur der willkührliche Nahme nicht!) „Man muß über diese
„Be-

„Begriffe hinausgehn, (Nein! gar nicht!) indem
„man die Anschauung zu Hülfe nimmt," (Recht gut!
Und das kann man auch ohne das Wesen des Analytischen im geringsten zu zerstören!) „die einem von
„beyden correspondirt, etwa seine fünf Finger,
„oder wie Segner in seiner Arithmetik, fünf Pun-
„cte, und so nach und nach die Einheiten der in der
„Anschauung gegebenen Fünf zu dem Begriffe der
„Sieben hinzuthut. Denn ich nehme zuerst die Zahl
„Sieben, und indem ich für den Begriff der Fünfe
„die Finger meiner Hand als Anschau-
„ung zu Hülfe nehme; so thue ich die Einhei-
„ten, die ich vorher zusammen nahm, um die Zahl
„5 auszumachen, nun an jenem meinem Bilde nach
„und nach zu der Zahl 7, und sehe so die Zahl ent-
„springen. Daß 7 zu 5 hinzugethan werden sollten,
„habe ich zwar in dem Begriffe einer Summe
„$= 7 + 5$ gedacht; aber nicht, daß diese Summe
„der Zahl 12 gleich sey. Der arithmetische Satz ist
„also jederzeit synthetisch; welches man desto deut-
„licher inne wird, wenn man etwas größere Zah-
„len nimmt, da es denn klar einleuchtet, daß, wir
„möchten unsere Begriffe drehen und wenden, wie
„wir wollen, wir, ohne die Anschauung zu Hülfe
„nehmen, vermittelst der bloßen Zergliederung un-
„serer Begriffe, die Summe niemals finden können."
(Weil wir nemlich die ganze Kette der arithmetischen

in

in sich selbst vollkommen analytischen Progreßionen nicht auf einmal in allen Fällen ganz übersehen können!) — Nun vergleiche man einmal diesen Kantischen Beweis mit dem Satze, der dadurch bewiesen werden soll; und sehe dann, ob er nicht das gerade Gegentheil von dem beweiset, was Kant damit beweisen wollte. Nemlich

a) Kant will beweisen, daß mathematische und arithmetische Sätze insgesamt nicht analytisch, sondern bloß synthetisch sind. Hat er denn aber das nun bewiesen? Nichtsweniger, als das; vielmehr beweiset der arithmetische Satz, den er zum Exempel anführt, gerade wider ihn selbst. Denn der Satz: $7 + 5 = 12$ ist wirklich ganz vollkommen analytisch. Die Täuschung womit Kant hier seine Leser hintergeht, entspringt lediglich aus den willkührlichen Benennungen der Zahlen, die dieser Satz ausdrückt. Hängt man nemlich bloß an den Nahmen der Zahlen; so würde der Satz so lauten: $7 + 5$ giebt eine Summe, die ich Zwölfe nennen muß. Auf diese Weise verliert freylich der Satz alles analytische, d. h. er enthält keine nothwendige Folge. — Abstrahire ich hingegen von dem Nahmen, und nehme bloß die Begriffe; so lautet der Satz so: wenn ich zu einer Anzahl von Einheiten $= 7$ eine Anzahl von

von Einheiten = 5 hinzuthue; so kommt eine Summe heraus, die gerade so groß ist, als die beyden vorigen zusammen genommen. Wer sieht nun aber nicht, daß dieser Satz wirklich ganz vollkommen analytisch ist. Denn wie ich nun diese Hauptsumme nennen will, ist an sich vollkommen gleichgültig und willkührlich. Der Deutsche nennt sie Zwölfe, der Lateiner Duodecim, der Grieche δώδεκα, u. s. w.

b) Kant will beweisen, daß mathematische und arithmetische Sätze nicht aus empirischer, sondern bloß aus reiner Anschauung a priori erkannt werden; aber an Statt dieses zu beweisen, beweiset er vielmehr das gerade Gegentheil, indem augenscheinlich in dem ganzen Beweise bloß von einer empirischen Anschauung die Rede ist. Denn eine Anschauung, wobey man seine fünf Finger zu Hülfe nimmt, ist doch wohl nichts weniger als eine reine Anschauung a priori; sondern ganz unstreitig eine bloß empirische. In der That hat also Kant hier sich selbst widerlegt; und das heißt doch wohl so viel, als, sich selbst widersprechen.

2) Kant eignet den mathematischen und geometrischen Sätzen, die, wie er es nennt, aus reiner

An-

Anschauung a priori erkannt werden, apodictische Gewißheit, Nothwendigkeit und Allgemeinheit zu. (Nothwendigkeit, sagt er, S. 64. und absolute Allgemeinheit ist das Characteristische aller Sätze der Geometrie. So erklärt er z. E. auch den Satz, daß die gerade Linie zwischen zween Puncten die kürzeste sey, S. 16. für einen synthetischen Satz, der mit apodictischer Gewißheit aus reiner Anschauung a priori erkannt werde. Ja, er behauptet sogar: wir würden nicht sagen können, daß das, was nach unserer subjectiven Vorstellungsart zur Construction eines Triangels nothwendig gehört, auch dem Triangel an sich selbst nothwenbig zukommen müsse, wenn es nicht Anschauung a priori wäre, die dies als nothwendig uns erkennen lasse. S. 65. Allein auch hierin widerspricht er sich selbst, und hebt die den Sätzen der Mathematik ausdrücklich vorhin zugestandene absolute Nothwendigkeit und apodictische Gewißheit durch eine gerade entgegengesetzte Behauptung völlig wieder auf. Denn er behauptet auch zugleich: man könne nicht sagen, daß die Anschauungsart, die uns Menschen eigen ist, auch allen andern Wesen nothwenbig zukommen müsse. S. 59. 43. 138. Wenn nun also die Anschauungsart selbst, diese nach seinem Angeben einzige Quelle der apodictischen Gewißheit in den Sätzen der Mathematik, keine absolute Nothwendigkeit und

stren-

strenge Allgemeinheit hat; wie können denn die Sätze, die daraus erkannt oder abgeleitet werden sollen, absolute Nothwendigkeit und strenge Allgemeinheit haben? Offenbar schwindet ja nun diese, vermöge dieser ganz entgegengesetzten Behauptung, wieder gänzlich dahin; und es bleibt offenbar zwischen einer Erkenntniß aus einer sogenannten reinen Anschauung a priori, und zwischen einer Erkenntniß aus einer allgemeinen empirischen Anschauung, gar kein Unterschied übrig. Denn die eine ist denn nicht allgemeine, und reicht nicht weiter, als die andere. Gleichwohl will doch Kant, daß dazwischen ein grosser Unterschied seyn soll. — Und was sind es nun nicht für äußerst widersinnige Folgen, die ganz unvermeidlich daraus herfließen! Denn wenn nicht die Vernunft, sondern bloß eine gewisse, uns nur eigenthümliche, reine Anschauung a priori die einzige Erkenntnißquelle aller apodictischen Gewißheit in den Sätzen der Mathematik ist, und wenn es nun möglich ist, daß andere Wesen eine ganz andere Anschauungs- und Denkart haben können; so muß es ja auch möglich seyn, daß sie z. E. die gerade Linie zwischen zween Puncten nicht für die kürzeste, und den Satz: der Triangel muß drey Winkel und eben soviel Seiten haben, für falsch und irrig halten und erklären können. Aber wo ist der Mensch, der im Stande wäre, so etwas, aller gesunden Vernunft

zum

zum Trotz, auch nur als möglich sich zu denken? Wie wäre es möglich, daß irgend ein denkendes Wesen exiſtiren könnte, für welches die Sätze 7 + 5 = 12. oder: das Ganze iſt ſo groß, als alle ſeine Theile zuſammengenommen, die doch wirklich vollkommen analytiſch und ganz identiſch ſind, demohnerachtet keinen Sinn und keine Gültigkeit haben ſollten? Entweder muß alſo Kant dieſe in ſich ſelbſt wirklich ganz unmögliche Möglichkeit einräumen, und den Sätzen der Mathematik die ihnen vorhin zugeſtandene abſolute Nothwendigkeit, ſtrenge Allgemeinheit und apodictiſche Gewißheit gänzlich wieder abſprechen; oder wenn er dieſe im Ernſte noch behaupten will; ſo muß er zugeben, daß die Erkenntnißquelle derſelben nicht eine gewiſſe, uns bloß eigenthümliche, reine Anſchauung a priori, ſondern lediglich die Vernunft ſelbſt ſey, von der wir mit Gewißheit wiſſen, daß ſie in Anſehung deſſen, was ihr eigentliches Weſen ausmacht, allen denkenden Weſen nothwendig zukommt, und alſo, weil ſie ſelbſt abſolute Nothwendigkeit und ſtrenge Allgemeinheit hat, ſie auch den Sätzen geben kann, die aus ihrem Weſen nothwendig fließen. —

Kantiſche Naturlehre.

§. 10. Kant behauptet nach S. 126. 127. 159. 163. wie wir auch oben bereits angeführt haben,

haben, erst folgende höchstparadoxe und äußerst auffallende Sätze: „die Categorien sind Begriffe a priori, deren objective Gültigkeit darauf beruhet, daß durch sie allein Erfahrung möglich ist; durch diese Begriffe ist der Verstand selbst Urheber der Erfahrung, worin seine Gegenstände angetroffen werden; er schreibt durch sie der Natur Gesetze vor, und macht sogar die Natur selbst erst möglich." — Gleichwohl sagt er doch ausdrücklich S. 508. „die Naturerscheinungen „sind Gegenstände, die uns unabhängig von un„sern Begriffen gegeben werden, zu denen also „der Schlüssel nicht in uns, sondern außer uns „liegt." — Eben so sagt er in der Kritik der practischen Vernunft, S. 224; „das handelnde vernünf„tige Wesen in der Welt ist doch nicht zugleich Ur„sach der Welt und der Natur selbst. Also ist in „dem moralischen Gesetze nicht der mindeste Grund „zu dem nothwendigen Zusammenhang zwischen Sitt„lichkeit und der ihr proportionirten Glückseligkeit „eines zur Welt als Theil gehörigen, und „daher von ihr abhängigen Wesens, wel„ches eben darum durch seinen Willen nicht „Urheber dieser Natur seyn, und sie, was „seine Glückseligkeit betrift, mit seinen practischen „Grundsätzen aus eigenen Kräften nicht durchgän„gig einstimmig machen kann." — Also, vermittelst

L 3

der

der Categorien schreibt unser Verstand der Natur Gesetze vor; Nein! die Naturerscheinungen werden uns abhängig von unsern Begriffen gegeben. — Unser Verstand ist selbst Urheber der Erfahrung und ihrer Gegenstände, und macht sogar die Natur selbst erst möglich. — Nein! — der Mensch kann nicht Urheber dieser Natur seyn; denn er ist nur ein zur Welt, als Theil, gehöriges und folglich von ihr abhängiges Wesen. Die Welt, oder die Natur, wie Kant an einem andern vorhin schon angeführten Orte ausdrücklich behauptet, hat außer unsern Gedanken keine an sich selbst gegründete Existenz. Falsch, falsch! der Schlüssel zu den Naturerscheinungen, und folglich auch sie selbst, liegt nicht in uns, sondern außer uns; denn wir sind ja nur ein Theil der Welt, und das Ganze kann ja doch unmöglich in einem seiner Theile existiren. — Seht, lieben Leser, so widerlegt sich Kant immer durch sich selbst. Er ist der stärkste Bestreiter seiner eigenen Grundsätze! Kann es also wohl sein Ernst seyn, daß wir Glauben daran haben sollen? —

Kantische Sittenlehre.

1. Existenz der Seele, als Ding an sich selbst, oder wie es Kant auch nennt, als transcendentales Ich, oder als Noumenon betrachtet.

§. 11.

§. 11. Sowohl die Behauptung, als die Nichtbehauptung eines transscendentalen Ichs im Menschen verwickelt uns in Widersprüche gegen das Kantische System. Denn

1) Behauptet man die Nichtexistenz eines transscendentalen Ichs im Menschen; so ist der völlige und gänzliche Idealismus völlig da. Aber eben hiermit widerspricht man dem Kantischen Systeme, in sofern nemlich dieses doch noch das Ansehn haben will, daß es den Idealismus nicht begünstige, sondern vielmehr eine förmliche Widerlegung desselben aufstellt. Siehe, Critik der reinen Vernunft. S. 274. Wiewohl freylich diese Widerlegung mit dem ganzen übrigen Inhalte eben dieses Systems äusserst auffallend contrastirt. Siehe oben §. 8. N. 6.

2) Behauptet man hingegen die wirkliche Existenz eines transscendentalen Ichs im Menschen, wie es Kant S. 566. 568, auch selbst gethan hat; so geräth man ebenfalls wieder mit dem übrigen Kantischen Systeme in Widerspruch; und zwar auf eine zwiefache Art:

a) Dadurch, daß man hiermit etwas behauptet, was nach einem ausdrücklichen Grundsatze des Kantischen Systems gar nicht behauptet werden kann und darf. Denn es ist ein ausdrücklicher Grundsatz dieses Systems: „daß der Begriff des Transscendentalen bloß negativ sey;

sey; daß er bloß die Sinnlichkeit begrenze; daß er aber gar keine positive Bedeutung habe; daß er an sich leer sey, indem es gänzlich unbekannt und ungewiß sey, ob ein transscendentales Object in uns, oder auch außer uns als Substrat der Erscheinungen anzutreffen sey; ob es mit der Sinnlichkeit zugleich aufgehoben werde, oder, wenn wir diese wegnehmen, noch übrig bleiben werde; kurz, daß wir von alle dem, was transscendental ist, gar nichts wissen, auch nicht einmal, ob es wirklich existirt. Wir können nicht sagen, ob es möglich oder unmöglich ist; ja es ist geradehin unmöglich, daß unsere Seele sich selbst als Noumenon erkennen könnte." — Will man sich die Mühe geben, in der Kritik der reinen Vernunft folgende Stellen, z. E. S. 63. 235. 307. 310. 311. 343. 344. 404. 407. 420. 424. 430. 506. u. s. w. aufzuschlagen und nachzulesen; so wird man alles vorhin Gesagte wirklich wörtlich und ganz authentisch darin antreffen. — Wer nun also annimmt oder behauptet, daß ein transscendentales Ich im Menschen wirklich existire; der nimmt ja offenbar eben hiermit etwas an, was er nach diesen deutlichen und ausdrücklichen Grundsätzen des Kantischen Systems durchaus gar

nicht

"Glücksstern begünstigt, darin Besitz zu neh-
"men. Denn der Satz: ein denkendes We-
"sen, als ein solches, ist eine einfache Sub-
"stanz; ist ein synthetischer Satz, a priori,
"weil er erstlich über den ihm zum Grunde ge-
"legten Begriff hinausgeht, und die Art des
"Daseyns zum Denken überhaupt hinzuthut,
"und zweytens zu jenem Begriffe ein Prädicat
"(der Einheit) hinzufügt, welches in gar kei-
"ner Erfahrung gegeben werden kann. Also
"sind synthetische Sätze a priori nicht bloß, wie
"wir behauptet haben, in Beziehung auf mög-
"liche Gegenstände der Erfahrung, und zwar
"als Principien der Möglichkeit dieser Erfah-
"rung selbst thunlich und zuläßig; sondern sie
"können auch auf Dinge überhaupt, und an
"sich selbst gehen, welche Folgerung die-
"ser ganzen Critik ein Ende macht,
"und gebieten würde, es beym Alten
"bewenden zu lassen." — So weit
Kant! Aus diesen seinen gewiß merkwürdigen
Worten schließe ich nun so: ob der Satz: ein
jedes denkende Wesen, als ein solches, ist eine
einfache Substanz, synthetisch oder analytisch
sey, können und wollen wir hier ganz unent-
schieden lassen. Genug, wir wissen nun, die
Sache selbst hat ihre Richtigkeit. Es ist ein

Satz

Satz a priori: unsere Seele existirt wirklich nicht bloß als Erscheinung, sondern als Ding an sich selbst, oder als ein transscendentales, d. h. als ein zur Sinnenwelt nicht gehöriges, folglich immaterielles und einfaches Wesen, oder als Noumenon in positiver Bedeutung. Denn so sehr auch Kant auf der einen Seite behauptet, daß der Begriff des Transscendentalen bloß negativ sey, und daß ein Noumenon in positiver Bedeutung gar nicht zugelassen werden könne; so stößt er doch diesen seinen Grundsatz in der Folge gänzlich wieder um, indem er, wie wir nachher noch weiter hören werden, ausdrücklich dagegen annimmt und behauptet, daß ein transscendentales Ich im Menschen, oder ein Noumenon in positiver Bedeutung, wirklich existire. Nun kann doch aber Kant das Daseyn eines solchen transscendentalen Ichs im Menschen durch empirische Anschauung, oder a posteriori nicht erkennen; denn es gehört ja nicht zur Sinnenwelt; da er nun aber doch gleichwohl nach S. 566. es als nothwendig annimmt und behauptet; so muß er es doch nothwendig durch eine Schlußfolge, und also a priori erkennen und behaupten. Also hat er hiermit einen Schritt aus der Sinnenwelt hinausgethan, ist in das Feld

der

der Noumenon getreten, und Niemand darf uns also die Befugniß absprechen, uns weiter darin auszubreiten und anzubauen. Denn so ist es nun hiermit völlig entschieden: es giebt wirkliche Noumena, und sie sind nicht bloß, wie Kant sagt, negative Begriffe, die nach S. 311. in positiver Bedeutung gar nicht zugelassen werden können, sondern sie sind wirkliche an sich selbst existirende Dinge. Mithin macht diese Folgerung seiner ganzen Critik ein Ende, und gebietet, es beym Alten bewenden zu lassen. —

2) Transscendentale oder übersinnliche Freyheit unseres denkenden Ichs.

§. 12. In der Critik der reinen Vernunft, S. 566 - 554. erklärt sich Kant hierüber so: "Jede "wirkende Ursach, oder jedes handelnde Subject in "der Sinnenwelt, hat einen zwiefachen Character, "1) nemlich einen empirischen Character, wodurch "seine Handlungen, als Erscheinungen, durch und "durch mit andern Erscheinungen nach beständigen "Naturgesetzen im Zusammenhange stehen, und von "ihnen, als ihren Bedingungen abgeleitet werden "können, und also mit diesen in Verbindung Glieder einer einzigen Reihe der Naturordnung ausmachen." 2) "einen intelligibelen Character, da-
"durch

„durch es zwar die Ursach jener Handlungen als Er-
„scheinungen ist, der aber selbst unter keinen Bedin-
„gungen der Sinnlichkeit steht, und selbst nicht Er-
„scheinung ist, oder nach welchen es unter keinen
„Zeitbedingungen steht; denn die Zeit ist nur die
„Bedingung der Erscheinungen, nicht aber der Din-
„ge an sich selbst." — Nach seinem empirischen Character ist also dieses Subject, als Erscheinung, allen Gesetzen der Causal-Verbindung unterworfen,
und in sofern ist es nichts, als ein Theil der Sinnenwelt, dessen Wirkungen, so wie jede andere Erscheinung aus der Natur unausbleiblich abfließen.
S. 568. — „Nach seinem intelligibelen Character
„muß aber dasselbe Subject dennoch von allem Ein-
„flusse der Sinnlichkeit und Bestimmung durch Er-
„scheinungen freygesprochen werden, und da in ihm,
„sofern es Noumenon ist, nichts geschiehet,
„oder keine Veränderung, welche dynamische
„Zeitbestimmung erheischt, mithin keine Verknü-
„pfung mit Erscheinungen als Ursachen angetroffen
„wird; so ist dieses thätige Wesen sofern in seinen
„Handlungen von aller Naturnothwendigkeit, als
„welche lediglich in der Sinnenwelt angetroffen wird,
„frey und unabhängig. Man kann von ihm ganz
„richtig sagen, daß es seine Wirkungen in
„der Sinnenwelt von selbst anfange, oh-
„ne daß die Handlung in ihm selbst an-
„fängt;

„fängt; (?). und zwar würde dieses gültig seyn,
„ohne daß die Wirkungen in der Sinnenwelt darum
„von selbst anfangen dürfen, weil sie in derselben
„jederzeit durch empirische Bedingungen in der vori-
„gen Zeit, aber doch nur vermittelst des empirischen
„Characters, der bloß die Erscheinung des intelli-
„gibelen ist, vorher bestimmt und nur als eine Fort-
„setzung der Reihe der Naturursachen möglich sind."
S. 569. „Dieser intelligibele Character ist Ver-
„stand und Vernunft; vornemlich die letztere. Daß
„nun aber diese Vernunft Causalität habe, wenig-
„stens wir uns eine dergleichen an ihr vorstellen, ist
„aus den Imperativen klar, welche wir in allem
„Practischen den ausübenden Kräften als Regeln
„aufgeben. Das Sollen drückt eine Art von
„Nothwendigkeit und Verknüpfung mit Gründen
„aus, die in der ganzen Natur sonst nicht vor-
„kommt." — „Dieses Sollen nun drückt eine mög-
„liche Handlung aus, davon der Grund nichts an-
„ders, als ein bloßer Begriff ist; da hingegen von
„einer bloßen Naturhandlung der Grund jederzeit
„eine Erscheinung seyn muß. Nun muß die Hand-
„lung allerdings unter Naturbedingungen möglich
„seyn, wenn auf sie das Sollen gerichtet ist; aber
„diese Naturbedingungen betreffen nicht die Bestim-
„mung der Willkühr selbst, sondern nur die Wir-
„kung und den Erfolg derselben in der Erscheinung.

„Es

„Es mögen noch soviel Naturgründe seyn,
„die mich zum Wollen antreiben, noch
„soviel sinnliche Anreitze; so können sie
„nicht das Sollen hervorbringen, son-
„dern nur ein noch lange nicht nothwen-
„diges, sondern jederzeit bedingtes Wol-
„len, dem dagegen das Sollen, das die
„Vernunft ausspricht, Maaß und Ziel, ja
„Verbot und Ansehn entgegensetzt." S.
566. 567.

(NB. Man bemerke hierbey: Kant giebt hier von
der vernünftigen und moralischen Freyheit des
Menschen eine Erklärung, die von der gewöhnlichen im Grunde gar nicht verschieden ist, und
die auch in der That völlig genugthuend, und
völlig ebendieselbe ist und bleibt, wenn auch
die darin eingemischte Kantische Hypothese von
Raum und Zeit gänzlich wegfällt. Läßt man
diese davon weg; so ist die Lehre an sich
selbst, so wie sie Kant hier vorträgt, klar und
einleuchtend, und steht eben deswegen auch
unwandelbar fest. Nur durch diese Hypothese
hingegen, die Kant ganz unnöthiger Weise
darin einmischt, wird sie erst wirklich dunkel
und schwierig, und durch und durch ganz unbegreiflich! Man höre nur weiter! — „Sie,
„die Vernunft, ist allen Handlungen des Men-
„schen

„schen in allen Zeitumständen gegenwärtig und
„einerley; selbst aber ist sie nicht in der
„Zeit, und geräth etwa in einen neu-
„en Zustand, darin sie vorher nicht
„war; sie ist bestimmend, aber nicht bestimm-
„bar in Anschauung derselben. Daher kann
„man nicht fragen: warum hat sich nicht die
„Vernunft anders bestimmt? sondern nur:
„warum hat sie die Erscheinungen durch ihre
„Causalität nicht anders bestimmt? Darauf
„aber ist keine Antwort möglich. Denn
„ein anderer intelligibeler Chara-
„cter würde auch einen andern empi-
„rischen gegeben haben." — Wirklich
lieben Leser, hier kann ich mich fast des Erstaunens nicht enthalten! Welch ein Lehrsatz:
die Vernunft ist nicht in der Zeit, und
geräth nie in einen neuen Zustand,
worin sie noch nicht war! — Wenn
also der intelligibele Character der Vernunft an
sich selbst böse und verkehrt ist, und eben deswegen auch einen bösen und verkehrten empirischen Character giebt; so ist ihr Character
unveränderlich böse und verkehrt?
Sie kann nie in einen andern Zustand kommen?
O! Ihr Erzieher, wozu schreibt ihr denn noch
Erziehungsschriften? Wozu errichtet ihr noch
Erzie-

Erziehungs-Institute? Weg doch mit den Possen, mit den Charlatanerien! Der Character des Menschen, so wie seine Vernunft, ist ja unveränderlich; — gut, wenn er gut ist, und böse, wenn er böse ist! — Und — das heißt denn nun eine Sache erklären, das heißt Schwierigkeiten auflösen, wenn man am Ende erklärt: **darauf ist keine Antwort möglich.** — In Wahrheit, lieben Leser, fast möchte ich sagen: Kant will uns nur zum Besten haben! Er warf, wenn ich mich so ausdrücken darf, solche harte Nüße nur hin, um uns im Aufknacken, d. h. im Denken zu üben! Immer Nutzen genug! Dank dem großen Tiefdenker! —
Fast auf eben diese Art erklärt er sich hierüber auch in der Critik der practischen Vernunft. S. 169 - 184. Da eignet nemlich Kant dem denkenden Ich eine zwiefache Existenz zu; nemlich: 1) eine Existenz, die bestimmbar in der Zeit ist, S. 170. 2) eine Existenz, die unter keinen Zeitbedingungen steht. **Die erste Existenz ist bloß eine sinnliche Vorstellungsart der denkenden Wesen in der Welt, die sie als Dinge an sich selbst gar nichts angeht.** S. 183. In Ansehung dieser ersten Existenz ist also unser denkendes Ich eine bloße Erscheinung, S. 169. 174. und

M auch

auch die Handlungen desselben, als Phänomene seines ihm dadurch bestimmbaren Characters S. 174. 175. sind bloße Erscheinungen, und als solche sind sie bestimmbar in der Zeit, d. h. der strengsten Naturnothwendigkeit unterworfen, so daß gar keine Freyheit dabey Statt findet, S. 169. 170. 174. u. s. w. In Ansehung der andern Existenz ist aber unser denkendes Ich nicht in der Zeit, sondern bloß durch Gesetze bestimmbar, die es sich selbst durch Vernunft giebt; S. 175. es hat also eine völlige freye Causalität, welche ihren Character in ihren Erscheinungen, den Handlungen, die aus ihrer Willkühr entspringen, ausdrückt. S. 179. Demohnerachtet aber sind diese Handlungen nicht Bestimmungen des Dinges an sich selbst, sondern bloß Bestimmungen desselben als Erscheinung; S. 181. die denn also, als Erscheinungen, so wie die ganze Existenz in der Zeit, das Ding an sich selbst gar nichts angehn. S. 183. — Nun sage man aber nur einmal, wie das alles mit einander bestehen kann; 1) eine Existenz, die bloß eine sinnliche Vorstellungsart ist, und die doch gleichwohl das denkende Wesen, als ein Ding an sich selbst gar nichts angeht; also eine Existenz ohne ein Subject. 2) Handlungen, die

die einer unvermeidlichen Naturnothwendigkeit unterworfen sind, so daß gar keine Freyheit dabey Statt findet, und die doch gleichwohl aus der Willkühr einer völlig freyen Causalität entspringen; 3) Handlungen, die zwar den Character des handelnden Wesens ausdrücken, indem sie Wirkungen seiner völlig freyen Causalität sind, aber doch gleichwohl, als bloße Erscheinungen und Bestimmungen in der Zeit, das handelnde Wesen, als Ding an sich selbst, gar nichts angehn! — Wer das mit einander reimen kann, der reime es; wer es fassen kann, der fasse es! Ich frage nur noch: 1) wie ist es möglich, daß den Handlungen des Menschen noch die geringste Moralität, noch die geringste Zurechnungsfähigkeit, zugestanden werden kann, wenn eben diese Handlungen das handelnde Wesen, als Ding an sich selbst, gar nichts angehn? Ist es denn in Hinsicht auf unsere künftige Existenz außer der Sinnenwelt nicht offenbar ganz vollkommen einerley und völlig gleichgültig, wie wir hier in dieser, unser eigentliches Ich gar nichts angehenden Sinnenwelt gehandelt haben? — Ich frage: 2) hat denn Kant unsere Freyheit mit dieser Darstellung der Sache nun wohl gerettet und bewiesen? Nichts weniger als das!

Augenscheinlich widerspricht er vielmehr sich selbst auch hierbey, und anstatt jene zu retten, unterwirft er uns nicht allein einer strengen Naturnothwendigkeit, sondern auch einer strengen transscendentalen Nothwendigkeit. Denn Er sagt ja ausdrücklich: ein anderer intelligibeler Character giebt auch einen andern empirischen Character." — Nun ist ja aber jener, der intelligibele Character, seiner Aussage nach, ganz unveränderlich; also kann er auch nie einen andern empirischen Character geben, als er jedesmal wirklich giebt, d. h. es ist unmöglich, daß wir jemals anders handeln könnten, als wir jemals wirklich handeln. — Also giebt es nach der Kantischen Philosophie keine Freyheit, sondern, wenn die Kantische Hypothese von Raum und Zeit, nebst der obigen Behauptung von der Unveränderlichkeit und Nichtbestimmbarkeit unserer Vernunft durch die Zeit, ihre Richtigkeit hat; so ist alles strenge und ganz unwandelbare Nothwendigkeit, und Kant widerspricht mithin sich selbst! Denn was schlechterdings unveränderlich ist; das ist auch ganz unwandelbar nothwendig.

3).Un=

3) Unendliche Fortdauer unsers transscendentalen Ichs, oder Unsterblichkeit der Seele.

§. 13. Kant behauptet in unzähligen Stellen, daß die Zeit bloß etwas Subjectives sey, und bloß zu unserer Existenz in der Sinnenwelt gehöre; die Dinge an sich selbst aber, und insonderheit den sogenannten intelligibelen Character unseres denkenden Ichs, gar nichts angehe. So sagt er, z. E. in der vorhin angeführten Stelle Cr. d. r. V. S. 584. ausdrücklich: „Die Vernunft ist nicht in der „Zeit und kommt nie in einen neuen Zu„stand, worin sie vorher nicht war." — Und auch in ter Critik der practischen Vernunft sagt er: „nur Erscheinungen sind bestimmbar in der Zeit, nicht Dinge an sich selbst." S. 169. „Zeit und Raum sind keine zum Daseyn der Dinge an sich selbst gehörige Bestimmungen." S. 181. „Die „Existenz in der Zeit ist eine bloße sinnliche Vorstel„lungsart der denkenden Wesen in der Welt, die „folglich sie, als Dinge an sich selbst, nicht angeht." S. 183. Gleichwohl sagt er, Crkik der praktischen Vernunft, S. 221. „einem vernünftigen aber endlichen Wesen ist nur ein Progressus ins Unendliche, von niedern zu höhern Stuffen der Vollkommenheit, möglich" Und auf der vorhergehenden Seite heißt es: „dieser „uns

„unendliche Progreſſus iſt aber nur unter Vor-
„ausſetzung einer ins Unendliche fortbau-
„ernden Exiſtenz und Perſönlichkeit deſſelben
„vernünftigen Weſens, welche man die Unſterblich-
„keit der Seele nennt, möglich." — Wie kann
nun das miteinander beſtehn? Denn eine ins Unendliche fortdauernde Exiſtenz, und ein Progreſſus
ins Unendliche, was iſt denn das anders, als eine
wirkliche Zeitfolge, oder eine wirkliche, bis ins Unendliche fortgehende Reihe von Veränderungen?
Räumt alſo Kant hier nicht gerade daſſelbe völlig
wieder ein, was er vorhin ausdrücklich abgeläugnet
hatte? Vorhin behauptete er: „nur Erſcheinungen
ſind beſtimmbar in der Zeit; die Zeit iſt keine Be-
ſtimmung, die zum Daſeyn der Dinge an ſich ſelbſt
gehörte; die Vernunft iſt nicht in der Zeit, und
geräth nie in einen neuen Zuſtand, worin ſie vorher nicht war;" — und nun behauptet er
wieder: „einem vernünftigen, aber endlichen Weſen
iſt nur ein Progreſſus ins Unendliche möglich, unter Vorausſetzung einer ins Unendliche
fortgehenden Exiſtenz." Dies hat nun entweder gar keinen Sinn, oder es kann offenbar doch
nichts anders heißen, als: jedes vernünftige, aber
endliche Weſen, folglich auch unſere Seele, und
zwar nicht bloß, in ſofern ſie uns erſcheint, ſondern
auch in ſofern ſie als ein Ding an ſich ſelbſt exiſtirt,

und

und also zur intelligibelen Welt gehört, ist ihrer ganzen Existenz nach immer in der Zeit bestimmbar, oder sie ist den Bedingungen der Zeit, nemlich einem Progressus ins Unendliche, oder einer bis ins Unendliche fortgehenden Reihe von Veränderungen, nothwendig unterworfen. — Oder wird denn etwa unsere Seele, als intelligibeles Wesen, oder bey ihrem durch den Tod bewirkten Uebergange in die intelligibele Welt, jemals aufhören, ein vernünftiges und dabey doch immer endliches Wesen zu seyn und zu bleiben? Kann sie nun aber, wie doch Kant hier selbst gesteht, niemals aufhören, dies zu seyn, und ist ihr, als einem vernünftigen und doch endlichen Wesen, nur ein Progressus ins Unendliche, von niedern Stuffen der Vollkommenheit zu immer höhern, möglich; so ist ja ihre Vernunft, da sie niemals schon ganz vollkommen ist, sondern nur beständig zur Vollkommenheit fortgeht, offenbar noch immer in der Zeit, und kommt mithin ganz nothwendig immer in einen neuen Zustand, worin sie vorher noch nicht gewesen ist. Wie war es denn also möglich, daß Kant vorhin dies geradezu verneinen konnte, was er doch hier ausdrücklich wieder zugiebt; ja, sogar als Lehrsatz und als nothwendiges Postulat des Moralgesetzes aufstellt? Heißt das nicht sich selbst widersprechen, und sein ganzes System mithin aufs Schlüpfrige setzen?

Religion und Moral.

1) Transscendentale und cosmologische Ideen überhaupt:

§. 14. Kant sagt, S. 491. „die Fragen: ob die Welt einen Anfang und irgend eine Grenze ihrer Ausdehnung im Raume habe; ob es irgendwo und vielleicht in meinem denkenden Selbst eine untheilbare und unzerstörliche Einheit, oder nichts als das Theilbare und Vergängliche gebe; ob ich in meinen Handlungen frey, oder, wie andere Wesen, an dem Faden der Natur und des Schicksals geleitet sey; ob es endlich eine oberste Welturfache gebe, oder ob die Naturdinge und deren Ordnung den letzten Gegenstand ausmachen, bey dem wir in allen unsern Betrachtungen stehen bleiben müssen; das sind Fragen, um deren **Auflösung der Mathematiker gerne seine ganze Wissenschaft dahin gäbe**; denn diese kann ihm doch in Ansehung der höchsten und angelegentlichsten Zwecke der Menschheit keine Befriedigung verschaffen."

Ueber diese, seiner eigenen Aussage nach, für die Menschheit so höchstwichtige Fragen schwankt nun aber Kant, so zu sagen, hin und her, und geräth darüber mit sich selbst hin und wieder in einen förmlichen Widerspruch. Denn 1) nach S. 453. u. s. f. setzt Kant in Ansehung derselben immer Thesin und

Antithesin einander entgegen, stellt für jede immer Beweis und Gegenbeweis auf, und mit behauptet mit klaren und ausdrücklichen Worten, daß beydes, sowohl die jedesmalige These als Antithese, mit gleicher Leichtigkeit und mit gleichglücklichem Erfolge sich beweisen und widerlegen lasse. Denn so sagt er z. E. S. 450. „Diese vernünftelnde Behauptungen „eröfnen also einen dialectischen Kampfplatz, wo je„der Theil die Oberhand behält, der die Erlaubniß „hat, den Angriff zu thun, und derjenige ge„wiß unterliegt, der bloß vertheidigungsweise „zu verfahren genöthiget ist. Daher auch rüstige „Ritter, sie mögen sich für die gute oder schlimme „Sache verbürgen, sicher sind, den Siegeskranz „davon zu tragen, wenn sie nur dafür sorgen, „daß sie den letzten Angriff zu thun das Vorrecht ha„ben, und nicht verbunden sind, einen neuen An„fall des Gegners auszuhalten." — Gleichwohl behauptet er doch auch ganz ausdrücklich: auf der Seite des Dogmatismus in Bestimmung der cosmologischen Vernunftideen, oder der Thesis, zeige sich ein sehr großes Uebergewicht! — „Zuerst, sagt er „S. 494. zeigt sich ein gewisses practisches Inter„esse, woran jeder wohlgesinnter, wenn er sich auf „seinen wahren Vortheil versteht, herzlich Theil „nimmt. Denn daß die Welt einen Anfang habe; „daß mein denkendes Selbst einfacher und daher

„un-

„unverweslicher Natur; daß dieses zugleich in seinen
„willkührlichen Handlungen frey und über den Na-
„turzwang erhoben sey; und daß endlich die ganze
„Ordnung der Dinge, welche die Welt ausmachen,
„von einen Urwesen abstamme, von welchem alles
„seine Einheit und zweckmäßige Verknüpfung ent-
„lehnt; das sind soviel Grundsteine der Moral und
„Religion. Die Antithesis raubt uns alle
„diese Stützen; oder scheint wenigstens sie uns
„zu rauben." (Nein! nein! Sie scheint nicht bloß;
sie thut es wirklich! — Gewiß ein merkwürdiges
Geständniß, besonders wenn man erwägt, daß das
ganze System der Critik der reinen Vernunft die
Antithesis wirklich als ganz ungezweifelt gewiß behauptet und auch nothwendig sie behaupten muß,
wenn nicht alles ganz inconsequent darin seyn soll!
Man erinnere sich nur an die oben angeführten
Grundsätze und Behauptungen von Raum und Zeit;
und sehe dann, ob es möglich ist, daß die Thesis
damit bestehn kann!) „Zweytens äußert sich auch
„ein speculatives Interesse der Vernunft auf
„dieser Seite. Denn wenn man die transscendentale
„Ideen auf solche Art annimmt und gebraucht; so
„kann man völlig a priori die ganze Kette der Be-
„dingungen fassen, und die Ableitung des Beding-
„ten begreiffen, indem man vom Unbedingten an-
„fängt, welches die Antithesis nicht leistet,

„die

"die dadurch sich sehr übel empfiehlt." —
(Man erinnere sich, was Kant nach §. 11. Nr. 12. litt. a. von den transscendentalen Ideen ausdrücklich behauptet und frage dann, ob er eben hiermit nicht ganz auf die Seite der Antithesis getreten ist, und ob nun also seine Critik der reinen Vernunft eben dadurch nicht sehr übel sich empfiehlt?) "Drittens "hat diese Seite auch den Vorzug der Popula= "rität, der gewiß nicht den kleinsten Theil seiner "Empfehlung ausmacht." — "Dagegen, (heißt es "S. 500.) ist es überaus befremdlich, daß der Em= "pirismus" (d. h. die Lehre von Raum und Zeit, als bloßen subjectiven Formen unserer sinnlichen oder empirischen Anschauung, und von den Categorien, als bloßen subjectiven Denkformen, kurz, die ganze darauf gegründete empirische Erscheinungslehre!) "aller Popularität gänzlich zuwider ist." — "Die "menschliche Vernunft ist ihrer Natur nach archite= "ctonisch; Die Sätze der Antithesis sind aber von "der Art, daß sie die Vollendung eines Gebäudes "von Erkenntniß gänzlich unmöglich machen. (Nicht das also ist befremdlich, daß der Empiris= mus aller Popularität gänzlich zuwider ist; sondern das ist befremdlich, wie es Kant gleichwohl hat un= ternehmen können, ein System darauf gründen und erbauen zu wollen! cf. §. 1) — Ja S. 769. sagt er sogar ausdrücklich: "Es würde hier freylich ein
"wah=

„wahrer Widerstreit anzutreffen seyn, wenn nur die
„reine Vernunft auf der verneinenden Seite etwas
„zu sagen hätte, was dem Grunde einer Behaup-
„tung nahe käme; denn was die Critik der Beweis-
„gründe des dogmatisch Bejahenden betrift, die
„kann man ihm sehr wohl einräumen, ohne darum
„die Sätze aufzugeben, die doch wenigstens das In-
„teresse der Vernunft für sich haben, darauf sich
„der Gegner gar nicht berufen kann." — „Aber
„S. 770. es ist auch apodictisch gewiß, daß
„niemals irgend ein Mensch auftreten werde, der
„das Gegentheil mit dem mindesten Scheine, ge-
„schweige dogmatisch behaupten könne. — „Wir
„können also darüber ganz unbekümmert seyn, daß
„uns Jemand das Gegentheil einstens beweisen wer-
„de, daß wir darum eben nicht nöthig haben, auf
„schulgerechte Beweise zu sinnen, sondern im-
„merhin diejenigen Sätze annehmen, wel-
„che mit dem speculativen Interesse un-
„serer Vernunft im empirischen Gebrau-
„che ganz wohl zusammen hängen und
„überdem, es mit dem practischen Inter-
„esse zu vereinigen, die einzigen Mittel
„sind. — Auf solche Weise giebt es eigentlich gar
„keine Antithetik der reinen Vernunft; das ist eine
„tröstende Bemerkung, die der Vernunft wieder
„Muth giebt; denn worauf wollte sie sich sonst ver-
„lassen,

"laſſen, wenn ſie, die allein alle Irrungen abzu-
"thun berufen iſt, in ſich ſelbſt zerrüttet wäre,
"ohne Frieden und ruhigen Beſitz hoffen zu können."
Wenn nun alſo die Theſis über die Antitheſis bey
weitem das Uebergewicht hat, wenn zwiſchen Vernunft und Vernunft hierbey im Grunde gar kein
wahrer Widerſtreit Statt findet; wenn es apodi-
ctiſch gewiß iſt, daß niemand das Gegentheil auch
nur mit dem mindeſten Scheine behaupten kann;
wie iſt es denn möglich gleichwohl zu behaupten, daß
ſich beyde, ſowohl Theſis als Antitheſis mit gleicher Leichtigkeit und mit gleichglücklichem
Erfolge ſowohl beweiſen, als widerlegen laſſen?
Wenn die Vernunft auf der verneinenden Seite
nichts zu ſagen hat, was nur im geringſten dem
Grunde einer Behauptung nahe käme; wie iſt es
möglich, gleichwohl vorzugeben, daß man wirklich
etwas vorgebracht habe, was dem Grunde einer
Behauptung nahe käme? Geſteht nicht Kant ſelbſt
nun hiermit deutlich und ausdrücklich, daß die von
ihm S. 454. aufgeſtellten Beweiſe der jedesmaligen
Antitheſe bloße Luftſtreiche, oder ein bloßes Schat-
tenſpiel an der Wand waren? — Ich bin ihm indeſ-
ſen für dieſes ſein Geſtändniß recht ſehr verbunden! —

2) Kant ſagt S. 513. "Wir würden von
"der Forderung gern abſtehen, unſere Fragen dog-
"matiſch beantwortet zu ſehen, wenn wir ſchon im
"vor-

„voraus begriffen: die Antwort möchte ausfallen,
„wie sie wollte, so würde sie unsere Unwiſ-
„ſenheit nur noch vermehren," (das wäre
ja doch ſonderbar!) „und uns aus einer Unbegreif-
„lichkeit in die andere, aus einer Dunkelheit in eine
„noch größere und vielleicht gar in Widerſprüche
„ſtürzen.

(NB. Man erinnere ſich, wie Kant oben die Frage: ob unſere Seele frey iſt? beantwortet hat!
Er hat alſo unſere Unwiſſenheit nur noch ver-
mehrt; hat uns aus einer Unbegreiflichkeit in eine
andere, aus einer Dunkelheit in eine noch gröſ-
ſere und vielleicht gar in Widerſprüche geſtürzt?)

„Wenn unſere Frage bloß auf Bejahung oder
„Verneinung geſtellt iſt; ſo iſt es klüglich gehandelt,
„die vermuthlichen Gründe der Beantwortung vor
„der Hand dahin geſtellt ſeyn zu laſſen, und zuför-
„derſt in Erwägung zu ziehn, was man denn gewin-
„nen würde, wenn die Antwort auf die eine und
„was, wenn ſie auf die Gegenſeite ausfiele; trift
„es ſich nun, daß in beyden Fällen lauter
„Sinnleeres (Nonſens) herauskommt; ſo ha-
„ben wir eine gegründete Aufforderung, unſere Fra-
„ge ſelbſt critiſch zu unterſuchen und zu ſehen: ob
„ſie nicht ſelbſt auf einer grundloſen Voraus-
„ſetzung beruhe und mit einer Idee ſpiele,
„die ihre Falſchheit beſſer in der Anwendung
„und

„und durch ihre Folgen, als in der abgesonderten
„Vorstellung verräth. Das ist der große Nutzen,
„den die sceptische Art hat, die Fragen zu behandeln,
„welche reine Vernunft an reine Vernunft thut, und
„wodurch man eines großen dogmatischen
„Wustes mit wenig Aufwand überhoben seyn kann,
„um an dessen Statt eine nüchterne Critik zu setzen,
„die, als ein wahres Katarktikon den Wahn, zu-
„samt seinem Gefolge, der Vielwisserey, glücklich
„abführen wird." —

Hierauf beweiset oder behauptet nun Kant, daß
alle obige cosmologische Ideen an sich ganz leer
und ohne Bedeutung sind, weil ihr Gegenstand, wie er sagt, für unsere Verstandesbe-
griffe entweder zu groß oder zu klein ist. — Die
weitere Ausführung dieses Satzes überlassen wir
aber zum beliebigen eigenen Nachlesen. Uns ist es
vorjetzt hier nur darum zu thun, zu zeigen, daß
Kant in Ansehung dieser Ideen selbst in der That
ganz dogmatisch wird, d. h. ganz dogmatisch und
positiv darüber abspricht. Denn die Behauptung
der Thesis, daß nemlich diese Ideen wirklich einen
Gegenstand, oder wirkliche objective Realität haben, erklärt er geradehin und ganz positiv für
Wahn und für dogmatischen Wust; erklärt
geradehin und ganz positiv, daß sie an sich ganz

leer

leer, und ohne Bedeutung sind; und eben so dogmatisch ist er auch darüber in unzählig vielen andern Stellen. So verneint Er es z. E. ganz dogmatisch, daß die Welt außer uns wirklich existire; S. 533. 534. verneint es ganz dogmatisch, daß der Begriff des Transscendentalen in positiver Bedeutung zugelassen werden könne; S. §. 11. und erklärt es hingegen ganz dogmatisch für einen Widerspruch, zu sagen: Gott sey ein Schöpfer von Erscheinungen, (Critik d. pract. Vernunft S. 183.) mithin für einen Widerspruch, eine oberste Ursach dieser Sinnenwelt anzunehmen, von der die Ordnung der Dinge abstammt, die diese Welt ausmachen. — „Man erkennt sogleich, heißt es S. 709. „die Bedeutung dieser Idee, wenn man sie für die „Behauptung, oder auch nur für die Voraussetzung „einer wirklichen Sache hält, welcher man den „Grund der systematischen Weltverfassung zuzuschrei„ben gedächte." — „Sie ist Nichts, S. 716. als „ein regulatives Principium der Ver„nunft, um zur höchsten systematischen Einheit, „vermittelst der Idee der zweckmäßigen Causalität „der obersten Weltursache, und als ob diese, als „höchste Intelligenz, nach der weisesten Absicht die „Ursach von allem sey, zu gelangen." — „Sie will „weiter nichts sagen, als daß die Vernunft „gebiete, alle Verknüpfung der Welt nach Princi„pien

„pien einer systematischen Einheit zu betrachten, mit-
„hin als ob sie insgesamt aus einem einzigen, allbe-
„fassenden Wesen, als oberster und allgenugsamer
„Ursache, entsprungen wären." S. 714. „Selbst
„die Begriffe von Realität, Substanz, Causalität,
„ja sogar der Nothwendigkeit im Daseyn, verlie-
„ren alle Bedeutung und sind leere Titel zu
„Begriffen ohne Inhalt, wenn ich mich außer
„dem Felde der Sinne damit hinauswage." S. 707.
„Aus einer solchen psychologischen Idee (von Einfach-
„heit der Substanz ꝛc.) kann nun nichts anders, als
„Vortheil entspringen, wenn man sich nur hütet, sie
„für etwas mehr, als bloße Idee, d. i. bloß
„relativisch auf den systematischen Vernunftgebrauch
„in Ansehung der Erscheinungen unserer Seele, gel-
„ten zu lassen. S. 711. Die cosmologischen Ideen
„sind nichts als regulative Principien, u. s. w." —
S. 715. man sehe auch S. 242. — Hieraus erhellet nun aber wohl zur Genüge, daß Kant in
Ansehung dieser Ideen und überhaupt in Ansehung aller unserer Vorstellungen recht sehr dogmatisch wird, indem er alle objective Realität gänzlich, und zwar ganz dogmatisch und positiv ihnen
abspricht. — Gleichwohl sagt er doch auch selbst
ganz ausdrücklich: S. 499. „Wenn der Empiris-
„mus in Ansehung der Ideen selbst dogmatisch wird,
„und dasjenige dreist verneinet, was über der
„Sphä-

„Sphäre seiner anschauenden Erkenntnisse ist; so „fällt er selbst in den Fehler der Unbescheidenheit, „der hier desto tadelbarer ist, weil dadurch dem prak= „tischen Interesse der Vernunft ein unersetzlicher „Nachtheil verursacht wird." — Ja wohl! Ja wohl! Ein ganz unersetzlicher Nachtheil! Denn wenn es doch nun einmahl positiv entschieden ist, daß diese Ideen bloße regulative Principien in Ansehung unserer Vorstellungen von der bloß in unserer Vorstellung existirenden Sinnenwelt sind; und offenbar entscheidet doch die Critik der reinen Vernunft dafür ganz positiv; wer steht uns denn dafür, daß sie nicht ebenfalls bloße regulative Prin= cipien auch in Ansehung der moralischen Welt sind? Ist dieser Schluß nicht sehr natürlich? Nicht sehr bündig? Nicht ganz unwiderleglich? Verurtheilt also Kant nicht hiermit sich selbst und seine eigene Grundsätze?

2) Idee eines höchsten und absolutnothwen=
digen Wesens insonderheit.

§. 15. Kant nennt die Idee eines höchsten und unbedingt nothwendigen Wesens, S. 621. „einen auf das bloße Gerathewohl gewag= ten, und endlich ganz geläufig geworde= nen Begriff." — Imgleichen S. 631. nennt er sie „eine ganz willkührlich entworfene Idee." — Gleichwohl sagt er doch auf eben der
Seite:

Seite: „sie sey Bedürfniß der Vernunft — und die Vernunft sey gezwungen worden, sie zu suchen." Und S. 609. sagt er: „Das Ideal (eines Urwesens) wovon wir reden, ist auf einer natürlichen und nicht bloß willkührlichen Idee gegründet." — Also die Idee des höchsten Wesens ist eine ganz willkührlich entworfene, und auf ein bloßes Gerathewohl gewagte Idee! — Nein! — Sie ist Bedürfniß der Vernunft; die Vernunft ist gezwungen worden, sie zu suchen; sie ist eine natürliche, und nicht bloß willkührliche Idee! — Wie kann nun das mit einander bestehn? Welchem Kant soll man glauben? Dem Verneinenden, oder dem Bejahenden? —

3) Ueber die Beweise vom Daseyn Gottes.

§. 16. Die Critik der reinen Vernunft macht sich bekanntermaßen ein eigenes Geschäft, ja, sogar ein ganz besonderes Verdienst daraus, alle unsere bisherigen Beweise vom Daseyn Gottes gänzlich zu zerstören. Die Ueberschriften der Abschnitte, die dieser allgemeinen Zerstörung gewidmet sind, klingen wenigstens fürchterlich genug. Denn da heißt es: „Unmöglichkeit des ontologischen Beweises vom Daseyn Gottes." S. 620. — „Unmöglichkeit eines cosmologischen Beweises; S. 631. — Unmöglichkeit des phy-

sicotheologischen Beweises. S. 648. — Ja, S. 664. heißt es sogar sehr stark und apodictisch: „ich behaupte nun, daß alle Versuche eines „bloß speculativen Gebrauchs der Vernunft in An„sehung der Theologie gänzlich fruchtloß, und „ihrer innern Beschaffenheit nach null und nich„tig sind; daß aber die Principien ihres Naturge„brauchs ganz und gar auf keine Theolo„gie führen; folglich, wenn man nicht moralische „Gesetze zum Grunde legt, oder zum Leitfaden „braucht, es überall keine Theologie der „Vernunft geben könne." — Wirklich, das ist eine harte Rede! Wer sollte nun nicht glauben, daß alle unsere bisherigen Beweise für das Daseyn Gottes gänzlich dahin wären! Aber nein! Zum Glück für sie steht Kant auch hierbey abermals mit sich selbst, von vielen Seiten her, in einem völligen Widerspruche. Denn 1) Kant erklärt zwar alle Versuche der Vernunft, diese Beweise überzeugend zu führen, für gänzlich fruchtlos, für null und nichtig; gleichwohl aber sagt er doch ausdrücklich: S. 643. „Es ist etwas überaus merk„würdiges, daß, wenn man voraus setzt, etwas „existire, man der Folgerung nicht Um„gang haben kann, daß auch irgend etwas noth„wendiger Weise existire. Auf diesem ganz na„türlichen, obzwar darum noch nicht, sichern
„Schluße

„Schluße beruhet das cosmologische Argument."—
Nun erwäge man einmal: eine Folgerung, der
man nicht Umgang haben kann, und die
dennoch darum noch nicht sicher ist! Da muß man
doch wohl billig fragen: wenn solche Folgerungen
noch nicht sicher sind, was für welche sind es denn?
Beyläufig erwäge man nun aber hierbey auch zu=
gleich: wenn eine Folgerung, der man nicht Um=
gang haben kann, doch noch nicht sicher ist; wie
höchstunsicher denn also die sämtlichen Folgerungen
in den obigen Beweisen für die Kantische Erschei=
nungslehre seyn müssen, da man ihrer so gänzlich
Umgang, und zwar ohne alle Schwierigkeit haben
kann! — Noch deutlicher und vollständiger wird
nun aber von Kant die Stärke und Gültigkeit die=
ser unserer bisherigen Beweisart für das Daseyn
Gottes, S. 612. anerkannt, woselbst er sagt:
„Wenn etwas, was es auch sey, existirt, so muß
„auch eingeräumt werden, daß irgend etwas noth=
„wendigerweise existire. Denn das Zufällige existirt
„nur unter der Bedingung eines andern, als seiner
„Ursache, und von dieser gilt der Schluß ferner=
„hin bis zu einer Ursache, die nicht zufällig ist, und
„darum ohne Bedingung nothwendigerweise da ist.
„Das ist das Argument, worauf die Vernunft ihren
„Fortschritt zum Urwesen gründet." — „Der Be=
„griff eines Wesens S. 614. von der höchsten Rea=
„lität

„lität würde sich also unter allen Begriffen möglicher
„Dinge zu dem Begriffe eines unbedingt nothwen-
„digen Wesens am besten schicken, und wenn er die-
„sem auch nicht völlig genugthut, (Warum nicht?)
„so haben wir doch keine Wahl, sondern se-
„hen uns genöthigt, uns an ihn zu halten, weil
„wir die Existenz eines nothwendigen Wesens nicht
„in den Wind schlagen dürfen. — So ist
„also der natürliche Gang der menschlichen Ver-
„nunft beschaffen. Zuerst überzeugt sie sich vom
„Daseyn irgend eines nothwendigen Wesens. In
„diesem erkennt sie eine unbedingte Existenz. Nun
„sucht sie den Begriff des Unabhängigen von aller
„Bedingung und findet ihn in dem, was selbst
„die zureichende Bedingung zu allem andern ist, d. h.
„in demjenigen, was alle Realität enthält. Das
„All aber ohne Schranken ist absolute Einheit, und
„führt den Begriff eines einigen, nemlich des höch-
„stens Wesens bey sich; und so schließet sie, daß
„das höchste Wesen, als Urgrund der Dinge,
„schlechthin nothwendigerweise da sey. Diesem Be-
„griffe kann eine gewisse Gründlichkeit
„nicht abgestritten werden, wenn von Entschlies-
„sungen die Rede ist, nemlich, wenn einmahl das
„Daseyn eines nothwendigen Wesens zugegeben
„wird, und man darin überein kommt, daß man
„seine Parthey ergreifen müsse, worin man dasselbe
„setzen

„ſetzen wolle; denn alsdenn kann man nicht ſchickli„cher wählen; oder man hat vielmehr keine „Wahl, ſondern iſt genöthiget, der abſolu„ten Einheit der vollſtändigen Realität, als dem Ur„quell der Möglichkeit, ſeine Stimme zu geben. „Wenn uns aber nichts treibt, uns zu entſchließen, „u. ſ. w." (Allein, lieber Kant, dieſes Wenn, oder dieſe Vorausſetzung findet ja ſchlechterdings nun gar nicht weiter Statt, da ſchon zugeſtanden iſt, daß unſere Vernunft, ſelbſt ohne alles practiſche Intereſſe, und ohne alle Dazwiſchenkunft des Moralgeſetzes, uns wirklich ganz unvermeidlich treibt, uns zu entſchließen, daß wir hierin gar keine Wahl haben, ſondern uns genöthiget ſehen, ein ſolches Weſen anzunehmen. Ich begreife alſo nicht, wie Kant gleichwohl nun noch ſagen kann: dieſer Beweis ſey objectiv unzulänglich, und leiſte überall gar nichts; und zwar aus dem Grunde, weil er uns doch nicht den Begriff von den Eigenſchaften eines nothwendigen Weſens verſchaffe. Denn wenn wir zugeben müſſen, daß ein unbedingt nothwendiges Weſen nothwendig exiſtire; wenn wir bey der Frage: was für Begriffe ſollen wir uns von der Beſchaffenheit deſſelben machen? gar nicht ſchicklicher wählen können, als daß wir mit dem Begriffe eines unbedingt nothwendigen Weſens auch zugleich den Begriff eines

eines Wesens von der höchsten Realität verbinden, ja wenn wir hierin gar keine Wahl weiter haben, sondern uns genöthiget sehen, das unbedingt nothwendige Wesen auch zugleich als das allerreelste, oder allervollkommenste uns zu denken, weil es, als Urgrund alles Bedingten oder Zufälligen, dem All des Bedingten sonst gar nicht entsprechen würde; so giebt uns ja dieser Beweis von der Beschaffenheit oder von den Eigenschaften dieses nothwendigen Wesens wirklich einen überaus fruchtbaren und höchstreichhaltigen Begriff; und offenbar ist es also ganz widersprechend zu sagen, daß er überall gar nichts leiste!" —) „Gleich„wohl, fährt Kant fort, S. 616. bleibt diesem Ar„gumente eine gewisse Wichtigkeit und ein Ansehn, „das ihm, wegen dieser objectiven Unzulänglichkeit," (diese, wie gesagt, kann nach dem vorhin schon eingestandenen ohne Widerspruch nun schlechterdings nicht mehr behauptet werden!) „noch nicht so„fort genommen werden kann. Denn setzet, es „gäbe Verbindlichkeiten, die in der Idee der Ver„nunft ganz richtig, aber ohne Realität der Anwen„dung auf uns selbst, d. i. ohne Triebfedern seyn „würden, wo nicht ein höchstes Wesen vorausgesetzt „würde, das den practischen Gesetzen Wirkung und „Nachdruck geben könnte; so würden wir auch eine
„Ver-

„Verbindlichkeit haben, den Begriffen zu folgen, „die, wenn sie gleich nicht objectiv zulänglich seyn „möchten," (Hier stimmt denn doch Kant von seiner sonst so positiven Sprache stark herunter! Positive Unmöglichkeit verwandelt sich hier in ein: möchten!) „doch nach dem Maaße unserer Vernunft „überwiegend sind, und in Vergleichung mit „denen wir doch nichts Beßeres und Ueber= „führenderes erkennen." (Und doch ist alles null und nichtig! Welch ein Widerspruch!) „Die „Pflicht zu wählen, würde hier die Unschlüßigkeit „der Speculation durch einen practischen Zusatz aus „dem Gleichgewichte bringen," (Auch schon ohne diesen Zusatz war sie vorhin völlig aus dem Gleichgewichte gekommen!) „ja, die Vernunft würde bey „ihr selbst, als dem nachsehendsten Richter, keine „Rechtfertignng finden, wenn sie unter bringenden „Bewegursachen, ob zwar nur noch mangelhafter „Einsicht," (aber doch überwiegend deutlicher und überzeugender Einsicht!) „diesen Gründen ihres Ur= „theils, über die wir doch wenigstens keine „beßere kennen, nicht gefolgt wäre." (Gesteht hier nicht Kant, daß sein moralischer Beweis nur alsdenn erst volle Kraft und Gültigkeit erhalte, wenn unsere bisherigen Beweise vom Daseyn Gottes, oder doch die wesentlichen Grundsätze, worauf sie beruhen, dabey zum Grunde gelegt werden? Wie kann es denn aber nun damit bestehn, daß er gleichwohl die letztern für ganz fruchtlos, für null und nichtig erklärt?) „Dieses Argument, ob es gleich in der „That transscendental ist, indem es auf der innern „Unzulänglichkeit des Zufälligen beruht, ist doch so „einfältig und natürlich, daß es dem gemein- „sten Menschensinne angemessen ist; so bald dieser „nur einmal darauf geführt wird." (Und doch soll es verdienstlich seyn, es zu zerstöhren?) „Man sieht „Dinge sich verändern, entstehn und vergehn; sie „müssen also, oder wenigstens ihr Zustand, eine „Ursache haben. Von jeder Ursache aber, die je- „mals in der Erfahrung gegeben werden mag, läßt „sich eben dieses wiederum fragen. Wohin sollen „wir nun die oberste Causalität billiger verlegen, „als dahin, wo auch die höchste Causalität ist, „d. i. in dasjenige Wesen, das zu der möglichen Wir- „kung die Zulänglichkeit in sich selbst ursprünglich „enthält, dessen Begriff auch durch den „einzigen Zug einer allbefassenden Voll- „kommenheit sehr leicht zu Stande kommt. „Diese höchste Ursach halten wir denn für schlechthin „nothwendig, weil wir es schlechterdings „nothwendig finden, bis zu ihr hinauf zu stei- „gen, und keinen Grund, über sie noch weiter hin- „auszugehn." — (Wie ist es denn nun also mög- lich, daß wir dasjenige, was wir schlechter-

dings

dings nothwendig finden, und hingegen mit Kant uns für berechtiget halten können, diesen Beweis als unzulänglich zu verwerfen, oder wohl gar ihn für unmöglich, für gänzlich fruchtlos und für null und nichtig zu erklären? Hieße das nicht offenbar mit sich selbst in einen geraden Widerspruch gerathen?)

2) Auf gleicher Weise erklärt nun aber Kant, wie wir oben gehört haben, auch den physicotheologischen Beweis vom Daseyn Gottes, für ganz unmöglich, für null und nichtig. Allein ganz unerwartet scheint wieder ein ganz anderer Kant zu sprechen, und zwar so wahr, und so vortreflich, daß ich mich fast nicht satt daran lesen konnte, und mich darüber innigst freute! Denn so heißt es S. 650. „Die gegenwärtige Welt eröfnet uns einen so „unermeßlichen Schauplatz von Mannigfaltigkeit, „Ordnung, Zweckmäßigkeit und Schönheit; man „mag diese nun in der Unendlichkeit des „Raums, oder in der unbegrenzten Theilung desselben, verfolgen, daß selbst, nach den Kenntnissen, „welche unser schwacher Verstand davon hat erwer„ben können, alle Sprache über so viele und „unabsehlich große Wunder ihren Nachdruck, „alle Zahlen ihre Kraft zu messen, und selbst unsere „Gedanken alle Begrenzung vermissen, so daß sich „unser Urtheil vom Ganzen in ein sprachloses, aber
„desto

„desto beredteres Erstaunen auflösen muß. Aller-
„werts sehen wir eine Kette von Wirkungen und Ur-
„sachen, von Zwecken und Mitteln, Regelmäßig-
„keit im Entstehen oder Vergehen, und indem nichts
„von selbst in den Zustand getreten ist, darin es sich
„befindet; so weiset er immer weiter hin nach einem
„andern Dinge, als seiner Ursache, welche gerade
„dieselbe weitere Nachfrage nothwendig macht, so,
„daß auf solche Weise das ganze All im
„Abgrunde des Nichts versinken müßte,
„nähme man nicht Etwas an; das außer-
„halb diesem unendlichen Zufälligen, für
„sich selbst ursprünglich und unabhängig
„bestehend, dasselbe hielte, und als Ur-
„sache seines Ursprungs ihm zugleich sei=
„ne Fortdauer sicherte. Diese höchste Ursach
„in Ansehung aller Dinge der Welt; wie groß soll
„man sie denken? Die Welt kennen wir nicht ihrem
„ganzen Inhalte nach; noch weniger wissen wir ihre
„Größe durch die Vergleichung mit allem, was
„möglich ist, zu schätzen. Was hindert uns
„aber, daß, da wir einmal in Absicht auf
„Causalität ein äußerstes und oberstes
„Wesen bedürfen, wir es nicht zugleich dem
„Grade der Vollkommenheit nach über alles andere
„Mögliche setzen sollten; welches wir leicht, ob zwar
„freylich nur durch den zarten Umriß eines abstra-
                                           „cten

„cten Begriffs, bewerkstelligen können, wenn wir
„uns in ihm, als einer einigen Substanz, alle mög-
„liche Vollkommenheit vorstellen;" (Allerdings, dies
können wir nicht allein, sondern wir müssen es,
weil sonst der Begriff dieses Wesens unserm Begriffe
von einer nothwendigen obersten Ursach einer so unermeßlich großen Welt gar nicht entspricht, und ihm
kein Genüge thut!) „welcher Begriff der Forderung
„unserer Vernunft in der Ersparung der Principien
„günstig, in sich selbst keinen Widersprüchen unter-
„worfen, und selbst der Erweiterung des Vernunft-
„gebrauchs mitten in der Erfahrung, durch die Lei-
„tung, welche eine solche Idee auf Ordnung und
„Zweckmäßigkeit giebt, zuträglich, nirgend aber
„einer Erfahrung auf entschiedene Art zuwider ist. —
„Dieser Beweis verdient jederzeit mit
„Achtung genannt zu werden. Er ist der älte-
„ste, kläreste, und der gemeinen Menschen-Ver=
„nunft am meisten angemessen. Er belebt
„das Studium der Natur, so wie er selbst von die-
„sem sein Daseyn hat, und dadurch immer neue
„Kraft bekommt. Er bringt Zweck und Absich-
„ten dahin, wo sie unsere Beobachtung nicht von
„selbst entdeckt hätte, und erweitert unsere Natur-
„kenntnisse durch den Leitfaden einer besondern Ein-
„heit, deren Princip außer der Natur ist. Diese
„Kenntnisse wirken aber wieder auf ihre Ursache,

„nem-

„nemlich die veranlassende Idee, zurück, und ver-
„mehren den Glauben an einen höchsten Urheber
„bis zu einer unwiderstehlichen Ueberzeu-
„gung. Es würde daher nicht allein trostlos,
„sondern auch ganz umsonst seyn, dem Ansehn
„dieses Beweises etwas entziehen zu wollen.
„Die Vernunft, die durch so mächtige, und unter ihren
„Händen immer wachsende, ob zwar nur empirische
„Beweisgründe unabläßig gehoben wird, kann durch
„keine Zweifel subtiler abgezogener Speculation so
„niedergedrückt werden, daß sie nicht aus
„jeder grüblerischen Unentschlossenheit, gleich als aus
„einem Traume durch einen Blick, den sie auf die
„Wunder der Natur und der Majestät
„des Weltbaues wirft, gerissen werden sollte,
„um sich von Größe zu Größe bis zur aller-
„höchsten, vom Bedingten zur Bedingung, bis zum
„obersten und unbedingten Urheber zu erheben." —
So weit Kant! Sollte man sich nun wohl vorstellen,
daß eben der Kant, der hier alles dieses sagt, eben
diesen Beweis, den er hier so vortreflich ausführt,
gleichwohl für unmöglich, für gänzlich fruchtlos, für null und nichtig erklären könnte? —
Gleichwohl geschiehet es! Welch ein offenbarer Widerspruch also! Denn man bedenke nur, wie in aller
Welt ist es möglich, einen Beweis für unmöglich,
für null und nichtig zu erklären, und doch zugleich

ein-

einzuräumen, daß er im Stande sey, unsern Glauben an das Daseyn eines höchsten Urhebers der Welt bis zu einer unwiderstehlichen Ueberzeugung zu erheben, und daß man also Achtung dafür haben müsse? Wie ist es möglich, einen Beweis für gänzlich fruchtlos, für null und nichtig zu erklären, und doch zugleich zu sagen: „es würde nicht „allein trostlos, sondern auch ganz um„sonst seyn, dem Ansehn dieses Beweises „etwas entziehn zu wollen?" Denn einen Beweis für gänzlich fruchtlos, für null und nichtig erklären, heißt doch offenbar nichts anderes, als alles sein Ansehn gänzlich ihm entziehn! Indem nun Kant dies wirklich thut; so erklärt er es auch zugleich für ganz umsonst, d. h. für ein Unternehmen, das auf eine ganz vergebliche Arbeit, und mithin auf eine wahre Unmöglichkeit hinausläuft. Er behauptet also in einem Odem zwo einander ganz entgegengesetzte Unmöglichkeiten, a) die Unmöglichkeit diesen Beweis hinlänglich und überzeugend zu führen, und b) die Unmöglichkeit, ihn für null und nichtig zu erklären. Gleichwohl aber erklärt er ihn doch geradehin für null und nichtig! Wenn nun das kein Widerspruch ist, so weiß ich wirklich nicht, was noch ein Widerspruch seyn soll. Wollte man aber etwa diesen Widerspruch dadurch heben oder mildern, daß man sagte: Kant will diesen Beweis nicht

gänz-

gänzlich verwerfen; sondern, wenn er ihn für unmöglich erklärt, so will er damit nur soviel sagen: Dieser Beweis enthalte keine eigentliche Demonstration; er gewähre keine apodictische Gewißheit; — wollte man, sage ich, dies zur Entschuldigung anführen, so kann man die Sache selbst zwar zugeben; allein der Widerspruch, worin Kant hier mit sich selbst steht, bleibt doch noch immer eben so auffallend, noch immer eben derselbe. Denn nach dem, was er selbst über diesen Beweis ausdrücklich sagt, muß er doch nothwendig zugeben, daß eben dieser Beweis vollkommen hinlänglich sey, einen vernünftigen Glauben an das Daseyn eines höchsten Wesens zu begründen. Ist nun aber dies, wie ist es denn möglich, ihn geradehin für gänzlich fruchtlos, für null und nichtig zu erklären? Dies thut aber Kant; folglich widerspricht er sich selbst, indem er Sätze und Behauptungen niederschreibt, die mit einander auf keine Weise bestehen können, und sich einander gegenseitig aufheben. Aber eben hier entdeckt sich noch ein neuer Widerspruch, auch noch von einer andern Seite her. Seiner eigenen obigen Aussage nach muß nemlich Kant, wie gesagt, nothwendig zugeben, daß dieser Beweis vollkommen hinlänglich sey, einen vernünftigen Glauben an das Daseyn Gottes zu begründen. Ist nun aber dies; so steht er ja mit dem moralischen Beweise, den

Kant

Kant aus dem Interesse des Sittengesetzes herleitet, in einem völlig gleichen Range, und behauptet mit ihm ein gleiches Ansehn. Denn auch diesen erklärt ja Kant nicht für eigentliche Demonstration, sondern bloß für hinlänglich, einen vernünftigen Glauben an das Daseyn des höchsten Wesens zu begründen. Gleichwohl aber behauptet er doch auch zu gleicher Zeit: dieser moralische Beweis, sey der einzig mögliche, einzig wahre, und allein gültige. Ist nun aber dies: so erklärt er ja hiermit abermals jenen Beweis für null und nichtig. Eben dies läugnet er aber doch auch wieder, indem er es nicht allein für **trostlos**, sondern auch für ganz **umsonst** erklärt, dem Ansehn dieses Beweises etwas entziehn zu wollen. Aber auch dieses läugnet er aufs neue wieder, theils dadurch, daß er den moralischen, mit Ausschließung aller übrigen, für den einzig möglichen, einzig wahren, und alleingültigen ausgiebt; theils dadurch, daß er diesen unsrigen geradehin für unmöglich, null und nichtig erklärt. Von allen Seiten her verwickelt Er sich also mit sich selbst in unauflösliche Widersprüche. — Im Grunde aber kann auch die obige mildernde Voraussetzung: Kant spreche diesem Beweise zwar apodictische Gewißheit ab, aber er könne und wolle doch nicht gänzlich ihn verwerfen; — diese Entschuldigung, sage ich, diese mildernde Voraussetzung kann im Grunde gar nicht

einmal Statt finden. Denn wenn Kant nach den einmal angenommenen Grundsätzen seines Systems wirklich consequent denken und schließen will; so muß er nothwendig diesen Beweis gänzlich verwerfen, und zwar dergestalt, daß er nicht nur etwas von seinem Ansehn, sondern es so gänzlich und so völlig ihm entzieht, daß ihm nicht das geringste Ansehn, nicht die geringste Beweiskraft weiter übrig bleibt. Denn der ganze Schauplatz von Mannigfaltigkeit, Ordnung, Zweckmäßigkeit und Schönheit, den uns, wie Kant sagt, die Welt eröfnet, ist ja nach den ersten und wesentlichsten Grundsätzen seines Systems durch und durch bloße Erscheinung. Erscheinungen aber, wie er überall behauptet, sind ja bloß etwas Subjectives; sie sind nichts weiter, als bloße Vorstellungen, bloß innere Bestimmungen unseres Gemüths; sie sind bloß in unsern Sinnen, außer uns aber und an sie selbst sind sie gar nichts; bloß unser Verstand nebst der subjectiven Form unserer Sinnlichkeit, ist der Schöpfer und Gesetzgeber der ganzen Natur, indem nicht allein die Form, unter welcher wir äußere Gegenstände anschauen, nebst dem Mannigfaltigen, woraus sie gebildet werden, bloß in unsern Sinnen liegt; sondern auch die Verknüpfung des ganzen Inbegriffs aller Erscheinungen zu einem Weltsysteme lediglich ein Geschäft unseres eigenen Verstandes und seiner Categorien ist. (Crit.
d. r.

d. r. V. S. 102. 159.) u. f. w. Steht nun aber dieser Grundsatz fest; so ist und bleibt es ja offenbar schlechthin unmöglich, das Daseyn eines Gottes daraus erkennen und beweisen zu können. Denn das sieht doch wohl ein jeder, daß der Satz: der Schauplatz der Mannigfaltigkeit, Zweckmäßigkeit, Ordnung und Schönheit der Welt hat außer uns keine Wirklichkeit, keine objective Realität, jede Schlußfolge auf den Satz: es ist ein Gott, gänzlich ausschließt und gar nicht zuläßt. Desto unbegreiflicher ist es also, wie Kant gleichwohl sagen und einräumen kann: dieser Beweis sey im Stahde, den Glauben an das Daseyn eines Gottes bis zu einer unwiderstehlichen Ueberzeugung zu erheben! Da es nun aber, nach seinem eigenen Ausspruche, nicht allein trostlos, sondern auch ganz umsonst ist, dem Ansehn dieses Beweises etwas entziehn zu wollen, und er gleichwohl durch die wesentlichsten Grundsätze seines Systems unumgänglich genöthiget ist, diesem Beweise alles sein Ansehn gänzlich zu entziehn; so trift ihn offenbar der Vorwurf, daß er mit der Aufführung seines Systems etwas Trostloses unternommen habe. Und in der That es fehlt nicht viel, daß es sich nicht wirklich so verhalten sollte. Denn ist dieser Beweis nebst dem cosmologischen und ontologischen wirklich verloren; so glaube ich, es ist alles verloren, und auch der Beweis für das Daseyn

Got-

Gottes und für ein künftiges Leben, den Kant aus dem Interesse des Sittengesetzes herzuleiten versucht, und auf welchen er uns bey der gänzlichen Zerstörung aller übrigen, als auf den einzigen uns noch übrigbleibenden vertröstet, beweiset alsdenn Nichts. Um nun also zu wissen, woran wir sind; so wird es nöthig seyn, noch etwas näher zu untersuchen, was denn der neue Kantische Beweis für sich allein zu leisten vermag, wenn alle übrige zerstört sind. Kant schließt nemlich so:

„Die Bewirkung des höchsten Guts in der „Welt, d. h. Glückseeligkeit, im genauesten Eben„maaße mit der Sittlichkeit der vernünftigen Wesen, „wodurch sie derselben würdig werden, (Crit. d. r. „V. S. 842.) ist das nothwendige Object eines „durchs moralische Gesetz bestimmbaren Willens. „(Crit. d. r. V. S. 219.) Oder mit andern Wor„ten, das moralische Gesetz gebietet, das höchste „mögliche Gut in einer Welt mir zum letzten Ge„genstande alles Verhaltens zu machen, (S. 233.) (d. h. es gebietet: strebe nach der höchsten dir jedesmal möglichen moralischen Vollkommenheit, um dadurch würdig zu werden, einer ihr angemessenen vollkommenen Glückseeligkeit ohne Ende zu genießen.) „Die practische Vernunft ist also durch sich selbst ge„nöthiget, dieses höchste Gut sich als möglich vor„zustellen, weil es ein Gebot derselben ist, zu dessen „Her-

„Hervorbringung alles mögliche beyzutragen. S.
„214. Einem vernünftigen, aber endlichen Wesen
„ist nun aber nur ein Progressus ins Unendliche von
„niedern Stuffen der moralischen Vollkommenheit
„zu immern höhern möglich. S. 221. Dieser un-
„endliche Progressus ist aber nur unter der Voraus-
„setzung einer bis ins Unendliche fortdauernden Exi-
„stenz und Persönlichkeit desselben vernünftigen We-
„sens, welche man die Unsterblichkeit der Seele
„nennt, möglich: mithin ist diese, als unzertrenn-
„lich mit dem moralischen Gesetze verbunden, ein Po-
„stulat der reinen practischen Vernunft. S. 220.
„Allein das handelnde, vernünftige Wesen in der
„Welt ist doch nicht zugleich auch Ursach der Welt
„und der Natur selbst, und kann also den nothwen-
„digen Zusammenhang zwischen der Sittlichkeit und
„der ihr proportionirten Glückseeligkeit für sich selbst
„nicht zu Stande bringen, weil es die Natur, was
„seine Glückseeligkeit betrift, mit seinen practischen
„Grundsätzen aus eigenen Kräften nicht durchgän-
„gig einstimmig machen kann. Also ist das höchste
„Gut, oder die genaue Uebereinstimmung der Glück-
„seeligkeit mit der Sittlichkeit, welche das moralische
„Gesetz als möglich und nothwendig postulirt, nur
„möglich, so fern eine oberste Ursach der Natur an-
„genommen wird, die eine der moralischen Gesin-
„nung gemäße Causalität hat. (S. 224. 225.) Oder,

„mit

„mit andern Worten, da das moralische Gesetz ge-
„bietet, das höchste Gut möglichst zu befördern, und
„es folglich uns auch als möglich vorzustellen; dieses
„aber nur unter der Bedingung möglich ist, wenn
„ein Wesen existirt, das weise, gütig und mächtig
„genug ist, eine genaue und vollkommene Harmo-
„nie zwischen Sittlichkeit und Glückseeligkeit einst zu
„Stande zu bringen; so gebietet auch das morali-
„sche Gesetz oder die practische Vernunft vorauszuse-
„tzen und anzunehmen, daß ein solches Wesen wirk-
„lich existirt, d. h. es ist moralisch nothwendig, das
„Daseyn Gottes anzunehmen." S. 226. Das ist
nun der berühmte Beweis, der der Angabe nach
den Abgang aller übrigen reichlich uns ersetzen, ja,
sogar nur auf ihren Trümmern erst recht fest stehn,
nur durch ihre Zerstörung erst recht vollgültig werden soll. Allein wenn wir die Sache beym Lichte
besehn; so ergiebt sich:

1) daß dieser Beweis im Grunde nicht beßer und
bündiger ist, als unsere bisherigen;

2) daß er im geraden Widerspruche mit andern
ausdrücklichen und wesentlichen Grundsätzen
der Kantischen Philosophie steht;

3) daß er also nichts beweiset, wenn nicht andere
Beweise schon zum Grunde liegen, und so lange die Zerstörung bleibt, die die Critik der reinen Vernunft in den Grundsätzen angerichtet
hat,

hat, welche wir zu jeder möglichen Beweisführung unumgänglich nöthig haben;

4) daß er aber für sich allein weiter nichts thut, als daß er nur in einem beständigen Cirkel uns herum führt;

5) daß Kant selbst ihm eben nicht viel zutrauet; ja, sogar durch einen förmlichen Widerspruch ihn so gut, als fast gänzlich wieder aufhebt;

6) daß er hingegen nur alsdenn erst einigen Werth erlangt, und unsere Ueberzeugung zu verstärken vermag, wenn die Grundsätze, worauf sich unsere übrigen Beweise stützen, auch bey diesem, als ausgemacht, schon zum Grunde gelegt werden.

Also 1) dieser neue Kantische Beweis ist im Grunde um nichts besser und bündiger, als unsere bisherigen. Denn das ganze Resultat desselben besteht am Ende darin; "es ist moralisch nothwendig, das Daseyn eines Gottes anzunehmen." Allein ein völlig gleichgeltendes Resultat giebt ja auch schon der cosmologische und physicotheologische Beweis. Denn auch nach diesem, wie Kant selbst sagt, (Siehe zu Ende des ersten Abschnitts dieses §.) "halten wir ja die oberste Ursach für schlechthin nothwendig, weil wir es schlechterdings nothwendig finden, bis zu ihr hinaufzusteigen." — Warum soll denn nun aber dasjenige, was moralisch nothwendig ist, noth-

nothwendiger seyn, als das, was wir auch an sich schon schlechterdings nothwendig finden und finden müssen? Soll nun aber dieses letztere Schlechterdings nothwendig seyn dennoch nichts gelten, und uns zu weiter nichts berechtigen, als nur die Idee eines höchsten Wesens zu einem regulativen Princip eines bloß in unserer Vorstellung existirenden und von uns selbst erbauten Weltsystems zu gebrauchen; so ist klar, daß auch jene moralische Nothwendigkeit ebenfalls weiter nichts bedeutet, als ein gewisses practisches Gebot der Vernunft, die Idee eines höchstens Wesens zur Regulierung und Vervollkommnerung unserer innern subjectiven Moralität zu gebrauchen. Wollte man aber etwa sagen: ja, nur die practische Vernunft ist hierin gesetzgebend, und gebietet, ein höchstes Wesen als wirklich existirend anzunehmen; so läugne ich dies, und behaupte dagegen, daß auch die speculative oder forschende Vernunft eben sowohl in dieser Hinsicht für uns gesetzgebend ist; und zwar behaupte ich dies besto dreister, da auch Kant es selbst schon behauptet hat. Denn so sagt er ausdrücklich, S. 723. „Die Idee (der größten systematischen, und folglich „zweckmäßigsten Einheit,) ist mit dem Wesen un„serer Vernuft unzertrennlich verbun„den; Eben dieselbe Idee ist also für uns gesetz„gebend, und so ist es sehr natürlich, eine ihr

„cor-

„correspondirende gesetzgebende Vernunft, (intelle-
„ctus archetypus) anzunehmen, von der alle syste-
„matische Einheit der Natur, als dem Gegenstande
„unserer Vernunft, abzuleiten sey." — Warum
soll denn nun also die eine gesetzgebende Vernunft
nicht eben so viel gelten, als die andere? Offenbar
ist also der neue Kantische Beweis nicht beßer und
bündiger, als unsere bisherigen. Aber,

2) er steht auch in einem geraden und völligen
Widerspruche mit andern ausdrücklichen und wesentlichen Grundsäzen der Kantischen Philosophie. Denn
a) dieser Kantische Beweis sagt: es ist ein Gebot
oder ein Postulat der practischen Vernunft, eine
oberste Ursach der Natur anzunehmen, die
eine der moralischen Gesinnung gemäße Causalität
hat. Was sagt nun aber dagegen die Critik der reinen Vernunft? Sie erklärt dieses Postulat der practischen Vernunft geradehin für Nonsens, und behauptet ausdrücklich: der Begriff der Causalität sey
ganz leer und ohne alle Bedeutung, wenn man sich
über das Feld der Sinnlichkeit damit hinauswage.
(S. §. 14. Nr. 2.) Ja, nach Kants eigenen Grundsäzen, liegt sogar ein Widerspruch in diesem Postulate der practischen Vernunft. Denn selbst in der
Critik der practischen Vernunft S. 183. sagt er noch
ausdrücklich: es wäre ein Widerspruch, zu
sagen: Gott sey ein Schöpfer von Erschei-

nungen. Da nun nach den Grundsätzen beyder Critiken die ganze Natur weiter nichts, als ein Inbegriff von Erscheinungen ist; so ist es hiernach ein Widerspruch, eine oberste Ursach der Natur anzunehmen; und da nun also das Postulat der practischen Vernunft auf einen Widerspruch hinausläuft; so kann es auch nichts gelten, und mithin auch nichts beweisen. b) Der neue Kantische Beweis sagt: „das handelnde vernünftige Wesen in Welt ist doch nicht auch zugleich Ursach der Welt und der Natur selbst." Was sagt aber dagegen die Critik der reinen Vernunft? Gerade das Gegentheil! Denn nach ihr giebt unser Verstand der Natur Gesetze, und macht so gar die Natur selbst erst möglich; denn an sich selbst und außer unsern Vorstellungen existirt die Welt oder die Natur gar nicht (S. §. 1.) Hieraus erhellet nun also:

3) Der neue Kantische Beweis beweiset nichts, so lange die Zerstörung bleibt, die die Critik der reinen Vernunft in den Grundsätzen angerichtet hat, welche wir zu jeder möglichen Beweisführung unumgänglich nöthig haben. Man wird sich wundern, wenn ich sage, daß dies Kant auch selbst gesteht! So ist es aber wirklich. Denn S. 496. heißt es ausdrücklich: „Auf der Seite des Empirismus," (d. h. der Erscheinungslehre, oder des Grundsatzes, daß

alle

alle unsere Begriffe bloß auf Erfahrung, oder empirische Anschauung eingeschränkt sind, und daß man mit ihnen über die Sinnenwelt sich nicht hinauswagen dürfe) „in Bestimmung der cosmologi„schen Ideen, oder der Antithesis findet sich erstlich „kein solches practisches Interesse (S. §. 14.) aus „reinen Principien der Vernunft, als Moral und „Religion bey sich führen. Vielmehr scheinet der „bloße Empirismus beyden alle Kraft und Ein„fluß zu benehmen." (Er scheinet nicht bloß, sondern thut es wirklich,) „Wenn es kein von der „Welt unterschiedenes Urwesen giebt, wenn die Welt „ohne Anfang und also auch ohne Urheber, unser „Wille nicht frey, und die Seele von gleicher Theil„barkeit und Verweslichkeit mit der Materie ist; so „verlieren auch die moralischen Ideen und Grund„sätze alle Gültigkeit, und fallen mit den trans„scendentalen Ideen, welche ihre theoretische „Stütze ausmachen." — Da nun die Critik der reinen Vernunft die Idee von einem höchsten Urwesen ausdrücklich für ein bloßes regulatives Princip der bloß in unserer Vorstellung existirenden Natureinheit erklärt; (S. §. 14. Nr. 2.) ausdrücklich erklärt, daß die Welt weder als ein endliches noch unendliches Ganze existire, weil sie an sich selbst gar nicht existire, und also auch keinen Urheber außer uns habe; (S. 533. 534.) ausdrücklich erklärt, daß
die

die Freyheit des Willens nicht zu retten sey, wenn man die Erscheinungen, oder die Welt, für etwas Wirkliches halte; bey der Erklärung aber, die sie von unserer Freyheit giebt, uns in ein unansehbares Labyrinth von lauter Widersprüchen und Unbegreiflichkeiten stürzt, (§. 12.) und da dies eben so mit unserm transscendentalen Ich auch der Fall ist; (§. 11.) kurz, da sie überhaupt alle transscendentale Ideen durchaus für weiter nichts als für bloße Ideen gelten läßt, die an sich gänzlich leer sind, und in positiver Bedeutung gar nicht zugelassen werden können; (§. 11. und §. 14. Nr. 2.) da sie mithin durch ihre Erscheinungslehre alle diese theoretischen Stützen der moralischen Ideen gänzlich zerstört hat; so fallen nun auch diese nach Kants eigener Erklärung gänzlich hin, und verlieren alle ihre Gültigkeit. Soll es nun also bey dieser Zerstörung unabänderlich sein Bewenden haben; oder soll die Critik der reinen sowohl als der practischen Vernunft darin Recht haben, daß unsere Existenz in dieser Sinnenwelt eine bloße sinnliche Vorstellungsart ist, und daß überhaupt die ganze Welt ein bloßer Inbegriff von Erscheinungen, d. h. von Vorstellungen, von innern Bestimmungen unseres Gemüths ist, und daß mithin alle unsere bisherige Beweise vom Daseyn Gottes fruchtlos, null und nichtig sind; so ist auch jeder anderer Beweis vom

vom Daseyn Gottes ganz unmöglich, und auch das Postulat der practischen Vernunft, das Daseyn eines Gottes anzunehmen, um eine künftige vollkommene Harmonie zwischen Sittlichkeit und Glückseeligkeit hoffen zu können, ist alsdenn ganz ohne Grund und ohne alle Befugniß. Denn nichts nöthiget mich alsdenn, das Daseyn eines Gottes anzunehmen. Auch sogar die Voraussetzung einer künftigen Fortdauer, nebst einer künftigen vollkommenen Harmonie zwischen Glückseeligkeit und Sittlichkeit nöthiget mich nicht einmal dazu. Denn läßt es sich denken, daß wir jetzt ohne einen Gott, ohne einen Urheber unseres Daseyns, existiren können; warum nicht auch künftig? Sind wir zur Erklärung des Daseyns dieser gegenwärtigen Welt des Daseyns eines Gottes, als einer dazu nothwendigen Voraussetzung, nicht bedürftig; so haben wir ja offenbar zu der Voraussetzung und Erklärung unserer künftigen Fortdauer, und einer damit in Verbindung stehenden zukünftigen Welt das Daseyn eines Gottes eben so wenig und noch vielweniger nöthig; so haben wir ja offenbar weiter nichts nöthig, als nur anzunehmen, daß wir bis in Ewigkeit so fort idealisiren, oder so fort träumen werden, wie wir hier angefangen haben. (S. 808.) Denn kann unser Verstand jetzt schon eine Welt bauen; ist er lediglich nicht nur der Urheber, sondern auch der

Gesetz

Gesetzgeber der ganzen Natur; warum sollte er denn, wenn er anders fortdauert, sich nicht auch künftig eine bauen können. Wenn also das moralische Gesetz auch noch so sehr gebietet, eine Welt zu hoffen, worin Sittlichkeit und Glückseeligkeit mit einander in vollkommener Harmonie steht; so nöthiget uns doch dies bey vorausgesetzter Richtigkeit obiger Grundsätze der Kantischen Philosophie keinesweges den Glauben an das Daseyn eines Gottes ab. Denn ist diese gegenwärtige Welt nicht das Werk der höchsten Weisheit und Güte; ist sie vielmehr als bloße Erscheinung, auch bloß das Werk unseres eigenen Verstandes und unserer productiven Einbildungskraft; so ist klar, daß auch der angebliche Mangel einer vollkommenen Harmonie zwischen Sittlichkeit und Glückseeligkeit bloß an unserm Verstande liegt, und bloß sein eigenes Werk ist. Ist nun aber dies; so ist es ja offenbar auch einzig und allein nur seine Sache, diesem Mangel künftig abzuhelfen. Denn unstreitig findet sich dieser Mangel doch nur in dieser Sinnenwelt; und nur in dieser, nur in einer solchen, kann er sich finden. An die sogenannte intelligibele Welt also läßt sich hierbey gar nicht denken, theils weil sie, wie Kant behauptet, in positiver Bedeutung gar nicht zugelassen werden kann; theils weil wir wenigstens, wie Kant ebenfalls behauptet, gar nichts von ihr wissen, und weil es also widersinnig

seyn

seyn würde, einen dergleichen Mangel in ihr behaupten zu wollen. Es kommt nun also hierbey nur noch auf die Kleinigkeit an, daß unser Verstand künftig auch noch fortdauert. Dauert er fort, so kann er nach den Grundsätzen der Kantischen Philosophie so gut, wie jetzt, ja unstreitig noch weit besser, als wir jetzt, sich auch noch künftig eine Welt bauen, und die vollkommenste Harmonie zwischen Sittlichkeit und Glückseeligkeit nach dem Gebote des moralischen Gesetzes darin anbringen, ohne einen Gott dazu nöthig zu haben. Folglich kann das Interesse des Moralgesetzes, oder die postulirte Möglichkeit des höchsten Gutes das Daseyn eines Gottes mit nichts beweisen, und — ich muß es noch einmahl wiederhohlen, bey vorausgesetzter Richtigkeit der Kantischen Erscheinungslehre, auf keine Weise uns berechtigen, das Daseyn eines Gottes als nothwendig dabey anzunehmen. Da nun aber Kant diese seine Erscheinungslehre, auch selbst in der Critik der practischen Vernunft, wo er doch eigentlich wieder aufbauen wollte, was er niedergerissen hatte, gleichwohl noch immerfort behauptet, und besonders mit seiner Lehre von der Freyheit so innig sie verwebt hat, daß er so gar vorgiebt, diese ohne jene gar nicht retten zu können; so ist klar, daß er seinem moralischen Beweise vom Daseyn Gottes gänzlich alle Kraft dadurch benommen hat. Wie steht es denn nun

nun aber um unsere künftige Fortdauer? Was sichert uns denn diese, wenn das Daseyn eines Gottes nicht im Voraus schon erwiesen ist? Das moralische Gesetz? — Blos für sich allein unmöglich! Denn wenn das moralische Gesetz auch noch so sehr gebietet: bestrebe dich, das höchste Gut für dich möglichst zu befördern; so versteht es sich ja doch von selbst, daß dieses Gebot nicht weiter reichen kann, als unsere Existenz selbst reicht. Hört diese auf; so hört eo ipso auch das Gebot auf, und es hebt sich alsdenn alles schon von selbst! Das moralische Gesetz kann uns also zwar gebieten, die Idee des höchsten Gutes zu einem regulativen Princip unserer Handlungen zu gebrauchen; aber es kann uns nicht berechtigen, den wirklichen Genuß der uns möglichen Glückseeligkeit länger zu erwarten, als wir existiren. Für die Fortdauer unserer Existenz selbst aber kann es uns für sich allein, eben aus dem obigen Grunde, gar nicht einstehn. Diese wird nur erst alsdenn gewiß, wenn es aus andern Gründen, wo nicht apodictisch, doch wenigstens überwiegend, und also hinlänglich gewiß ist, daß es einen Urheber unseres Daseyns giebt, von dem es sich erwarten läßt, daß er nicht allein zu einer ewigen Fortdauer uns bestimmt, und also auch wirklich uns dazu eingerichtet habe, sondern auch die vollkommene Harmonie zwischen Sittlichkeit und Glückseeligkeit, die,

so

so lange wir sind, das Ziel unseres Strebens nach dem Moralgesetze seyn soll, einst zu Stande bringen werde. Ist nun aber das Daseyn eines Gottes, oder eines solchen Urhebers unseres Daseyns, aus unserer jetzigen Existenz, und aus der Existenz der Welt überhaupt, nicht erkennbar und überzeugend erweislich; ist dieser Beweis, wie Kant behauptet, null und nichtig; so sieht ein Jeder: es ist alles verlohren, und auch der neue Kantische Beweis beweiset alsdenn Nichts! — Vielmehr,

4) thut alsdenn dieser Beweis weiter nichts, als daß er nur in einem beständigen Cirkel uns herumführt. Denn wie kann uns unsere Vernunft berechtigen, eine von uns unabhängige Harmonie zwischen Sittlichkeit und Glückseligkeit künftig mehr, als jetzt zu hoffen, wenn es keinen weisen Regierer der Welt giebt? Wenn also die Wahrheit: es giebt einen weisen Regierer der Welt, bey dem Kantischen Beweise nicht vorhin schon, als ausgemacht, zum Grunde liegt; so werden wir vollkommen cirkelförmig fragen müssen: was berechtiget uns, einen weisen Regierer der Welt zu glauben? — Das Interesse des Sittengesetzes an der Hofnung einer dereinstigen vollkommenen Harmonie zwischen Sittlichkeit und Glückseligkeit! — Was sichert uns denn aber diese Hofnung? — Die Voraussetzung eines weisen Regierers der Welt! — Was berechtiget uns

denn

denn aber zu dieser Voraussetzung? — Eben jenes Interesse an jener Hofnung! — Und was sichert uns denn diese? — Eben jene Voraussetzung! — Ist das nicht ein Cirkel? —

5) Auch Kant selbst trauet diesem seinen neuen Beweise eben nicht viel zu; ja, er hebt ihn so gar durch einen förmlichen Widerspruch so gut, als gänzlich wieder auf. — Er trauet ihm nicht viel zu. Denn so sagt er selbst, S. 857. „das einzige „Bedenkliche, das sich, hierbey findet, ist, daß „sich dieser Vernunftglaube auf die Voraussetzung „moralischer Gesinnungen gründet. Gehn wir da= „von ab, und nehmen einen, der in Ansehung sitt= „licher Gesetze gänzlich gleichgültig wäre; so wird „die Frage, welche die Vernunft aufwirft, bloß eine „Frage für die Speculation, und kann alsdenn zwar „noch mit starken Gründen aus der Analogie, „aber nicht mit solchen, denen sich die hartnäckigste „Zweifelsucht ergeben müßte, unterstützt werden." Kant sagt nun zwar: dies sey das einzige Bedenk= liche, allein, wie wir schon gesehen haben, es ist bey weitem nicht das Einzige, nemlich wohl zu mer= ken, wenn dieser Beweis seine Segel dergestalt auf= spannt, daß er zugleich alle andere neben sich in den Grund bort; schließt er sich aber an unsere bisherige freundschaftlich an, so fällt alles Bedenkliche gänz= lich weg; so kann er brav seyn, und Thaten thun,

und

und jede Zweifelsucht besiegen helfen! — Indessen haben wir doch nun hier ein zwiefaches Geständniß, nemlich: 1) daß man mit ihm allein nicht ausreicht; und 2) daß es außer ihm noch starke Gründe giebt. Auch Achtung für die übrigen, die doch, wie Kant hier selbst gesteht, gerade alsdenn am vorzüglichsten, ja, ganz allein, noch helfen müssen, wenn die Noth am größten ist, wollen wir doch also uns nun wenigstens ausbitten, daß man künftig den neuen Kantischen Beweisgrund nicht mehr den einzigen nenne. Aber nicht genug, daß Kant die Schwäche seines Beweises, für sich allein genommen nemlich, hier so ziemlich schon zu fühlen scheint; sondern er hebt ihn auch sogar durch einen wirklichen Widerspruch so gut, als gänzlich wieder auf. Denn S. 840. sagt er: „es ist nothwendig, daß unser ganzer „Lebenswandel sittlichen Maximen untergeordnet wer„de; es ist aber zugleich unmöglich, daß dieses „geschehe, wenn die Vernunft nicht mit dem mora„lischen Gesetze, welches eine bloße Idee ist, „eine wirkende Ursach verknüpft, welche „dem Verhalten nach demselben einen unsern höch„sten Zwecken genau entsprechenden Ausgang, es „sey in diesem oder einem andern Leben, bestimmt. „Ohne einen Gott also, und eine für uns jetzt nicht „sichtbare, aber gehofte Welt, sind die herrlichsten „Ideen der Sittlichkeit zwar Gegenstände des Bey„falls

„falls und der Bewunderung, aber nicht Triebfe-
„dern des Vorsatzes und der Ausübung, u. f. w."
Imgleichen S. 856. „Da also die sittliche Vor-
„schrift zugleich meine Maxime ist, wie denn die
„Vernunft gebietet, daß sie es seyn soll; so werde
„ich unausbleiblich ein Daseyn Gottes, und ein
„künftiges Leben glauben, und ich bin sicher, daß
„diesen Glauben nichts wankend machen könne, weil
„dadurch meine sittlichen Grundsätze selbst
„umgestürzt werden würden, denen ich nicht
„entsagen kann, ohne in meinen eigenen Augen ver-
„abscheuungswürdig zu seyn." Gewiß in diesen letztern Worten äußert unser Kant eine Denkungsart,
die ihm sehr viel Ehre macht, und die ausgezeich-
netste Achtung Ihm erwerben muß. — Allein mit
dem übrigen Inhalte dieser beyden Stellen halte
man nun einmal das zusammen, was er S. 847.
sagt: „Wir werden, so weit practische Vernunft
„uns zu führen das Recht hat, Handlungen nicht
„darum für verbindlich halten, weil sie Gebote Got-
„tes sind, sondern sie darum als göttliche Gebote an-
„sehen, weil wir dazu innerlich verbunden
„sind. — Die Moraltheologie ist also nur von
„immanentem Gebrauche, nemlich unsere Be-
„stimmung hier in der Welt zu erfüllen, indem wir
„in das System aller Zwecke passen, und nicht
„schwärmerisch oder wohl gar frevelhaft
„den

„den Leitfaden einer moralisch gesetzgeben=
„den Vernunft im guten Lebenswandel zu ver=
„lassen, um ihn unmittelbar an die Idee des
„höchsten Wesens zu knüpfen, welches einen
„transscendentalen Gebrauch geben würde, aber
„eben so, wie der der bloßen Speculation, die letz=
„tern Zwecke der Vernunft verkehren
„und vereiteln muß." — Nun bedenke man
einmal, welch ein Zusammenfluß von fürchterlich
auffallenden Unbegreiflichkeiten und Widersprüchen!
Denn 1) ich muß das Daseyn eines Gottes glauben,
weil sonst meine sittlichen Grundsätze selbst
umgestürzt werden würden." — Nein! —
Wir müssen unsere Handlungen nicht darum für ver=
bindlich halten, weil sie Gottes Gebote sind; son=
dern wir sind dazu innerlich verbunden.
Wenn wir also auch keinen Gott glauben; so wer=
den doch unsere sittlichen Grundsätze keinesweges da=
durch umgestürzt. (Wie viel verliert nun also der
obige Kantische Schluß, wenn er nemlich ganz al=
lein auf dem Kampfplatze stehen soll, nicht schon
hierdurch von seiner Kraft! Denn freylich, auch der
Atheist kann ja noch moralisch handeln!) 2) „Die
„Moraltheologie, wie es S. 842. heißt, führt uns
„unausbleiblich auf den Begriff eines einigen aller=
„vollkommensten vernünftigen Urwesens." — Nein!
„Die Moraltheologie ist nur von immanentem Ge=

P 3 brau=

brauche." 3) „es ist unmöglich, daß unser Lebens*
wandel sittlichen Maximen untergeordnet werde,
wenn die Vernunft nicht mit dem moralischen Ge*
setze ein höchstes Wesen, oder eine wirkende Ursach
verknüpft, welche unserm Verhalten nach demsel*
ben einen unsern höchsten Zwecken genau entsprechen*
den Ausgang bestimmt. Ohne einen Gott also, u. s. w."
Nein! — „Wenn wir die Idee des Moralgesetzes
unmittelbar an die Idee des höchstens Wesens knü*
pfen; so verlassen wir schwärmerisch oder wohl gar
frevelhaft den Leitfaden einer moralischgesetzgebenden
Vernunft im guten Lebenswandel; dies giebt einen
transscendentalen Gebrauch, der eben so, wie der
Gebrauch der bloßen Speculation, die letzten Zwe*
cke der Vernunft vereiteln und verkehren muß." —
Wenn man nun das alles, was Kant hier sagt, mit*
einander vergleicht; ist es möglich, lieben Leser, sich
dabey des lebhaftesten Erstaunens zu enthalten? Wie
war es doch möglich, daß der so große und sonst so
würdige Mann solche äußerst auffallende Widersprü*
che niederschreibt? — Und nun was für ganz ent*
setzliche Unbegreiflichkeiten! — Wie ist es möglich
zu behaupten, daß wir den Leitfaden einer mora*
lisch gesetzgebenden Vernunft in einem guten Lebens*
wandel schwärmerisch oder wohl gar fre*
velhaft verlassen, wenn wir diesen Leitfaden un*
mittelbar an die Idee eines höchstens Wesens knü*
pfen?

pfen? Wie ist es möglich zu behaupten, daß die Verbindung des Moralgesetzes mit der Idee des höchsten Wesens, wenn wir es nemlich uns als wirklich existirend denken, und also von unserer Idee einen transscendentalen Gebrauch machen, **die letzten Zwecke der Vernunft verkehren und vereiteln müsse?** — Nun sage man einmal, ob nicht Kant eben hiermit seinen ganzen moralischen Beweis vom Daseyn Gottes so gut, als gänzlich, wieder aufhebt? Denn was wir oben schon erinnert haben, daß nemlich sein ganzer moralischer Beweis am Ende auf weiter nichts hinauslaufen würde, als daß das motalische Gesetz uns gebiete, die Idee eines höchsten Wesens zu einem regulativen Princip unserer Handlungen und unseres Strebens nach moralischer Vollkommenheit zu gebrauchen; das behauptet er ja nun hier in dieser letztern Stelle ausdrücklich selbst, indem er in so starken Ausdrücken, als es nur irgend möglich ist, vorgiebt; die Moraltheologie sey bloß von **immanentem Gebrauche**; denn wenn wir einen transscendentalen Gebrauch davon machen, d. h. das höchste Wesen uns als wirklich existirend denken wollten; so würden wir die letzten Zwecke der Vernunft dadurch verkehren und vereiteln! Soll nun aber die Moraltheologie oder die Idee eines höchsten Wesens bloß von einem immanenten Gebrauche seyn; so versteht es sich

sich ja von selbst, daß wir sie bloß zu einem regulativen Princip unserer innern subjectiven Moralität und unserer Handlungen gebrauchen dürfen. Uns weiter zu führen; dazu spricht ja Kant der practischen Vernunft nun alles Recht hiermit gänzlich wieder ab. — Auch auf eine Inconsequenz in diesem Kantischen Beweise müssen wir doch hier noch aufmerksam machen. Kant sagt nemlich: S. 842. die Moraltheologie habe vor der speculativen darin den Vorzug, daß sie unausbleiblich nur auf ein einiges allervollkommenstes Wesen führe, die speculative hingegen nicht. Als Grund hierzu führt er an; „es muß ein einiger oberster Wille seyn, der alle diese Gesetze in sich befaßt. Denn, setzt er hinzu, wie wollten wir unter verschiedenen Willen vollkommene Einheit der Zwecke finden." Allein ich frage: warum nicht? Nöthiget uns die systematische Einheit der Natur und ihrer Endzwecke nicht, ein einiges allervollkommenstes Wesen anzunehmen; warum denn die Einheit der moralischen Zwecke? Denn wenn wir auch mehrere numerice verschiedene allervollkommenste Willen setzen könnten oder wollten; so müßten wir sie doch eo ipso in der höchsten Vollkommenheit sich als vollkommen einander gleichsetzen, und so würde es denn eine unausbleibliche Folge seyn, daß sie auch vollkommen einerley Zwecke haben, und darin ganz vollkommen mit einander übereinstimmen

müß=

müßten. — Kurz man sieht wohl: ist die Zerstörung, die der alles zermalmende Kant, wie ihn
Mendelssohn nannte; in unsern Beweisen vom Daseyn Gottes, und in den Grundsätzen, worauf sie sich stützen, bisher angerichtet hat, nicht
etwa bloß eine scheinbare, sondern eine wahre, wirkliche, unwiderbringliche Zerstörung; nun, so ist sie
in der That auch ganz allgemein; so ist alles verlohren! Wir würden also wirklich übel daran seyn,
wenn es möglich gewesen wäre, daß es unserm Kant
gelingen konnte, jene Beweise nebst ihren Grundsätzen wirklich zu zerstören. Wie wenig ihm aber
dies gelungen ist; davon wird man doch hoffentlich
durch den hier vorgelegten Ausgang der Sache selbst
nun wohl zur Genüge überzeugt seyn. Laßt uns also
nur ganz unbesorgt seyn! Nach Kants eigener Erklärung hat ja der Beweis für das Daseyn Gottes,
der in den großen Werken der Natur liegt, noch
immer so viel Kraft und Würde, noch immer über
alle Zweifel und Bedenklichkeiten, die man ihm entgegen setzen könnte, in aller Absicht ein so starkes
und unzertrennbares Uebergewicht, und ist noch immer so sehr im Stande, unsern Glauben an das Daseyn Gottes bis zu einer unwiderstehlichen Ueberzeugung zu erheben, daß es nach diesen Prämissen, die
Kant selbst uns an die Hand giebt, offenbar nichtsweniger, als vernünftig, sondern in der That,

(sit

(sit venia verbo!) recht sehr unvernünftig seyn würde, die frohe Ueberzeugung, die dieser Beweis uns gewähren kann und soll, durch hartnäckige Zweifelsucht sich verderben zu wollen. Denn das Werk zeugt ja von seinem Meister. Da nun das Werk, von welchem hier die Rede ist, nach Kants eigener Erklärung wirklich ganz unermeßlich groß ist, so groß, daß alle Sprache ihren Nachdruck, alle Zahlen ihre Kraft zu messen, und selbst unsere Gedanken alle Begrenzung vermissen, und daß unser Urtheil vom Ganzen sich in ein sprachloses, aber desto beredteres Erstaunen auflösen muß; so können und müssen wir auch mit Recht daraus schließen: auch der Werkmeister muß nothwendig in Ansehung der Eigenschaften, deren Wirkungen in seinem Werke uns vor Augen liegen, ganz unermeßlich groß seyn; so groß, daß unser Urtheil von Ihm in ein sprachloses, aber desto beredteres Erstaunen sich dabey auflösen muß. Und das ist ja denn wohl Grund genug, Ihn, als den Ursprung aller Dinge, als unsern Schöpfer, Herrn und Vater, recht ehrerbietig hochzuachten, Ihn dankbar zu lieben, Ihm freudig zuvertrauen, Ihm nachzuahmen, und seinen Willen zu vollbringen, d. h. Religion zu haben und zu üben! — Hierauf ergiebt sich denn aber nun auch;

6) daß der neue Kantische Beweis nur alsdenn erst einigen Werth erlangt, und unsere Ueber-

zeugung zu verſtärken vermag, wenn die Grundſätze, worauf ſich unſere übrigen Beweiſe ſtützen, auch bey dieſem, als ausgemacht, ſchon zum Grunde gelegt ſind. Mir iſt es daher auch wirklich ganz unbegreiflich, wie man ſich entſchließen konnte, es der Kantiſchen Philoſophie zu einem ganz beſonders großen Verdienſte anzurechnen, daß ſie alle metaphyſiſche Beweiſe für das Daſeyn Gottes, und für ein künftiges Leben gänzlich zerſtört, und dagegen nur dieſen neuen, als den einzigwahren und alleingültigen, aufgeſtellt habe. Denn ich ſehe gar nicht ein, wie es Verdienſt ſeyn kann, die guten brauchbaren Beweiſe für eine wichtige Wahrheit zu vermindern, da es doch gewiß iſt, daß vielmehr das Gegentheil für Verdienſt zu achten wäre; es müßte denn ſeyn, daß jene Beweiſe in irgend einer Abſicht wirklich ſchädlich wären, und etwa anderweitige falſche, wirklich ſchädliche Lehrſätze begünſtigten oder mit ſich führten. Offenbar iſt doch aber dies keinesweges hier der Fall. Denn geſetzt auch, daß die verworfene Beweiſe keine eigentliche Demonſtrationen für die Wahrheiten, wovon die Rede iſt, enthalten; ſo ſind ſie doch, wie Kant hin und wieder ſelbſt geſteht, zuverläßig von der Art, daß ſie einen vernünftigen Glauben an die gedachte Wahrheiten, auch an und für ſich ſelbſt ſchon überwiegend, und alſo hinlänglich begründen; folglich neben jenem für einzig wahr und gültig erklärklärten nicht allein sehr wohl bestehn, sondern auch die gesuchte Ueberzeugung noch sehr erhöhen und verstärken können. Vis vnita fortior, ist ja eine alte bekannte Wahrheit. — Eben so wenig also kann ich begreifen, wie der von Kant aufgestellte Beweis dadurch gewinnen, oder einleuchtender werden kann, wenn neben ihm alle andere Beweise, die doch mit ihm zu gleichem Ziele gehen, gänzlich zerstört werden. Noch unbegreiflicher aber wird die Sache, wenn die verworfenen Beweise, nebst ihren Grundsätzen, auch selbst dem neuen Kantischen Beweise wohl gar zu einer wesentlichen Grundlage dienen sollten. Und so verhält es sich auch wirklich, wie wir gesehen haben, ganz unläugbar. Denn auch dieser neue Kantische Beweis muß ja offenbar von dem Zufälligen (der zu hoffenden künftigen Glückseeligkeit,) auf das dazu nothwendige höchste Wesen, von der zu hoffenden Wirkung auf die dabey nothwendig vorauszusetzende wirkende Ursach; von einer jetzt noch unvollkommenen Existenz auf eine zukünftige andere schließen, von der zu hoffen ist, daß sie dem Gebote des Moralgesetzes vollkommener entsprechen werde, wenn anders nemlich ein solches Wesen existirt, das alles Nöthige dazu anordnen und veranstallten kann. Sind nun also, wie Kant behauptet, die Schlüße vom Zufälligen auf das Nothwendige, von der Wirkung auf eine ihr angemessene Ursach,

Urſach, von Zweckmäßigkeit und Ordnung auf einen weiſen und verſtändigen Urheber, an ſich ſelbſt unſicher, unzuläßig und ungültig, und bleibt es dabey, daß die Begriffe von Realität, Subſtanz, Cauſalität und Nothwendigkeit an ſich leer ſind, und gänzlich alle Bedeutung verlieren, wenn man ſich mit ihnen, über das Feld der Sinne hinauswagt, (S. 707.) ſo iſt offenbar auch der neue Kantiſche Beweis, wenn ich mich ſo ausdrücken darf, ein Schloß in der Luft, d. h. es fehlt ihm gänzlich an aller Haltbarkeit und Feſtigkeit, **weil die Grundbegriffe zerſtört ſind**, deren er unumgänglich bedarf, und worauf er ſich nothwendig ſtützen muß, wenn er feſt und haltbar ſeyn ſoll. Will alſo Kant, daß ſein Beweis dies werden ſoll; ſo muß er nothwendig die dieſem Zwecke ganz entgegengeſetzte Grundſätze ſeiner Erſcheinungslehre erſt wieder zurück nehmen. — Sind hingegen die obigen Begriffe und Schlüſſe, worauf ſich unſere bisherige Beweiſe ſtützen, an ſich ſelbſt unläugbar richtig; ſind ſie ganz allgemein, und ohne alle Ausnahme gültig; und iſt es alſo auch ſchon erwieſen, daß unſere jetzige Exiſtenz, ſo wie überhaupt die Exiſtenz der ganzen Welt ohne einen unbegrenzt mächtigen, weiſen und gütigen Urheber ſich nicht denken läßt; ſo wird alsdenn auch der neue Kantiſche Beweis vollkommen brauchbar, und kann allerdings ſehr dazu beytragen,

gen, die Ueberzeugung zu verstärken, daß der weise und gütige Urheber unseres Daseyns, der uns unsere Natur und mit derselben das moralische Gesetz gab, auch unfehlbar das veranstalten und ins Werk richten werde, was uns dieses sein Gesetz als das höchste Ziel aller unserer Wünsche und Bestrebungen vorstellt. Man sieht also hieraus, daß es keinesweges meine Meinung oder Absicht ist, den neuen Kantischen Beweis gänzlich zu verwerfen; sondern ich will ihn nur so gestellt und mit den anderweitigen Grundsätzen der allgemeinen Menschenvernunft so in Verbindung gebracht wissen, daß das Ganze volle Beweiskraft für uns haben und behalten könne. Und hiermit glaube ich nichts zu beabsichtigen, als was die Vernunft selbst uns gebietet und empfiehlt. Denn im Grunde faßt ja doch wirklich der sogenannte cosmologische Beweis beyde, sowohl den physicotheologischen, als den moralischen schon in sich. Beyde sind gleichsam nur Zweige von jenem; Zweige, die auf einem Stamme wachsen. Man kann also zwar auch jeden besonders ausführen und darstellen; aber bey dieser Darstellung muß man nur den natürlichen und nothwendigen Zusammenhang, Kraft dessen sie in der That nur ein einiges unzertrennliches Ganzes sind, nicht verkennen, oder auflösen und zerstören wollen. Denn die Welt ist ja nicht als ein gewisses unbestimmtes Etwas da, woraus man auch nur

wie-

wieder auf ein gewisses unbestimmtes, wiewohl absolut nothwendiges Etwas, vernunftmäßig schliessen könnte; sondern ganz bestimmt ist sie ja als ein Ganzes von unermeßlicher Größe da, das nicht allein zweckmäßig geordnete physische Naturkräfte, sondern eben sowohl auch moralische, in sich faßt. Denn unstreitig ist doch unsere Seele ein Theil der Welt; und unsere practische Vernunft ist folglich eine Naturkraft, weil sie eine natürliche Kraft unserer Seele ist. Gebietet uns nun also unsere Vernunft, von einem Daseyn auf das Andere, von dem Bedingten auf ein schlechthin Unbedingtes zu schließen; so gebietet sie uns auch; von dem Daseyn dieser unserer so beschaffenen Welt auf das Daseyn eines Wesens zu schließen, das nicht allein absolut nothwendig, und physisch allgenugsam, oder von einer unendlichen physischen Kraft ist, sondern auch die höchste practische Vernunft hat, und also von der höchsten moralischen Güte ist. Das Daseyn dieser unserer so beschaffenen Welt enthält und liefert also wirklich einen durchaus vollständigen und in sich selbst ganz vollendeten Erkenntniß- und Beweisgrund nicht allein vom Daseyn, sondern auch von dem Wesen Gottes, oder nicht allein von seinen physischen, sondern auch von seinen moralischen Eigenschaften. Denn die physische Welt beweiset uns einen unendlich großen und mächtigen; und eben dieselbe als

mora-

moralische Welt, einen unendlich guten Gott. Warum soll und will man denn nun also die Welt nur bloß so einseitig betrachten? Warum die moralische von der physischen absondern? Beydes ist ja unzertrennlich, beydes nur ein Ganzes! Betrachtet und behandelt man also den moralischen Beweis als ganz unabhängig von den übrigen, und als den einzig möglichen auf die Art, wie es von Kant geschiehet; so trennt man ja den Zweig, von seinem Stamme, und — er verdorret; so zerstückelt man ja das schöne Ganze, und schwächt also auch natürlicher Weise die volle Kraft, und den ganzen Totaleindruck des Beweises, auf welchen uns das Ganze führt. Kann denn der Theil uns mehr befriedigen, und mehr beweisen, als das Ganze? Gebrauchen wir den bloß einen moralisch guten, und nicht auch einen unendlich großen und mächtigen Gott? Woraus will man denn nun aber seine unendliche Größe und Macht deutlicher erkennen, und bündiger beweisen können, als eben aus der unermeßlichen Größe der Welt, worin jene uns symbolisch erscheint, und als Thatsache uns gegeben wird? Meines Erachtens kann also nichts natürlicher und vernünftiger seyn, als daß man, so wie die physische und moralische Welt nur ein einiges Ganzes ist, auch den physicotheologischen und moralischen Beweis, nur als Zweige eines Stammes, oder nur als Theile eines einigen

Haupt=

Hauptbeweises, nemlich des Beweises aus dem Daseyn des großen physisch-moralischen Weltalls, betrachtet, und mithin so schließt: wenn Etwas da ist, es sey auch, was es sey, so muß auch zugegeben werden, daß Etwas schlechthin Nothwendiges, als Bedingung seiner Möglichkeit, da ist. Nun ist aber die Welt wirklich da; also ist es auch unumgängliche Bedingung ihrer Möglichkeit, daß ein absolut nothwendiges Wesen sey, das dieser nothwendigen Bedingung ein Genüge thut. Zu dieser unserer Welt gehören nun aber nicht bloß zweckmäßig geordnete physische Naturkräfte, sondern eben sowohl moralische, d. h. Vernunft, nebst ihrer Kraft, uns moralisch zu gebieten und die übrigen Kräfte vernünftig-freyer Naturwesen moralisch zu bestimmen. Jene stellen uns eine Welt voll Zweckmäßigkeit und Ordnung von unermeßlicher Größe dar; diese aber bewirken es, daß diese unsere so beschaffene Welt auch zugleich eine moralische Welt ist, oder ein moralisches Weltsystem in sich faßt. Folglich ist das absolut nothwendige Wesen, das die Bedingung ihrer Möglichkeit enthält, nicht allein ein Wesen von unendlicher Größe, oder von unendlicher physischer Kraft, sondern auch zugleich von der höchsten moralischen Güte, d. h. es ist ein Gott, der die Welt nach einem Plane regiert, dessen Verknüpfung mit den physischen Naturkräften auf moralische Vollkomkommenheit, und eine ihr gemäße Glückseeligkeit abzielt. Hier möchte man also auch wohl sagen: was Gott zusammen gefügt hat, das soll kein Mensch scheiden! Daß man nun aber jeden einzelnen Theil dieses einigen unzertrennlichen Hauptbeweises besonders aushebt, und ausführlicher entwickelt; dawider habe ich Nichts! Nur bey Leibe keine gänzliche Trennung, keine Zermalmung oder Zerstörung irgend eines seiner wesentlichen Grundsätze! Denn nur, wenn man alle Theile eines Ganzen nimmt; kann daraus etwas Ganzes werden!

4) **Totaler Widerspruch zwischen dem Systeme der Critik der reinen Vernunft, und dem Systeme der practischen Vernunft.**

§. 17. Kant will zwar, wie man wohl sieht, das Ansehn haben, als ob er das, was er in der Critik der reinen Vernunft niedergerissen hat, mit Hülfe des Moralgesetzes in seiner Critik der practischen Vernunft auf eine neue und bessere Art, wenigstens in der Hauptsache, wieder aufgebauet habe; allein ich kann mich davon nicht überzeugen. Denn so wenig es möglich ist ein Gebäude fest und sicher aufzubauen, wenn der Grund und Boden, wo es stehen soll, durch eine totale Zerstörung gänzlich unsicher und gleichsam schwebend gemacht ist; eben so wenig ist es auch möglich, daß das System der practischen etischen Vernunft fest und sicher für uns seyn kann, wenn und so lange die Zerstörungen bleiben sollen, die die Critik der reinen Vernunft gleichsam auf dem Grunde und Boden unserer Vernunft bisher angerichtet hat. Beyde Systeme stehen vielmehr mit einander in einem geraden und völligen Widerspruche, und heben sich einander gegenseitig auf. Soll das Erstere wahr seyn; so muß das Andere falsch seyn; und soll das Andere wahr seyn; so muß das Erstere falsch seyn! Die Hauptlehre und gleichsam die Seele der ganzen Critik der reinen Vernunft ist nemlich die Lehre von Raum und Zeit, als bloßen subjectiven Formen unserer sinnlichen Anschauung, verbunden mit gewissen ursprünglichen Denkformen oder Categorien, nach welchen denn die ganze Natur, nebst allen Gegenständen möglicher Erfahrung, sich durchgängig richten und conformiren muß. S. §. 1. Diese Lehre giebt nun ganz natürlich das große Resultat: diese Welt existirt an sich gar nicht; es ist alles bloße Erscheinung, d. h. bloße Vorstellung, an sich selbst aber Nichts. (§. 1. und 2.) Diese Kantische Erscheinungslehre ist nun zwar auch in die Critik der practischen Vernunft, und zwar besonders in die Lehre der transcendentalen Freyheit übergegangen, als wovon sie einen wesentlichen Bestandtheil ausmacht; und in so fern sind allerdings beyde Systeme nur als ein Einiges zu betrachten;

allein

allein die eigentlichen Hauptresultate der Critik der practischen Vernunft sollen doch Freyheit, Unsterblichkeit und Existenz Gottes seyn, nebst dem practischen Hauptgesetze: „Handle so, daß die Maxime deines Willens jederzeit zugleich, als Princip einer allgemeinen Gesetzgebung gelten könne." S. 54. Diese Resultate der practischen Vernunft sind nun zwar an sich vollkommen wahr, gut und schön; allein ich behaupte nur, daß zwischen jener Kantischen Erscheinungslehre und diesem eigentlichen Systeme der practischen Vernunft ein totaler Widerspruch Statt finde; und zwar,

1) ein totaler Widerspruch mit den großen practischen Hauptresultaten: Freyheit, Unsterblichkeit, Gott und Vorsehung. Was nun zuerst a) die Freyheit betrift; so unterscheidet Kant eine zwiefache Art von Freyheit; eine transscendentale nemlich und eine practische. Mit jener mag ich gar nichts zu thun haben. Denn sie ist im Grunde weiter nichts, als diejenige ganz unerweisliche Beschaffenheit unserer menschlichen Seele, nach welcher diese Sinnenwelt sie gar nichts angehen soll; woraus denn aber doch auch gar noch nicht erhellet, daß und ob sie in und an sich selbst auch wirklich frey ist. Ueberdies haben wir oben §. 12. schon gesehen, daß diese ganze Lehre eben dadurch durch und durch voll Widersprüche und Unbegreiflichkeiten geworden ist, weil

Kant

Kant seine Erscheinungslehre ganz unnöthiger Weise darin einmischte. Hingegen von der practischen Freyheit sagt unser Kant S. 830. sehr wahr und schön: „Eine Willkühr ist bloß thierisch, (arbitrium brutum) „die, oder wenn sie nicht anders als durch sinn„liche Antriebe bestimmt werden kann. Diejenige „aber, welche unabhängig von sinnlichen Antrieben, „mithin durch Bewegursachen, welche nur von der „Vernunft vorgestellt werden, bestimmt werden „kann, heißt die freye Willkühr (arbitrium liberum,) „und alles, was mit dieser, es sey Grund oder Fol„ge, zusammenhängt, wird practisch genannt. Die „practische Freyheit kann durch Erfah„rung bewiesen werden. Denn nicht bloß „das, was reizt, d. i. die Sinne unmittelbar af„ficirt, bestimmt die menschliche Willkühr, sondern „wir haben ein Vermögen, durch Vorstellun„gen von dem, was selbst auf entferntere Art nütz„lich oder schädlich ist, die Eindrücke auf unser sinn„liches Begehrungsvermögen zu überwinden; diese „Ueberlegungen aber von dem, was in Ansehung „unseres ganzen Zustandes begehrungswerth, d. i. „gut und nützlich ist, beruhen auf der Vernunft." Dies ist nun die Freyheit, mit der ich es halte, und die ich mir nicht nehme lasse. Allein wie kann ich nun glauben, daß ich frey bin, wenn ich zugleich auch glauben soll, daß alles, was in und an mir ist,

ist, in gewisse ursprüngliche Formen, die mir nun einmal wesentlich ankleben, passen und sich schmiegen muß? Denn das, was sich in gewisse Formen gießen lassen muß, ist doch gewiß nichts weniger, als wirklich frey und ungebunden. Da nun die Formen, die uns die Kantische Erscheinungslehre aufbringt, unserm denkenden Ich ohne alles sein Zuthun ankleben, und von ihm also gänzlich unabhängig sind, im Gegentheil aber unser denkendes Ich von ihnen abhängig ist; so widersprechen sie auch offenbar nicht allein der practischen Freyheit, sondern noch mehr auch der angeblichen transscendentalen.

b) Wie kann ich glauben, daß ich unsterblich bin, und künftig glücklicher oder seeliger seyn werde, als ich es jetzt bin, wenn ich zugleich auch glauben soll, daß ein Ding auch aus bloßen Verhältnissen bestehen könne, daß der Begriff von Substanz gänzlich leer sey, und in positiver Bedeutung gar nicht zugelassen werden könne? §. 11. Wie kann ich glauben, daß künftig eine Welt außer mir und von mir unabhängig existiren und meiner darin zu hoffenden Glückseeligkeit angemessener seyn werde; wenn ich zugleich auch glauben soll, daß doch jetzt eine Welt außer mir an sich gar nicht existire? Wenn jetzt keine im Raume und in der Zeit wirklich existirt; woher soll sie denn künftig kommen? Dies muß ja nothwen=

wendig nach der Kantischen Philosophie künftig eben
so unmöglich seyn, als es jetzt ist. Denn der Grund,
warum Kant läugnet, daß die Welt außer uns an
sich wirklich existire, liegt ja bloß darin, weil er
Raum und Zeit zu bloßen subjectiven Formen unserer sinnlichen Anschauung macht. Ist nun diese seine Lehre richtig; so ist es freylich unmöglich, daß
außer uns eine Welt wirklich existiren kann. Kann
sie nun aber eben aus dem Grunde nicht wirklich existiren, weil Raum und Zeit bloß in unsern Sinnen,
außer uns aber nichts ist und gar nicht Statt
findet; wie sollte es denn möglich seyn, daß künftig
eine Welt außer uns wirklich existiren könnte? Gleichwohl nimmt doch dies Kant in seinem neuen Beweise vom Daseyn Gottes und einem künftigen Leben
ausdrücklich an; also widerspricht er offenbar auch
in dieser Hinsicht gerade zu sich selbst in seinen eigenen Grundsätzen. Denn wenn von einer äußern
Glückseligkeit die Rede ist, die künftig noch zu hoffen seyn soll; so muß doch auch nothwendig von einer Welt die Rede seyn, die außer uns im Raume
und Zeit existirt; nur mit dem Unterschied, daß sie
künftig besser und vollkommener seyn wird. Nun
ist ja eine Welt, die außer uns im Raume und Zeit
existirt, nach Kantischen Grundsätzen eine bloße Erscheinung. Wie kann ich also glauben, daß einst
eine vollkommene Harmonie zwischen Sittlichkeit und
äuße-

äußerer Glückseligkeit zu Stande kommen werde, (denn zwischen Sittlichkeit und innerer Glückseligkeit findet sie eigentlich auch schon jetzt Statt,) wenn ich zugleich auch glauben soll, daß die ganze äußere Glückseligkeit ebenfalls weiter nichts, als eine bloße Erscheinung ist? Ist sie das jetzt, (und nach der Kantischen Erscheinungslehre ist sie doch offenbar nur dies und weiter nichts,) wie ist es denn möglich, daß sie künftig etwas anders seyn könnte? Erscheinung ist ja doch immer nur Erscheinung! Sie kann also auch künftig keinen reellern und größern innern Gehalt haben, als sie jetzt hat! Ueberdies behauptet ja Kant ausdrücklich: es sey ein Widerspruch, zu sagen: Gott sey ein Schöpfer von Erscheinungen. Also muß es ja nothwendig auch ein Widerspruch seyn, ihn für den Schöpfer einer künftigen größern Harmonie zwischen Sittlichkeit und äußerer Glückseligkeit zu halten! Ja wenn wir anders fortbauern; so muß sogar nach der Kantischen Philosophie, als welche nemlich das Princip der Glückseligkeit von den Principen der Moralität gänzlich ausgeschlossen wissen will, unsere äußere Glückseligkeit ewig so unvollkommen und mangelhaft bleiben als sie jetzt ist. Denn Kant sagt ausdrücklich: (Crit. d. pr. V. S. 279.) „das Gesetz der Sitten muß un„vermengt von Absichten auf Wohlbefinden und „Glückseligkeit, als Triebfeder ans Herz gelegt wer„den,

„ben; barum, weil die Tugend im Leiden sich am „herrlichsten zeigt." — Ist nun dieser Kantische Grundsatz richtig; so muß ich daraus nothwendig schließen: die Tugend muß immer sich auf das herrlichste zeigen; dies gebietet das Moralgesetz; also gebietet es auch, daß wir ewig leiden, und in Ansehung unserer äußern Lage ewig unglücklich seyn müssen. —

c) Wie kann ich glauben, daß ein Gott ist, der die Welt regiert, und von dem es sich hoffen läßt, daß er die vollkommene Harmonie zwischen Sittlichkeit und Glückseeligkeit, woran es jetzt noch fehlt, künftig noch veranstalten und zu Stande bringen werde, wenn ich zugleich auch glauben soll, daß eine außer mir in Raum und Zeit befindliche Welt an sich gar nicht existire, sondern daß bloß mein Verstand vermittelst seiner Categorien der Urheber und Gesetzgeber der bloß in meiner Vorstellung existirenden Welt sey? (§. 1. und 2.) Beydes zugleich kann doch wohl unmöglich wahr seyn. Giebt es also keine Welt, die außer mir und unabhängig von meiner Vorstellung wirklich existirt; so ist auch die Existenz eines Gottes, der außer meiner Vorstellung wirklich existirte, völlig überflüßig und kann mit nichts bewiesen werden. Denn wozu ist alsdenn ein Gott noch nöthig? Ich selbst bin ja alsdenn Schöpfer und Regent der Welt! Ich selbst baue mir ja die

Welt bloß in meiner Vorstellung; ich selbst schaffe und bilde, ordne und regiere, wie es meinem Verstande und meiner productiven Einbildungskraft beliebt. (§. 2.) Wollte man nun aber etwa sagen: ja, wenn es auch ein Widerspruch ist, von Gott zu sagen: er sey ein Schöpfer von Erscheinungen; so ist Er doch nöthig als Schöpfer der Substanzen; ein Satz, der wie Kant selbst sagt: (Crit. d. pr. V. S. 180.) niemals aufgegeben werden darf; so bekenne ich zwar von ganzem Herzen, daß dieser letztere Satz nach meiner Ueberzeugung vollkommen wahr und unzweifelhaft gewiß ist; allein nach der Critik der reinen Vernunft kann auch dies nicht einmal Statt finden. Denn sie erklärt ja ausdrücklich, S. 616. es bleibe uns unbenommen, auch jedes eingeschränkte Wesen als unbedingt nothwendig gelten zu lassen. Ja, sie geht noch weiter, und behauptet: selbst die Begriffe, von Substanz, u. s. w. wären gänzlich leer, und verlöhren alle Bedeutung, wenn man sich damit über das Feld der Sinne hinauswage; (cf. §. 16.) behauptet ausdrücklich, daß auch selbst eine sogenannte intelligibele Welt in positiver Bedeutung gar nicht zugelassen werden, sondern nur als Begrenzung unserer Sinnlichkeit, und unseres sinnlichen Erkenntnißvermögens gelten könne. Hat und behält nun also die Critik der reinen Vernunft hierin Recht; so wird offenbar die Nothwenwendigkeit oder Glaubwürdigkeit des Daseyns Gottes, und folglich das System der practischen Vernunft gänzlich dadurch aufgehoben. Soll nun aber dieses wahr seyn und feststehen; so müssen jene Grundsätze und Resultate der Critik der reinen Vernunft nothwendig falsch seyn; und zwar kann jenes Erstere nicht anders feststehn, als wenn es im voraus schon ausgemacht ist, daß die Letztere falsch sind. Denn die theoretische Vernunft hat eben sowohl ein dringendes Bedürfniß, das Daseyn eines Gottes anzunehmen, als die practische. Woraus will man denn nun beweisen können, daß das Bedürfniß der Letztern nothwendig gültiger seyn müsse, als das Bedürfniß der Erstern? Vielmehr ist es ein sehr richtiger Schluß: wenn die dringenden Bedürfnisse der theoretischen Vernunft ungültig sind, und für das Daseyn Gottes nichts beweisen; so sind die Bedürfnisse der practischen Vernunft ebenfalls ungültig, und beweisen eben so wenig, und zwar um so weniger, weil die Moralität an sich selbst von dem Daseyn eines Gottes, wie Kant selbst ausdrücklich lehrt, ganz unabhängig ist, und immer eben dasselbe ist und bleibt, wenn auch ein höchstes Wesen gar nicht existirt; die Glückseeligkeit aber, die sie als ihr gebührend postulirt, das Daseyn eines Gottes, als eine dabey nothwendige Voraussetzung, nur alsdenn beweisen kann, wenn das Daseyn einer Welt überhaupt,

haupt, der diese Glückseeligkeit als eine für das moralische Wesen genießbare, und mit der Sittlichkeit zusammenstimmende Qualität inhärirt, als entscheidender Beweis für das Daseyn eines Gottes schon vorhergeht, und dafür anerkannt worden ist. Ist nun aber die ganze Welt eine bloße Erscheinung, und ist mithin zur Erklärung ihres Daseyns das Daseyn eines Gottes nicht nothwendig; so ist es offenbar auch eben so wenig, und noch vielweniger nothwendig, um eine größere äußere Glückseeligkeit hoffen zu können, von welcher es sich von selbst versteht, daß sie, wenn sie noch zu hoffen seyn soll, nur in Hinsicht auf eine künftige vollkommenere Einrichtung eben derselben äußern Welt zu hoffen seyn kann, in welcher sie als jetzt noch fehlend vorgestellt werden kann. Die Vernunftnothwendigkeit, einen moralischen Plan der Welt zu glauben, und die Unmöglichkeit dies zu können, ohne einen Gott vorauszusetzen, findet also nur alsdenn erst Statt, leuchtet nur alsdenn erst ein, und kann nur alsdenn erst mit Fug und Recht behauptet werden, wenn die Welt nicht, wie Kant will, eine bloße Erscheinung ist, sondern eine an sich gegründete, und von uns unabhängige Existenz hat.

2) Besonders aber zeigt sich nun ein totaler Widerspruch zwischen der Kantischen Erscheinungslehre und dem großen practischen Grundsatze der

Vernunft: Handele so, daß die Maxime deines Willens auch zugleich als Princip einer allgemeinen Gesetzgebung gelten könne. Denn wie kann ich glauben, daß ich an dieses Gesetz mich binden müsse, oder auf das Allgemeine, d. h. auf meinen Nebenmenschen irgend eine Rücksicht zu nehmen, oder gegen ihn irgend eine Pflicht zu beobachten habe; wenn ich zugleich auch glauben muß, daß dieser mein Nebenmensch bloß in meiner Vorstellung, und außer meiner Vorstellung gar nicht existirt. Denn wenn er außer mir wirklich existirte; so wäre ja zwischen mir und ihm ein Raum! Es ist ja aber eine Hauptlehre der Kantischen Philosophie, daß Raum und Zeit bloß in unsern Sinnen ist. Da es also außer mir keinen Raum giebt; wie wäre es denn möglich, daß irgend ein Mensch außer mir wirklich existiren könnte? — Ja, wenn die Kantische Erscheinungslehre ihre Richtigkeit hat; so sehe ich nicht ab, warum ich mir nicht einmal einen ähnlichen Spaß, wie Kayser Nero, machen sollte, wenn ich dazu Lust bekäme! Denn was die Erscheinung betrift, die ich meinen Wohnort nenne; so existirt sie ja nach Kant, (Crit. d. r. V. S. 236.) bloß in meiner Vorstellung; folglich müssen nothwendig auch alle meine Miteinwohner bloß in meiner Vorstellung existiren. Gegen eine Sache aber, die bloß in meiner Vorstellung existirt, kann ich doch unmöglich irgend eine

Pflicht

Pflicht zu beobachten haben; sondern ganz unstreitig bin ich vielmehr berechtiget, damit zu schalten und zu walten, wie es mir beliebt. Was nun aber das Substratum, oder das Ding an sich betrift, das dieser Erscheinung vielleicht zum Grunde liegen mag; so ist es ja nach Kant (S. §. 1.) nicht allein völlig unbekannt, was es ist, sondern es ist auch sogar gänzlich ungewiß, ob es gar einmal wirklich existirt. Gegen ein Ding aber, daß nicht allein völlig unbekannt, sondern von dem es sogar gänzlich ungewiß ist, ob es wirklich existirt; gegen ein solches Ding, daß also gar kein Object für mich ist, kann ich doch eben so wenig irgend eine Pflicht zu beobachten haben. Ueberdies würde ja auch die Erscheinung des Anzündens und Abbrennens das Ding an sich, wenn auch eins vorhanden wäre, gar nichts angehn. Es kann und darf also dabey auch gar nicht in Betrachtung kommen. Kurz, da ich das ganze Lustfeuer bloß in meiner Vorstellung anzünden würde, indem es doch nirgends als im Raume und in der Zeit angezündet werden könnte; so hat es nach der Kantischen Philosophie auch im geringsten kein Bedenken, es wirklich anzuzünden, so bald ich etwa fände, daß ich mir ein Vergnügen damit machen könnte? Wenn man also Kants Moral-System bloß an und für sich selbst betrachtet; wiewohl freylich auch selbst dieses nicht einmal von manchen Wi-

derherſprüchen frey iſt; inſonderheit aber, wenn man vornemlich nur bey jenem oberſten Grundgeſetze ſtehen bleibt, und bloß hiernach denkt und handelt, ohne auf die erſten Principien ſeines Syſtems in der Critik der reinen Vernunft dabey Rückſicht zu nehmen; ſo hat es freylich keine Noth! Geht man aber von den erſten Principien ſeines Syſtems aus, die beſonders in der Critik der reinen Vernunft enthalten ſind; und will dann conſequent darnach denken und handeln; ſo iſt es äußerſt gefährlich, darnach zu denken und zu handeln. —

Noch einige Folgen aus der Kantiſchen Philoſophie.

§. 18. Kant ſtellt S. 819. den ſehr wahren und brauchbaren Grundſatz auf: „wenn auch nur eine einzige falſche Folge aus einem Satze gezogen werden kann; ſo iſt dieſer Satz ſelbſt falſch." — Es wird ſich alſo der Mühe lohnen, noch ein wenig zu ſehen, was für Folgen aus ſeiner Philoſophie, und beſonders aus ſeiner Erſcheinungslehre fließen. Damit nun aber niemand ſagen möge, als wären ſie nur aus Misverſtändniſſen abgeleitet; ſo muß ich bitten, die verſchiedentlich, und beſonders §. 1. angeführten hieher gehörigen Hauptſtellen nochmals nachzuleſen, oder doch wenigſtens ihren weſentlichen Inhalt immer ſorgfältig hierbey vor Augen zu haben.

Denn

Denn offenbar sind sie an sich selbst so klar und deutlich, daß der wahre Sinn derselben durchaus keinen Mißverständnissen ausgesetzt seyn kann. Sollte aber dennoch Jemand sagen wollen: Kant sey nur mißverstanden worden, eine Sprache, die seit einiger Zeit sehr gewöhnlich geworden ist; so muß ich dagegen sagen: Freund! du hast entweder die Critik der reinen Vernunft gar noch nicht recht im Zusammenhange gelesen und studirt; oder du redest wider den klaren Augenschein! Kanst du aber gleichwohl, wider alles Vermuthen, das Unmögliche möglich machen, und nicht allein genau bestimmen, und anzeigen, worin die angeblichen Mißverständnisse liegen, und wie denn Kant in den angezeigten Stellen beßer und richtiger verstanden werden könne und müße, sondern auch mit Gründen überzeugend beweisen, daß der Sinn, worin ich die Stellen nehme, wirklich auf bloßen Mißverständnissen beruhe, oder daß und wie ich falsch daraus geschlossen habe; kanst du, sage ich, das ganz bestimmt und deutlich angeben, und gründlich beweisen; so werde ich dich mit Vergnügen hören & magnus mihi eris Apollo! Man erwäge also:

1) ist es wahr, daß alle äußere Gegenstände, wie doch Kant ausdrücklich lehrt, bloße Erscheinungen, d. h. bloße Vorstellungen, an sich selst aber Nichts sind; wozu lehren und studiren wir denn noch Naturlehre? Denn die ganze

Natur,

Natur, als der Inbegriff aller Erscheinungen, exi\stirt ja bloß in meiner Vorstellung, außer mir aber und an sich selbst ist sie Nichts. Ich mag mir also die Natur vorstellen, wie ich will; so irre ich mich niemals. Denn sie ist nichts anderes, als was ich mir vorstelle; sie ist der Inbegriff meiner Vorstellungen, und also jedesmal gerade das, was ich mir vorstelle. Ich mag sie mir also vorstellen, wie ich will; so irre ich mich niemals. Gleichwohl aber irre ich mich doch beständig. Denn meine Vorstellungen haben außer mir niemals ein Object, das wirklich existirte, und mit dem sie übereinstimmten. Ich stelle mir eine Natur vor, die außer mir vorhanden ist; aber ich irre mich, es giebt keine! Ist es also nicht Thorheit, noch von Berichtigungen oder neuen Entdeckungen in der Naturlehre sprechen zu wollen?

2) Ist die Kantische Philosophie wahr; wozu lehren und studiren wir denn noch Geschichte? Es giebt ja keine! Denn wenn es außer uns keine Zeit giebt; wie kann es denn Geschichte geben? Bin ich; so bin ich, was ich bin, alles auf einmal und werde niemals werden, was ich noch nicht bin. Nichts ist weder vor mir, noch nach mir. Ich bin nie gebohren, nie ein Kind gewesen, nie ein Mann geworden, und eine Zukunft, die in einen ganz neuen Zustand mich versetzen könnte, giebt es gar nicht.

Denn

Denn das wäre ja offenbar ein wahre wirkliche Zeitfolge. — Ich habe weder Vater noch Mutter, weder Vorfahren noch Nachkommen. Denn jene
müßten ja älter, und diese jünger seyn, als ich, und
das wäre ja denn abermals eine wirkliche Zeitfolge.
Ja, ein menschliches Geschlecht, das nach einander
hier auf Erden gelebt hätte, und eine Reihe von
Begebenheiten, die nach und nach mit demselben
sich wirklich zugetragen hätten, ist ganz undenkbar.
Menschen und menschliche oder bürgerliche Gesell-
schaften, Reiche und Staatsverfassungen, Künste
und Wissenschaften haben niemals angefangen zu
seyn, und sind auch niemals zu immer größerer Vollkommenheit fortgegangen. Denn das wäre ja
abermals eine wahre wirkliche Zeitfolge. Diese soll
ja nun aber, als etwas außer uns, nach der Kantischen
Philosophie durchaus unmöglich seyn. Ist es also
nicht Thorheit, noch lange von Geschichte, d. h. von
einer Reihe wirklicher Begebenheiten, von verflosse-
nen Jahrhunderten, von einer Urwelt oder Vor-
welt, oder von großen Männern, die ehemals gelebt hätten, jetzt nun aber nicht mehr lebten, z. E.
von einem Socrates, oder von einem Carl dem
Großen, oder von einem Friedrich, dem Einzigen,
oder von Zukunft, Nachwelt und Nachruhm, sich
etwas träumen zu lassen, oder andern vorzuschwa-
tzen? Die Lehrer der Geschichte können nun also

künf-

künftig erzählen, was sie Lust haben, oder was ihnen einfällt, wenn sie nur die Synthesis des Mannigfaltigen gehörig beobachten, oder alles gehörig in eine Art von System bringen. Denn es läuft am Ende alles auf Eins hinaus! Es ist ja alles bloße Vorstellung, an sich selbst aber Nichts! — Dies gilt also insonderheit auch von der ganzen biblischen, und evangelischen Geschichte. Sie ist bloße, subjective Vorstellung; an sich selbst aber Nichts!

3) Ist die Kantische Philosophie wahr, und hat es besonders mit der Lehre von der bloßen Idealität des Raums und der Zeit seine ausgemachte Richtigkeit; wozu lehren und studiren wir denn noch Geographie? Denn wenn es außer uns keinen Raum giebt; wenn dieser wirklich bloß idealisch, bloß in unsern Sinnen ist; wie kann es denn eine Erde und eine Erdbeschreibung geben? Wie? Außer uns also wäre kein Raum? — Hm! Das begreife ich doch nicht! Gotha liegt doch nicht da, wo Magdeburg, Berlin nicht da, wo Halle, Königsberg nicht da, wo Berlin, Petersburg nicht da, wo Königsberg liegt, u. s. w. Alle diese Städte liegen doch von einander, in einer mehr oder weniger weiten Entfernung; und das sollte doch kein Raum seyn? Alle diese Städte sollten also nicht außereinander; sondern ineinander oder übereinan-

der her, bloß in meinen Sinnen liegen, und also im Grunde nichts seyn? Richtig! Denn der ganze unendliche Raum ist ja bloß idealisch, bloß eine Form unserer sinnlichen Anschauung, jene Städte hingegen sind ja bloße einzelne Vorstellungen oder sinnliche Anschauungen; bloße Vorstellungen aber kann man ja unstreitig, vermöge der Spontaneität des Verstandes, ordnen und zusammen setzen, wie man will und kann, sie in den verschiedenen subjectiven Fächern des innern oder äußern Sinnes, hinstellen, wohin man will. Wie? Also kann ich auch zu gleicher Zeit in Gotha und in Magdeburg, in Wien und Berlin, in Petersburg und Lissabon, in Rom und in Stockholm seyn? Auch das! Denn es giebt ja außer uns keinen Raum; alle jene Oerter nehmen also auch keinen ein, und haben von einander keine räumliche Entfernung! Aber, ich möchte doch so gerne, indem ich jetzt in Gotha bin, auch zugleich in Magdeburg seyn, und meine dortigen Freunde nach wie vor sehen und sprechen können!– Warum kann ich denn nun aber das doch schlechterdings nicht, ich mags auch anfangen wie ich will? — Du träumest, liebe Seele, und du weißt ja wohl, man kann nicht immer träumen, was man will! O! im Traume bin ich ja öfters da; warum denn also nicht auch wachend? Läge die Trennung bloß in meiner Vorstellung; so müßte ich sie ja doch heben können. Denn

Kant

Kant gesteht ja doch, daß unser Verstand Spontaneität hat! Ein Anderes wäre es, wenn die Sache eine Vorstellung beträfe, die schon gänzlich aus meinem Gemüthe sich verloren hätte, und auf welche ich durchaus nun nicht wieder mich besinnen könnte. Aber ich kann mich ja recht gut darauf besinnen! Die Vorstellung ist mir gegenwärtig; Magdeburg selbst aber ist und bleibt mir fern! Gleichwohl ist doch mein Verstand vermittelst seiner Categorien oder Denkformen, wie Kant versichert, Urheber der Erfahrung und aller der Gegenstände, die darin angetroffen werden. Sonst wurde nun unter andern auch Magdeburg darin angetroffen! Warum wird es denn aber jetzt nun nicht mehr darin angetroffen? Warum leistet mir denn mein Verstand vermittelst seiner Categorien jetzt nicht mehr die Dienste, die er mir doch sonst geleistet hat? Müssen denn also Magdeburg und meine Vorstellung von Magdeburg nicht nothwendig zwey von einander sehr verschiedene Dinge seyn? Gleichwohl läugnet doch dies Kant! Denn er behauptet ja ausdrücklich: „alle äußere Objecte, nebst ihren Verhältnissen können als Erscheinungen nicht an sich selbst, sondern bloß in uns existiren." (S. 59.) „wir haben es überall in der Sinnenwelt selbst bis zur tiefsten Erforschung mit nichts, als mit Erscheinungen zu thun;

Erscheinungen aber enthalten Nichts, was irgend eine Sache an sich selbst angienge, sie sind nichts an sich selbst, sondern bloße Modificationen, oder Grundlagen unserer sinnlichen Anschauung, kurz bloße Vorstellungen. (S. 63.) Das transscendentale Object aber, das ihnen vielleicht zum Grunde liegen mag, bleibt uns gänzlich unbekannt, es ist also eigentlich für uns gar kein Object, und kann in positiver Bedeutung gar nicht zugelassen werden." (§. 1 - 11. u. a. a. O. m.) Wenn also Magdeburg für mich von jeher weiter nichts, als eine bloße Erscheinung, d. h. eine bloße Vorstellung war; warum ist sie mir denn jetzt nun nicht mehr das, was sie mir doch sonst war? Oder bin ich denn etwa jetzt vom Verstande und von Sinnen gekommen? Du träumest, liebe Seele! Wie? Du wähnst ehedem ein Magdeburg gesehen zu haben, das du jetzt nun nicht mehr siehst? Du wähnst, ehedem Brüder und Freunde gesprochen zu haben, die du jetzt nun nicht mehr siehst und sprichst? Du irrest liebe Seele! Denn das wäre ja offenbar eine wirkliche Zeitfolge, d. h. nicht bloß, wie es Kant erklärt, eine fortdauernde Form deiner innern subjectiven Anschauung; sondern offenbar eine wahre, außer dir vorgegangene, wirkliche Zeitfolge in dem

Das

Daseyn der Dinge, und in ihren Verhältnissen gegen dich; eine wirkliche Reihe und Folge dessen, was ehedem in deiner Erfahrung angetroffen wurde; jetzt nun aber nicht mehr darin angetroffen wird. Allein eine solche wirkliche Zeitfolge, die in den Dingen außer dir, und in deinen äußern Umständen vorgienge, soll ja durchaus unmöglich seyn. Denn auch die Zeit ist ja bloß idealisch; eine bloße subjective Form deines innern Sinnes, an sich selbst aber Nichts! Das mußt du glauben, wenn du es gleich nicht zu begreifen vermagst. Beruhige dich also; es ist ja alles bloße Vorstellung; auch der Wechsel deiner Vorstellungen ist wieder nichts anders, als bloße Vorstellung; an sich aber Nichts! Es ist alles nur Eins; und Eins ist Alles, (Crit. d. pr. V. S. 177.) alles aber, der ganze Inbegriff aller Erscheinungen, wenn du deine subjective Beschaffenheit wegnimmst, im Grunde Nichts! (Crit. d. r. V. S. 62.) Das Gott erbarm! — Alles Nichts? Gotha und Magdeburg, Wien und Berlin, Petersburg und Lissabon, Rom und Stockholm, nebst den Räumen die sie einnehmen, und den Entfernungen, die sie trennen, alles, alles, selbst Himmel und Erde, bloße Vorstellung, an sich selbst aber Nichts? — Welch eine Täuschung! Welch ein sonderbares Gaukelspiel unseres Verstandes und unserer Sinne! In Wahrheit lieben Freunde, wenn ich erst soviel Glaubens-

kraft

kraft erlangt habe, mich davon überzeugen zu können; so werde ich gewiß auch stark genug seyn, alles nach der Reihe wegzuglauben, es mag mir auch vorkommen, was da will! — Wie? Also auch zwischen Himmel und Erde ist kein Raum? Nein! — Denn Kant sagt ja ausdrücklich, S. 63. „die Regentropfen sind bloße Erscheinungen, und ihre runde Gestalt, ja selbst der Raum, in welchem sie fallen, sind nichts an sich selbst, sondern bloße Modificationen unserer sinnlichen Anschauung. Da haben wirs ja! Es giebt also kein wirkliches, von uns unabhängiges Außereinanderseyn der Dinge! — Wie? Wenn also die Sonne scheint; so scheint sie bloß in unsern Sinnen; und wenn es regnet; so regnet es bloß in unserm Kopfe? Das sind doch wirklich Wunder über Wunder! Wie mags denn aber zugehn, daß gleichwohl Regen und Sonnenschein unserm Kopfe, oder unserer Vorstellung nicht immer zu Gebote steht, da wir doch zuweilen das Eine oder das Andere so sehnlich wünschen, und so nöthig gebrauchen? Dies müßte doch aber wohl bey der Spontaneität unseres Verstandes, die ihm doch Kant ausdrücklich zugesteht, ganz nothwendig und unausbleiblich der Erfolg seyn, wenn die Regentropfen nicht wirklich ganz unabhängig von unserer Vorstellung, in einem Raume außer uns fielen, und wenn die Sonne nicht wirk-

wirklich nach den Berechnungen der Astronomen in einer, 20 Millionen halbe Erddiameter im Durchschnitt austragenden Entfernung, ganz unabhängig von unserer Vorstellung, vorhanden wäre! Wäre das nicht so; so könnten wir ja nun unsere bisherige Kirchengebete um Regen und Sonnenschein mit Fug und Recht gänzlich weglassen, und dürften nur bloß an unsern eigenen, zuweilen etwas eigensinnigen Verstand appelliren! Was doch aber denn unser Verstand mit seinen Categorien für ein ganz erschrecklicher Hexenmeister seyn müßte! —

4) Ist die Kantische Philosophie wahr; ist der Raum wirklich bloß idealisch; ist er kein wirkliches, von uns unabhängiges Außereinanderseyn der Dinge an sich selbst, keine, von uns unabhängige Modification ihres wirklichen Seyns, sondern bloß eine subjective Modification unserer sinnlichen Anschauung; wozu lehren und studiren wir denn noch Astronomie? Sonne, Mond und Sterne sind ja bloße Erscheinungen; sie existiren also bloß in unsern Sinnen, bloß in unserer Vorstellung; an sich selbst aber sind sie Nichts! Wozu zerbrechen denn noch also große Astronomen sich die Köpfe, um die Größe der Himmelskörper zu bestimmen, ihre Entfernungen von der Erde zu messen, und ihre Laufbahnen zu berechnen? Ist denn das wohl noch der Mühe werth;

werth; ist es nicht vielmehr ein wirklich lächerliches Unternehmen, wenn körperlicher Umfang, wenn räumliche Entfernung, wenn periodischer Umlauf, und am Ende jeder Himmelskörper selbst, bloße Erscheinung, bloße subjective Vorstellung, an sich selbst aber Nichts ist? Ist es nicht lächerlich, den körperlichen Inhalt bloßer subjectiver Vorstellungen, die räumliche Entfernung der einen von der andern, nebst ihren Laufbahnen, messen und berechnen zu wollen? Existirt das Weltgebäude bloß in unserer Vorstellung, und dies behauptet ja Kant doch ganz ausdrücklich, (cf. §. 1.) so ist es ja offenbar vollkommen gleichgültig, wie wir es uns vorstellen. Denn wir mögen es uns vorstellen, wie wir wollen; so können wir doch niemals sagen, daß wir es uns unrichtig vorstellen; und zwar darum nicht, weil unsere Vorstellung des Weltgebäudes von dem Weltgebäude an sich selbst kann doch niemals unterschieden ist. Beydes ist vielmehr Eins; beydes immer ganz identisch. Denn nach Kants eigener Erklärung ist ja ein Object weiter nichts, als dasjenige, in dessen Begriff das Mannigfaltige einer gegebenen Anschauung vereiniget ist. (Crit. d. r. V. S. 137.) Es ist eine bloße Synthesis des Mannigfaltigen in unsern Vorstellungen. Diese Verbindung des Mannigfaltigen liegt aber nicht in den Gegenständen, und kann von ihnen nicht etwa durch Wahrnehmung entlehnt, und in

den

den Verstand dadurch aufgenommen werden; sondern ist allein eine Verrichtung des Verstandes, u. s. w. (S. 135.) Aber auch dieses Mannigfaltige, das der Verstand mit einander verbindet, ist nicht etwa so Etwas, was wirklich außer uns vorhanden wäre; sondern Raum und Zeit, diese subjective Formen unserer sinnlichen Anschauung, enthalten dieses Mannigfaltige schon a priori, (S. 102. 177. ꝛc.) Kurz ein Object ist nichts an sich selbst; sondern unser Verstand bildet es erst, indem er das Mannigfaltige, das unsere subjective Anschauungsformen a priori schon enthalten, in einen Inbegriff zusammenfaßt. (cf. S. 242.) Ein Object ist also weiter nichts, als ein Inbegriff von Vorstellungen; und mithin von unsern Vorstellungen an sich selbst gar nicht unterschieden. — Auch der größte Astronom kann also das Weltgebäude sich nicht richtiger vorstellen, als der einfältigste Bauer oder Tagelöhner. Denn wenn der eine sich vorstellt: die Erde bewegt sich um die Sonne; der Andere hingegen: die Sonne bewegt sich um die Erde; so haben beyde zu ihren gegenseitigen Vorstellungen ein gleiches Recht. Denn es ist schlechterdings nichts vorhanden, womit ihre Vorstellungen weder übereinstimmen, noch in Widerspruch stehen könnten. Was für ein Verdienst bleibt denn also dem großen und unsterblichen Copernicus übrig, wenn er sich die Mühe gab, uns eine bessere

bessere Weltordnung zu lehren, wenn doch gleichwohl auch diese Weltordnung, so wie jede andere, eine bloße subjective Vorstellung, an sich selbst aber Nichts ist? O! Astronomie, großes, herzerhebendes, majestätisches Studium, wie tief sinkst du doch herab! Herab bis zu einem elenden, leeren, nichts bedeutenden Gedankenspiele! — Sonst pflegte man zu sagen: wenn du das läugnen kannst; so kannst du auch wohl läugnen, daß die Sonne am Himmel steht! Und siehe da, nun ist es wirklich so weit mit uns gekommen, daß wir, bey vorausgesetzter Richtigkeit obiger Prämissen, es nothwendig läugnen müssen! Wer hätte das denken sollen! — Da ich hier eben von dem besternten Himmel spreche; so muß ich doch bey dieser Gelegenheit noch einen sehr auffallenden Widerspruch bemerklich machen, den ich in dem Kantischen Systeme gefunden habe. Kant sagt nemlich in seiner Critik der practischen Vernunft. S. 288. „Zwey Dinge erfüllen das Gemüth mit „immer neuer und zunehmender Bewunderung und „Ehrfurcht, je öfter und anhaltender sich das Nach„denken damit beschäftigt: der besternte Him„mel über mir, und das moralische Gesetz „in mir. Beyde darf ich nicht, als in Dunkelheit „verhüllt, oder im Ueberschwenglichen, außer meinen „Gesichtskreise suchen und blos vermuthen; ich sehe „sie vor mir, und verknüpfe sie unmittelbar mit dem
„Be-

„Bewußtseyn meiner Existenz. Das Erste fängt „von dem Platze an, den ich in der äußern Sin„nenwelt einnehme, und erweitert die Verknüpfung, „darin ich stehe, ins Unabsehlich = Große mit „Welten über Welten, und Systemen von „Systemen, überdem noch in grenzenlose Zei„ten ihrer periodischen Bewegung, deren Anfang „und Fortdauer. Das Zweyte fängt von meinem „unsichtbaren Selbst, meiner Persönlichkeit, an, „und stellt mich in einer Welt (der moralischen nem„lich) dar, die wahre Unendlichkeit hat, aber nur „dem Verstande spürbar ist, und mit welcher, da„durch aber auch zugleich mit allen jenen sichtbaren „Welten, ich mich, nicht wie dort, in bloß zufäl„liger, sondern allgemeiner und nothwendiger Ver„knüpfung erkenne. Der erstere Anblick jener „zahllosen Weltenmenge vernichtet gleichsam „meine Wichtigkeit, als eines thierischen Geschöpfs, „das die Materie, woraus es ward, dem Plane„ten, einem bloßen Punkt im Weltall, „wieder zurückgeben muß, nachdem es eine kurze „Zeit, man weiß nicht wie, mit Lebenskraft verse„hen gewesen." (Man vergleiche doch hiermit auch einmal jenen Kantischen Ausspruch, daß es ein Widerspruch sey, von Gott zu sagen: er sey ein Schöpfer von Erscheinungen; und versuche dann, sich die Frage zu beantworten, wo doch dieses thie-

tische

rische Geschöpf (Geschöpf!) wohl hergekommen seyn mag?) „Die Zweyte erhebt dagegen meinen Werth, „als einer Intelligenz, unendlich, durch meine Per„sönlichkeit, in welcher das moralische Gesetz mir „ein von der Thierheit, und selbst von der ganzen „Sinnenwelt, unabhängiges Leben offenbart, we„nigstens so viel sich aus der zweckmäßigsten Be„stimmung meines Daseyns durch dieses Gesetz, wel„che nicht auf Bedingungen und Grenzen dieses Le„bens eingeschränkt ist, sondern ins Unendliche geht, „abnehmen läßt." — Dies ist nun allerdings vollkommen wahr, sehr schön gesagt, und ganz vortreflich; aber leider, wenn es nur nicht durch die anderweitigen wesentlichen Grundsätze seines eigenen Systems gänzlich wieder umgestoßen und in Nichts verwandelt würde. Denn dagegen behauptet er doch in unzähligen Stellen deutlich und ausdrücklich: die ganze Welt; folglich auch der Sternenhimmel, sey durch und durch eine bloße Erscheinung; sie existire gar nicht an sich selbst, sondern bloß in unserer Vorstellung; weil Raum und Zeit, und folglich auch alles, was im Raume und in der Zeit von uns angeschauet werde, bloß in unsern Sinnen, an sich selbst aber, und außer uns Nichts sey. Dies sind bey ihm deutlich dastehende, sehr stark behauptete, und ganz unbedingte Sätze. Wie ist es denn nun aber möglich, daß jenes und dieses mit einander beste-

bestehen kann? Der besternte Himmel, sagt Kant,
kann das Gemüth mit immer neuer und zunehmen=
der Bewunderung und Ehrfurcht erfüllen! Aller=
dings, ganz ausnehmend kann er das; aber wohl
zu merken, lediglich unter der hierbey höchstnöthigen
Bedingung, daß man nicht an die Kantische Philo=
sophie glaubt: Denn wenn das Gemüth den bestern=
ten Himmel für eine bloße Erscheinung hält, die sich
dem Gemüthe, vermittelst seiner ursprünglichen An=
schauungsformen, nur bloß so vorspiegle, an sich
selbst aber Nichts sey; wie kann doch da noch an
Ehrfurcht und Bewunderung zu denken seyn! Woll=
te man aber vielleicht eine kleine Ausflucht machen,
und etwa sagen: da hier eigentlich von der Schö=
pfung des gesternten Himmels oder von der Wahr=
heit die Rede sey, daß der gesternte Himmel, nebst
dem moralischen Gesetze, uns zum Glauben an die
Existenz eines höchsten Wesens führe; so werde
auch der gesternte Himmel hier nicht als Erscheinung,
sondern als Noumenon betrachtet; S. Crit. d. pr.
V. S. 183. f. so kommt man doch auch hiermit aus
diesem Labyrinthe nicht heraus. Denn Noumena
nach der Kantischen Philosophie sind ja etwas Ueber=
sinnliches oder Ueberschwengliches; sie liegen ganz
außer unserm Gesichtskreise; ja, sie können sogar, wie
Kant versichert, in positiver Bedeutung gar nicht ein=
mal zugelassen werden. Wie wäre es also möglich, daß
solche

solche Kantische Noumena unser Gemüth mit Ehrfurcht und Bewunderung erfüllen könnten? An diese also läßt sich in dieser an sich wahren und schönen Stelle gar nicht denken. Denn Kant spricht ja ausdrücklich von einem besternten Himmel, den ich nicht, als in Dunkelheit verhüllt, oder im Ueberschwenglichen, außer meinem Gesichtskreise, suchen und bloß vermuthen darf, sondern den **ich vor mir sehe**, und unmittelbar mit dem Bewußtseyn meiner Existenz verknüpfe. Also betrachtet Er ja hier den besternten Himmel keinesweges als Noumenon, sondern als Erscheinung, oder als Phänomenon, d. h. als einen solchen, der wirklich in meinem Gesichtskreise liegt und zur Sinnenwelt gehörig ist, weil er schon von dem Platze anfängt, den ich hier in dieser Sinnenwelt einnehme. Wenn nun aber dieser besternte Himmel, das Gemüth mit immer zunehmender Ehrfurcht und Bewunderung erfüllen soll; so muß er doch nothwendig Etwas seyn, das, als uns erscheinend, wirklich außer uns vorhanden ist, und eine an sich selbst gegründete Existenz hat. Kant lehrt das Eine; also muß er nothwendig auch das Andere zugeben. Allein dies kann er doch nicht zugeben, nachdem er ein für allemal ganz unbedingt behauptet hat: "die ganze Welt sey eine bloße Erscheinung; sie existire gar nicht an sich selbst, sondern bloß in unserer Vorstellung; weil

Raum

Raum und Zeit, und folglich auch alles, was in Raum und Zeit von uns angeschauet wird bloß in unsern Sinnen, an sich selbst aber und außer uns Nichts sey, und dies sey nicht etwa nur bloß möglich oder wahrscheinlich, sondern es sey ungezweifelt gewiß. (Crit. d. r. V. S. 66. 518. 534.) Ist nun aber der in unserm Gesichtskreise liegende gesternte Himmel weiter nichts, als eine bloße Erscheinung, an sich aber Nichts; so ist die Bewunderung und Ehrfurcht, die seine sensible Existenz und sein Liegen in unserm Gesichtskreise erweckt, offenbar auch weiter nichts, als bloße Täuschung, an sich selbst aber Nichts. Und wenn nun ungezweifelt gewiß ist, daß Raum und Zeit eine bloße subjective Form unserer sinnlichen Anschauung, an sich selbst aber und außer uns Nichts ist; wie ist es denn möglich, daß Kant noch von einem gesternten Himmel über mir sprechen kann? Wie ist es möglich, daß er sagen kann: „das Erste, nemlich der Schauplatz des besternten Himmels, fange von dem Platze an, den ich hier in dieser Sinnenwelt einnehme, und erweitere die Verknüpfung, darin ich stehe, ins Unabsehlich = Große von Welten über Welten, und Systemen von Systemen, und überdem noch in grenzenlose Zeiten ihrer periodischen Bewegung, deren Anfang und Fortdauer?" Wie ist möglich, daß es Welten über Welten, und Systeme von Systemen geben kann, wenn es außer uns keinen Raum, oder kein wirkliches Außereinanderseyn der Dinge giebt? Wie ist es möglich, daß die Verknüpfung, worin in stehe, in grenzenlose Zeiten der periodischen Bewegung jener Welten, deren Anfang und Fortdauer sich erweitern kann, wenn es ungezweifelt gewiß ist, daß es außer uns keine wirkliche Reihe und Folge der Dinge, und ihrer Zustände giebt? Denn ist Raum und Zeit wirklich etwas bloß Subjectives, an sich selbst aber Nichts; so müssen auch nothwendig alle jene Welten über Welten, nebst ihren periodischen Bewegungen, die im Raume und in der Zeit von uns angeschauet werden, bloße subjective Vorstellungen, an sich selbst aber Nichts seyn; man mag sie nun also Phänomena, oder als Kantische Noumena betrachten. Denn es ist ja doch unläugbar, daß sie Kant selbst hier als solche betrachtet, die wirklich in unserm Gesichtskreise liegen. Da sie nun in unserm Gesichtskreise nicht anders liegen, als unter den Bedingungen des Raums und der Zeit; so sind sie auch wirklich in Raum und Zeit; ja sie sind schlechterdings für unsere Vernunft ihrer Natur nach nicht anders denkbar; und es ist also widersinnig, Welten über Welten, es sey nun als Phänomena oder als Noumena, denken, und doch die wesentlichen Bedingun-

gungen ihrer Möglichkeit und Denkbarkeit davon entfernen zu wollen. So wahr
und schön also Kant in der angezeigten Stelle für
jeden Nichtkantianer von dem besternten Himmel
über uns, und von dem moralischen Gesetze in
uns spricht; so kommt doch aus beyden, wenn
man an seine Erscheinungslehre glaubt, am Ende
weiter nichts heraus, als gewisse sogenannte regulative Vernunftideen, die wir bloß gebrauchen dürfen, theils um systematische Einheit in die
Natur zu bringen, (Crit. d. r. V. S. 672. 709.
711. 712. 716.) theils um unsere Handlungen
nach einer moralischgesetzgebenden Vernunft gehörig
ordnen zu können; (S. 847.) weiter nichts also
endlich, als eine zwar recht schöne, aber doch nur
leere Täuschung.

5) Und um nun zuletzt auch noch einmal auf
die Wichtigste aller Wissenschaften zurück zu kommen: ist die Kantische Philosophie wahr; wozu lehren und empfehlen wir denn überhaupt noch Moral,
und insonderheit Menschenliebe? Es giebt ja außer
uns keine Menschen! Denn Kant sagt ja ausdrücklich, S. 519. „daß alle Erscheinungen und unter
diesen (insonderheit alle ausgedehnte Wesen
keine an sich gegründete Existenz haben. Nun sind
ja alle Gegenstände, die wir uns als Menschen vor-

stellen, ausgedehnte Wesen; diese haben nun aber nach der Kantischen Philosophie keine an sich gegründete Existenz; also giebt es keine Menschen. Giebt es nun aber keine Menschen, wie kann mir denn geboten werden, daß ich Liebe gegen sie üben soll? Ferner, ist die Kantische Philosophie wahr; wozu lassen wir denn noch Galgen und Rad für Mörder und für Diebe bauen? Unser Körper ist ja eine bloße Erscheinung; kann man denn aber auch Erscheinungen todtschlagen? Und gesetzt, man könnte es auch auf irgend eine Art; was wäre denn nun das? Doch auch wieder nichts, als eine bloße Erscheinung! Ueberdies ist ja unser Körper ein ausgedehntes Wesen, und hat also ohnehin schon außer unsern Gedanken keine an sich selbst gegründete Existenz! — Und Diebe? O! Possen, Possen! Alle irrdische und äußere Güter sind ja nur Erscheinungen, die nicht an sich selbst, sondern bloß in meiner Vorstellung existiren. Wie ist es also möglich, daß mir Jemand eine solche Erscheinung, eine solche bloße Vorstellung stehlen kann? Und könnte er es auch; so wäre ja auch das wieder eine bloße Erscheinung! Wozu denn also einen Galgen noch für Diebe bauen? Was hieße denn das? Doch nichts anders, als aus dem Mannigfaltigen in der Form meiner sinnlichen Anschauung vermittelst der Categorien meines Verstandes, und mit Hülfe der

pro-

productiven Einbildungskraft, eine Erscheinung veranstalten, der ich den Namen eines Galgens zu geben beliebte. Was kümmert sich denn aber der Dieb um mein subjectives Vorstellungsvermögen? Was geht es ihn an, wenn ich in meiner Vorstellung eine Figur construire, oder construiren lasse? Kann ihn denn meine subjective Vorstellung schrecken, oder ihn vom Leben zum Tode bringen? Jedoch ich besinne mich; auch selbst der Dieb ist ja ein ausgedehntes Wesen, das außer meinen Gedanken keine an sich selbst gegründete Existenz hat; folglich eine bloße Vorstellung, eine bloße Erscheinung! — Ihn aufknüpfen; was hieße denn das also anders, als eine Vorstellung in die Andere aufhängen? — O, lieber, guter, großer Kant, wie hast du doch so schrecklich uns zum Besten! —

6) Wir haben bisher geglaubt, daß die Bibel eine schriftliche göttliche Offenbarung enthalte, oder ein Geschichts- und Lehrbuch der Religion sey. Sie sey nun natürlich oder übernatürlich veranstaltet; das geht mich hier nichts an. Genug, wir haben sie nun einmal, und sie ist es werth, daß wir sie haben; werth, daß sie als Wohlthat und Veranstaltung der Vorsehung zur moralischen Erziehung des Menschengeschlechts dankbar anerkannt, geschätzt und auch benutzt werde. Ist nun aber die Kantische Erscheinungs-

nungslehre wahr; so müssen wir diesen Glauben gänzlich aufgeben. Denn auch die Bibel gehört doch als ein geschriebenes Buch, offenbar zur Sinnenwelt; auch sie ist ja in Raum und Zeit; auch sie ist folglich eine bloße Erscheinung, folglich eine bloße subjective Vorstellung, an sich selbst aber Nichts. Wollte man nun aber dem Vorwurfe eines solchen völligen Idealismus dadurch etwa ausweichen, daß man sagte: Kant giebt doch aber zu, daß den Erscheinungen noch Noumena, oder Dinge an sich selbst vielleicht zum Grunde liegen mögen; so antworte ich: recht gut; aber Kant versichert doch auch zugleich, daß Noumena in positiver Bedeutung gar nicht zugelassen werden können; und daß es also gänzlich ungewiß sey, ob den Erscheinungen noch etwas außer uns zum Grunde liege; oder ob nicht vielleicht mit unserer subjectiven Beschaffenheit alles völlig aufgehoben werde, und wenn es auch gewiß wäre, daß ihnen noch etwas außer uns zum Grunde liege, so sey es doch gänzlich unbekannt was das sey, was ihnen etwa noch zum Grunde liegen möge. Da nun die Bibel, als schriftliche Geschichtserzählung, und als Lehrbuch der Religion, unter die Reihe sogenannter Erscheinungen unläugbar eben sowohl gehört, als irgend ein anderer Gegenstand meiner sinnlichen Anschauung; so kann und muß ich doch wenigstens nach der Kantischen Philosophie mit Ge-

wiß-

wißheit behaupten, daß sie nicht das ist, wofür sie mir erscheint; folglich kein Lehrbuch der Religion, das eine an sich selbst gegründete Existenz hätte, sondern eine bloße subjective Vorstellung, an sich selbst aber Nichts ist. — Ich enthalte mich mehrere ganz offenbar falsche und irrige Folgerungen, worauf die Kantische Erscheinungslehre unvermeidlich und gerade zu hinleitet, hier zu entwickeln und niederzuschreiben. Es sey hiermit nun genug! Um nun aber der Kantischen Erscheinungslehre nicht bloß unter meiner, sondern unter einer noch viel höhern Auctorität, ihr entscheidendes Endurtheil sprechen zu können; so will nicht ich, sondern Kant mag es selbst sprechen! Oben angeführter Maaßen sagt er nemlich: „wenn auch nur eine einzige falsche Folge aus einem Satze gezogen werden kann; so ist dieser Satz selbst falsch!" Nun kann ja aber nicht etwa nur eine, sondern es können recht sehr viele ganz offenbar falsche und irrige Folgen aus der Kantischen Erscheinungslehre gezogen werden, und zwar, wohl zu merken, so höchst natürlich und so ganz vollkommen consequent, daß es gar nicht möglich ist, sie abzuläugnen, oder ihnen auszuweichen; also — fiat applicatio!

Noch etwas zum Beweise, daß die Kantische
Erscheinungslehre keinen Grund hat.

§. 19. Die Kantische Erscheinungslehre beruhet hauptsächlich auf einer zwiefachen Voraussetzung, von der es sich sehr deutlich einsehen läßt, daß sie nicht allein nicht erweislich wahr, sondern vielmehr erweislich falsch ist.

1) Kant nimmt an, daß uns gewiße Formen sowohl des Anschauens, (Raum und Zeit) als des Denkens, (Categorien) beywohnen, die schon a priori völlig bestimmt sind. Allein diese ganze Hypothese ist nicht allein ganz willkührlich angenommen, und wie wir oben schon gesehen haben, mit Nichts weder erwiesen noch erweislich; sondern sie widerspricht auch wirklich der Natur der Sache selbst, so wie sie in der wirklichen Erfahrung uns vor Augen liegt. Denn beruhete unser Anschauen, Wahrnehmen und Denken bloß auf gewissen schon a priori bestimmten unabänderlichen Formen; so wäre es ja schlechterdings nicht möglich, daß wir von einander so verschieden denken oder wahrnehmen könnten, als es doch wirklich geschiehet. Vielmehr wäre es denn eine nothwendige und unausbleibliche Folge, daß wir alle mit einander vollkommen gleichförmig denken, wahrnehmen und empfinden müßten. Denn wenn man etwas in eine und eben dieselbe Form gießt; so ist es sich einander auch völlig gleich. Da nun

nun aber dies nicht, sondern vielmehr das gerade Gegentheil Statt findet; da im Denken, Wahrnehmen und Empfinden unter den Menschen die größte Mannigfaltigkeit und Verschiedenheit herrscht; so ist es auch nicht möglich, daß gewisse schon a priori bestimmte Formen dabey zum Grunde liegen könnten. Nur alsdenn erst wird diese Verschiedenheit möglich und begreiflich, wenn es nicht gewisse a priori bestimmte, und folglich auch durchgängig unabänderliche Formen, sondern vielmehr selbstthätige, theils intellectuelle, theils sinnlich modificirte Fähigkeiten sind, die uns in den Stand setzen, etwas sinnlich wahrnehmen, und alsdenn darüber denken und reflectiren zu können. Denn Fähigkeiten sind unbestimmt; sie sind zwar an gewisse Gesetze gebunden, nach welchen sie sich entwickeln, und wirksam bey uns werden müssen; allein sowohl die Fähigkeiten selbst, als ihre Entwickelungs- und Bildungsgesetze können auf mannigfaltige Weise entweder gehoben oder unterdrückt, entweder sorgfältig in Obacht genommen, oder auch mehr oder weniger vernachläßiget werden; und so ist es denn also eine ganz natürliche Folge, daß sowohl in dem Grade ihrer Bildung und Entwickelung, als in der Art ihrer Anwendung und folglich in dem wirklichen Geschäfte des Denkens, Wahrnehmens und Empfindens eine große Mannigfaltigkeit und Verschiedenheit Statt fin-

findet. Da nun eine Hypothese, die dasjenige, worauf sie sich beziehet, und zu dessen Erklärung sie erdacht ist, nicht nur nicht erklärt, sondern es nur noch vollends unbegreiflich macht, ja, es sogar in eine wahre Unmöglichket verwandelt, eben dadurch als falsch und verwerflich erkannt wird; so muß die Kantische zur Erklärung unserer Erkenntnißart erdachte Hypothese, bey welcher dieses zutrift, nothwendig falsch, nichtig und verwerflich seyn; und das um so mehr, da alle die Beweise, welche Kant dafür geführt hat, wie aus ihrer obigen Prüfung hervorgeht, durch und durch so ganz inconsequent sind, daß sie einen nicht ohnehin schon außerordentlich glaubwilligen Prüfer unmöglich überzeugen und befriedigen können. Ein Beweis hiervon wird nun auch besonders noch der Beweis seyn, den wir mit Fleiß bey der obigen Prüfung noch vorbey gelassen haben, und also jetzt nun noch beleuchten müssen. Denn zum Unglück oder zum Glück, ist er von der Art, daß die darin enthaltene Grundsätze mit anderweitigen gleichfalls Kantischen Grundsätzen in geradem Widerspruche stehen, und also unsern Kant wirklich durch sich selbst widerlegen. „Es sind nur, sagt „Kant: S. 166. zwey Wege, auf welchen eine „nothwendige Uebereinstimmung der Erfahrung mit „den Begriffen von ihren Gegenständen gedacht wer„den kann: entweder die Erfahrung macht diese

„Be=

„Begriffe, oder diese Begriffe machen die Erfah„rung möglich. Das Erste findet nicht Statt; denn „sie sind Begriffe a priori, mithin unabhängig von „der Erfahrung." (Dies ist eben die willkührliche Voraussetzung, der es ganz an allen tauglichen Beweisen fehlt!) „Folglich bleibt nur das Zweyte „übrig; daß nemlich die Categorien von Seiten des „Verstandes die Gründe der Möglichkeit aller Er„fahrung überhaupt enthalten." Jedoch Kant besinnt sich, daß es noch ein tertium giebt, und setzt hinzu: „Wollte jemand zwischen den Zwey genann„ten einzigen Wegen noch einen Mittelweg vorschla„gen, nemlich, daß sie weder selbst gedachte erste „Principien a priori unserer Erkenntniß, noch auch „aus der Erfahrung geschöpfte; sondern subjective, „uns mit unserer Existenz zugleich e i n g e p f l a n z t e „A n l a g e n z u m D e n k e n w ä r e n, die von un„serm Urheber so eingerichtet worden, daß ihr Ge„brauch mit den Gesetzen der Natur, an welchen „die Erfahrung fortläuft, genau bestimmte; so wür„de, u. s. w." — Nun kommt denn der Beweis, warum dieser Mittelweg, der doch augenscheinlich der allernatürlichste, und eben darum auch zuverläßig der einzig wahre, und einzig richtige ist, nicht zugelassen werden können. Um nun aber jedes Moment desselben desto besser prüfen und gleichsam abwägen zu können; so werde ich einen Satz nach dem

An‐

Andern ausheben, und ihn der Prüfung unterwerfen. Man höre also:

a) „Bey einer solchen Hypothese, oder bey „dem gedachten Mittelwege würde kein Ende abzu„sehen seyn, wie weit man die Voraussetzung vorbe„stimmter Anlagen zu künftigen Urtheilen treiben „möchte." Also wir sollen keine Anlagen zum Denken haben, weil kein Ende dabey abzusehen wäre, wie weit sie gehen möchten. Wirklich ein äußerst sonderbarer Grund. Denn es läßt sich doch in Wahrheit gar nicht absehen, warum es denn nothwendig seyn soll, daß ein Ende dabey abzusehen seyn müsse, wie weit es damit gehen möchte! Warum sollen denn unsere natürliche Anlagen und Fähigkeiten zum Denken und Urtheilen nicht ohne allen Widerspruch bis ins Unendliche gehen können? Jedoch Kant selbst hat ja diesen Grund schon zur Genüge widerlegt. Denn in seinem neuen Beweise vom Daseyn Gottes und der Unsterblichkeit der Seele, setzt er ja selbst ausdrücklich fest: daß ein Progressus ins Unendliche von Vollkommenheit zu Vollkommenheit nicht allein Statt finden könne, sondern auch nothwendig müsse. Also dieser erste Grund, oder diese erste Bedenklichkeit gegen einen endlosen unabsehbaren Fortgang unserer natürlichen Anlagen und Fähigkeiten im Denken und Urtheilen fällt gänzlich weg.

b)

b) „Wider gedachten Mittelweg würde das „entscheidend seyn, daß in solchem Falle den Ca„tegorien die Nothwendigkeit mangeln würde, die „ihrem Begriffe wesentlich angehört." —: Sehr fehl geschlossen! Denn wenn die Categorien, wie sie es denn wirklich sind, natürliche Denkgesetze des menschlichen Verstandes oder der gesunden Vernunft sind; so müssen sie auch mit den Gesetzen der Natur, an welchen die Erfahrung fortläuft, und diese mit ihnen, so genau übereinstimmen, daß es gar nicht abzusehen ist, wie es möglich wäre, daß ein anderer Weg zur Erkenntniß der Natur der Dinge, und folglich zur Erkenntniß der Wahrheit uns jemals sicherer und zuverläßiger führen könnte. Denn die Gesetze der Natur sind von der höchsten und vollkommensten Vernunft auf das weiseste bestimmt; also muß auch unsere Vernunft, in sofern sie eine richtige und gesunde Vernunft, nebst ihrer Art zu denken und zu erkennen, mit diesen Gesetzen der Natur nothwendig übereinstimmen. Wenn sie nicht damit übereinstimmte; so wäre sie keine richtige und gesunde Vernunft! Da nun aber, wie Kant selbst gesteht, unserm denkenden Ich, als einem endlichen Wesen, nur ein Progressus ins Unendliche möglich ist; so ist es ja eo ipso auch gar nicht anders möglich, als das jede Stuffe der Vollkommenheit, worauf sich unsere Vernunft befindet, von der ersten

und

und niedrigsten bis zur hunderttausendsten, und so immerfort bis ins Unendliche, immer nur Anlage zu der folgenden seyn kann; Da man nun aber der Vernunft und ihren Denkgesetzen diejenige Nothwendigkeit, die ihrem Begriffe wesentlich angehört, unmöglich absprechen kann, ohne zugleich ihr ganzes Wesen aufzuheben; so ist es auch so wenig möglich, daß hierin ein Entscheidungsgrund wider gedachten Mittelweg liegen sollte; daß man vielmehr gerade darum für ihn entscheiden muß, weil er der Einzige ist, der unser denkendes Ich zur Vollkommenheit führen, und den Denkgesetzen der Vernunft, die ihr wesentlich eigen sind, durch fortgesetzte Uebung eine immer vollere Wirksamkeit geben kann. Wenn man also nicht sagen kann: der gedachte Mittelweg, als steter Fortgang zu immer höherer Vollkommenheit, verwandele Verstand in Unverstand, oder Vernunft in Unvernunft; so wird man auch unmöglich sagen können, daß der gedachte Mittelweg den Categorien, oder den Denkgesetzen des Verstandes und der Vernunft die Nothwendigkeit raube, die ihrem Begriffe wesentlich angehört. Denn das Eine würde gerade eben so viel, als das Andere sagen. —

c) „Der Begriff der Ursach z. B. welcher die „Nothwendigkeit eines Erfolgs unter einer voraus„gesetzten Bedingung aussagt, würde falsch seyn,
„wenn

„wenn er nur auf einer beliebigen uns eingepflanzten „subjectiven Nothwendigkeit, gewisse empirische Vor- „stellungen nach einer solchen Regel des Verhältnis- „ses zu verbinden, beruhete. Ich würde nicht sa- „gen können: die Wirkung ist mit der Ursach im Ob- „jecte, d. i. nothwendig verbunden; sondern, ich „bin nur so eingerichtet, daß ich diese Vorstellung „nicht anders, als so verknüpft denken kann; wel- „ches gerade das ist, was der Sceptiker am meisten „wünscht." — Redet hier Kant nicht offenbar ge- rade wider sich selbst? Niemand, als er selbst, be- hauptet ja, daß der Begriff der Ursach, oder das Denkgesetz der gesunden Vernunft: wo eine Wir- kung ist, da muß auch eine Ursach seyn, auf einer beliebigen, uns bloß eingepflanzten subjectiven Noth- wendigkeit beruhe. Nach jeder andern Philosophie hingegen beruhet der Begriff der Causalität auf dem Wesen der Vernunft selbst. Ist denn aber das We- sen der Vernunft nur eine beliebige, und höchstens nur bloß subjectivnothwendige Einrichtung? Nicht doch! Nicht doch! Vielmehr ist es ja in sich selbst widersprechend und unmöglich, daß die Vernunft ein anderes Wesen haben könnte, als sie wirklich hat. Denn hätte sie ein anderes Wesen; so wäre sie ja nicht Vernunft, sondern irgend etwas ande- res. Ihrem wesentlichen Charakter nach ist also die Vernunft das, was sie ist, eben so absolut noth-

wen-

wendig, wie ein höchstes Wesen absolut nothwendig ein höchstes Wesen ist. Denn ihr wesentlicher Character besteht ja eben darin, daß sie das Vermögen ist richtig und vernünftig zu denken und zu urtheilen, und also etwas so zu erkennen, wie es ist. Wird nun dieser ihr wesentlicher Character aufgehoben; was bleibt dann übrig? Nichts! Offenbar ist also die Vernunft nicht bloß eine wesentliche Eigenschaft, oder eine beliebige, bloß subjective Einrichtung des Menschen, sondern sie ist eine wesentliche, schlechterdings allgemeine und absolut nothwendige Eigenschaft aller denkenden Wesen überhaupt. Denn was wäre denn ein denkendes Wesen, wenn ihm Vernunft, d. h. das Vermögen zu denken fehlte? Ist nun aber die Vernunft eine allgemeine Eigenschaft aller denkenden Wesen überhaupt, und gebietet sie mir, Wirkung und Ursach unauflöslich mit einander verknüpft zu denken: so kann ich auch nicht sagen: ich bin nur so eingerichtet, diese Vorstellung so verknüpft zu denken; sondern ich bin genöthiget zu sagen: wo eine Wirkung ist, da muß auch ganz nothwendig eine Ursach seyn; es kann nicht anders seyn, sondern es muß so seyn, weil das Gegentheil in sich selbst widersprechend, und folglich unmöglich ist. Oder sollte denn etwa Kant beweisen können, daß irgend eine Vernunft, selbst die höchste nicht ausgenommen, diesen Satz anders denken könne, oder

* wohl-

wohl gar **nothwendig müsse**? Ich muß gestehen; ich wäre wohl begierig, einen solchen Beweis
zu lesen; bin aber auch sicher, daß er sich gar nicht
einmal denken läßt, sondern in sich selbst widersprechend und unmöglich ist. Also der Kantische Vorwurf, daß wir bloß von einer eingepflanzten beliebigen subjectiven Nothwendigkeit hierbey sprechen
müßten, trift uns ganz und gar nicht, sondern fällt
lediglich auf ihn selbst, und auf sein eigenes System
zurück. Nur einzig und allein nach dem Kantischen
System kann man nicht allein sagen, sondern man
siehet vielmehr ganz unvermeidlich sich genöthiget, zu
sagen: ich bin nur so eingerichtet, daß ich jetzt in
dieser Sinnenwelt so denken muß. Denn niemand,
als er selbst läugnet es ja, daß die Denkgesetze, an
welche unser Verstand gebunden ist, allgemeingültig
und absolut nothwendig sind; niemand als er selbst
behauptet ja hingegen ganz ausdrücklich, daß sie
bloß subjectiv, und nicht überhaupt einem jeden
Verstande, sondern nur dem Unsrigen in dieser Sinnenwelt eigen sind; und daß sie hingegen alle Gültigkeit und alle Bedeutung ganz verlieren, sobald
man sich mit ihnen über die Sinnenwelt hinauswagt.
Offenbar redet er ja also hier gerade wider sich selbst.
Denn man erwäge nur; erst behauptet Kant: den Categorien komme eine Nothwendigkeit zu, die ihrem
Begriffe wesentlich angehöre; diese Nothwendigkeit
aber

aber würde ihnen fehlen, wenn man sie bloß auf einer subjectiven Nothwendigkeit, oder auf einer beliebigen bloß subjectiven Einrichtung unserer Vorstellungsfähigkeit beruhen lasse; und gleichwohl behauptet er zugleich doch auch eben so ausdrücklich, daß die Categorien bloße subjective Denkformen unseres menschlichen Verstandes sind, und daß die Art, wie wir etwas wahrnehmen und uns vorstellen, auf einer bloßen subjectiven Form unseres innern und äußern Anschauungsvermögens, nemlich auf Raum und Zeit, beruhe, die nach seiner Philosophie bloß in unsern Sinnen sind. (Siehe S. 43. 59. 66. 138. u. a. m.) Da nun seiner eigenen Aussage nach den Categorien die ihnen angehörige Nothwendigkeit fehlen würde, wenn sie auf einer bloßen subjectiven Einrichtung und Nothwendigkeit beruhen sollten; so raubt er ihnen offenbar die ihnen zugestandene Nothwendigkeit nun eben hiermit wieder eben so ausdrücklich, als er vorhin sie ihnen beylegte, weil es ganz unwidersprechlich hier am Tage liegt, daß kein Mensch in der Welt, als gerade er selbst, eben derjenige ist, der alles auf einer bloßen subjectiven Einrichtung und Nothwendigkeit beruhen läßt. Da nun dies, wie er sagt, gerade dasjenige ist, was der Sceptiker am meisten wünscht; so ist auch offenbar, daß kein System in der Welt den Scepticismus mehr begünstigt, als gerade das Kantische.

Je-

Jedoch ich besinne mich: das Kantische System macht ja gewisser Maaßen dem Scepticismus ganz ein Ende. Denn da es die von uns geglaubte objective Realität, und an sich selbst gegründete Existenz der ganzen Sinnenwelt gänzlich aufhebt, und auch selbst das Transscendentale in positiver Bedeutung für gar nicht zuläßig und für ganz bedeutungslos erklärt; so läßt es ja freylich dem Sceptiker gar nichts weiter übrig, wobey er seinen Scepticismus noch ferner üben und anbringen könnte; es müßte denn seyn, daß er etwa über seine eigene Existenz nicht sofort positiv zu entscheiden, sondern nur daran zu zweifeln belieben wollte.

d) „Alsdenn ist alle unsere Einsicht, durch vermeinte objective Gültigkeit unserer Urtheile, nichts als lauter Schein." — Wie und wenn entsteht denn lauter Schein? Alsdenn, wie Kant sagt, wenn unsere Urtheile bloß eine vermeinte objective Gültigkeit, nicht aber eine wirkliche haben! Da nun dies gerade nach dem Kantischen Systeme nur der Fall ist; da dieses System unsern Urtheilen alle objective Gültigkeit gänzlich abspricht, und uns bloß eine vermeinte übrig läßt; (S. 397.) so folgt, daß gerade nur nach diesem Systeme alle unsere Einsicht Nichts als lauter Schein, und zwar ein ganz unvermeidlicher Schein ist. Denn wir können uns schlechterdings

dings gar nicht enthalten, unsern Begriffen, und überhaupt auch insonderheit der ganzen Sinnenwelt, objective Realität zu geben, besonders alsdenn, wenn und sobald wir nur irgend handeln wollen. Uebrigens muß ich hier auf das verweisen, was über diesen Punct, §. 3. bey der Prüfung des dritten Kantischen Hauptbeweises für seine Lehre von Raum und Zeit bereits gesagt ist.

e) „Es würde auch nicht an Leuten fehlen, die „diese subjective Nothwendigkeit, die gefühlt werden „muß, von sich nicht gestehen würden." — Allerdings gerade so ist es nach dem Kantischen Systeme. Denn nur dieses behauptet eine bloße subjective Nothwendigkeit, die bloß für diese Sinnenwelt Statt findet. Nimmt man also das Kantische System an; so kann man auch diese bloße subjective Nothwendigkeit gänzlich abläugnen, und füglich behaupten, daß man sie ganz und gar nicht fühle. Folgt man hingegen unserer Philosophie, und nimmt also an, daß die sogenannten Categorien nicht bloße subjective Denkgesetze unseres Verstandes für diese jetzige Sinnenwelt, sondern allgemeine Denkgesetze einer jeden möglichen Vernunft von der niedrigsten an bis zur höchsten hinauf sind; so geht es ganz und gar nicht an, die allgemeine Gültigkeit und absolute Nothwendigkeit der Grundsätze abzuläugnen, die aus dem

We-

Wesen einer jeden möglichen Vernunft nothwendig fließen. Aber auch hierbey geräth das Kantische System abermals mit sich selbst in Widerspruch. Denn auf der einen Seite behauptet es eine bloße subjective Nothwendigkeit der Categorien oder Denkgesetze unseres Verstandes; auf der andern Seite giebt er doch aber zu, daß wir ein transscendentales denkendes Ich haben, dessen intelligibeler Character die Vernunft ist. Haben wir nun aber ein solches transscendentales denkendes Ich; so kann es doch unmöglich in uns unwirksam und müßig seyn. Ist nun aber dies; so kann ja auch unmöglich das innere Gefühl von der Nothwendigkeit unserer Denkgesetze ein bloßes einseitiges Gefühl unseres angeblich bloß auf diese Sinnenwelt sich beziehenden Verstandes seyn, sondern es muß nothwendig das innige Totalgefühl des ganzen Menschen, folglich auch seines transscendentalen denkenden Ichs seyn, und also allgemeine ganz uneingeschränkte Gültigkeit nicht bloß für diese Sinnenwelt, sondern auch für die intelligibele, so wie überhaupt für jede mögliche Welt haben. Auch unser transscendentales Ich sieht und fühlt also eine absolute Nothwendigkeit, nach welcher es z. E. den Satz: wo eine Wirkung ist, da muß auch eine Ursach seyn, schlechterdings nicht anders denken kann. Will nun aber Kant dies nicht zugeben; so trift auch der Vorwurf, daß man eine bloße subjective Nothwendigkeit unserer Denkgeseze abläugnen könne, kei‍nesweges unsere Philosophie, sondern lediglich seine Eigene. Denn lediglich seine Eigene läßt ja alles auf einer bloßen subjectiven Nothwendigkeit beruhen.

f) „Zum wenigsten könnte man mit Nieman‍„den über dasjenige hadern, was bloß auf der Art „beruht, wie sein Object organisirt ist." — Auch dies trift abermals wieder lediglich die Kantische Phi‍losophie. Denn gerade sie selbst läßt alles auf der Art beruhen, wie unser Subject organisirt oder mo‍dificirt ist. Wenn also z. E. Jemand sagt: die Sonne geht in Westen auf, und in Osten geht sie unter; so kann man mit ihm nicht darüber hadern, weil ja die Welt nach der Kantischen Philosophie außer seinen Gedanken keine an sich selbst gegründete Existenz hat. Ja, selbst alsdenn, wenn Jemand in dieser Sin‍nenwelt der ärgste Bösewicht ist; so kann man mit ihm nach dieser Philosophie nicht darüber hadern. Denn, (Crit. d. r. V. S. 584.) „sein empirischer Charakter ist eine bloße Erscheinung seines intelligi‍belen Charakters. Dieser aber ist unverän‍derlich und kann nie in einen neuen Zu‍stand kommen. Man kann daher nicht fragen: warum hat die Vernunft sich nicht anders bestimmt; sondern nur: warum hat sie die Erscheinungen durch ihre Causalität nicht anders bestimmt? Darauf aber

aber ist keine Antwort möglich! Denn ein anderer intelligibeler Charakter würde auch einen andern empirischen gegeben haben!" (cf. §. 12.) Ueberhaupt muß ich hier gelegentlich noch eine Anmerkung beyfügen. In meinen Augen gereicht es nemlich der Kantischen Philosophie gar nicht zur Empfehlung, daß sie die menschliche Seele, so zu sagen, fast ganz zerstückelt, und sie auf diese Weise mit sich selbst in einen beständigen und unvermeidlichen Widerspruch zu setzen sucht. Denn er unterscheidet, a) Verstand und Vernunft, als von einander wesentlich verschieden. Jener, mit seinen Categorien, gilt bloß für diese Sinnenwelt, als Inbegriff der Erscheinungen, d. h. bloßer subjectiver Vorstellungen; diese hingegen macht unsern Charakter in der intelligibelen Welt aus, und doch, welch ein Contrast! — soll sie gleichwohl von eben dieser intelligibelen Welt nicht das geringste wissen und erkennen können! b) speculative Vernunft und practische Vernunft, ebenfalls als wesentlich von einander verschieden. Denn den Grundsätzen der speculativen Vernunft spricht er allgemeine Gültigkeit und apodiktische Gewißheit gänzlich ab; und erklärt dagegen bloß die Grundsätze der practischen Vernunft für allgemein und objectiv gültig. Allein was berechtiget ihn denn dazu? Wenn jene nicht allgemein gültig sind; woher weiß er denn, und womit kann er

bewei-

beweisen, daß es diese sind? Sind es aber diese; warum nicht eben sowohl auch jene? Und überhaupt, was berechtiget ihn denn, so viele wesentlich von einander verschiedene Kräfte in der menschlichen Seele anzunehmen? Ich sehe dazu keinen Grund! Denn unstreitig ist ja der Verstand doch vernünftig, und die Vernunft ist verständig; so wie es auch in der That nur immer eine und eben dieselbe Vernunft ist, die ihrer Natur nach speculativ und practisch zugleich ist, d. h. es ist eine und eben dieselbe Vernunft, die eben sowohl nach dem, was wahr ist, als nach dem, was recht und gut ist, forscht, über beydes als competenter Richter erkennt und entscheidet, und hiernach auch alsdenn gebietet, was zu glauben und zu thun ist. Es frägt sich also: kann eine Philosophie consequent seyn, die von einer so willführlichen Zerstückelung der menschlichen Seele, und ihrer ursprünglich so einfachen Totalkraft ausgeht? Denn daß diese Kantische Voraussetzung von so vielen untereinander wesentlichen verschiedenen Kräften unserer Seele in der Natur der Sache selbst wirklich ihren Grund habe; davon finde ich in der ganzen Critik der speculativen sowohl als der practischen Vernunft keinen einzigen deutlichen und ausdrücklichen Beweis. Man ist also wohl berechtigt, dasjenige, was darauf gebauet, oder daraus geschlossen wird, so lange für inconsequent zu halten, als bis der

Grund

Grund davon erwiesen ist. Diesen Beweis hat nun aber, wie gesagt, Kant nirgends gegeben; und kann ihn auch nicht geben, denn sonst hätte er ihn gegeben. Vielmehr ist das Gegentheil schon daraus klar, weil es auf alle Fälle ein sehr richtiger Grundsatz ist: Quod fieri potest per pauca, non debet fieri per plura! — Eben dies gilt nun unstreitig auch von unserer Erkenntnißkraft. Wir haben nicht viele; sondern nur eine nöthig, und diese Eine ist nicht allein einer vielfachen Anwendung auf alles mögliche Erkennbare fähig, sondern sie ist auch offenbar vollkommen dazu hinlänglich. Viele sind also überflüßig, und folglich auch ganz unerweislich.

2) Kant setzt voraus, daß Dinge an sich selbst keine Gegenstände einer möglichen Wahrnehmung oder Erfahrung für uns seyn können; und wenn das ist, so folgt denn daraus freylich auch ganz natürlich, daß alle äußere Gegenstände bloße Erscheinungen, d. h. bloße subjective Vorstellungen seyn müssen. Allein was berechtiget ihn denn zu dieser eben so kühnen, als wirklich traurigen Voraussetzung? Ich nenne sie mit Recht eine traurige Voraussetzung. Denn wenn es schlechterdings unmöglich seyn soll, daß Dinge an sich selbst von uns wahrgenommen werden können; so müßte es ja offenbar für jedes denkende Ich vollkommen gleichgültig seyn, ob

auch noch andere denkende Wesen neben und außer ihm existirten oder nicht! Denn existirten sie, und sie könnten doch von jenem gar nicht wahrgenommen werden; was hülfen sie ihm denn? So wäre es ja für ihn gerade eben so gut, als ob sie gar nicht existirten! Da wir nun aber von der wirklichen Existenz einer bloß zufälligen Sache, die auf keine Weise von uns wahrgenommen werden kann, auch keine Gewißheit haben können; so wird nach dieser Kantischen Hypothese jeder Mensch in einer gänzlichen und völligen Ungewißheit leben müssen, ob er auch wirklich in einer menschlichen Gesellschaft lebt, oder ob er nicht vielleicht ganz einsam und allein ist!. — Jedoch ich besinne mich; es ist ja außer mir kein Raum! Also ist es ja ohnehin schon ganz unmöglich, daß außer mir irgend ein Mensch oder irgend ein denkendes Wesen existiren könnte. — Welch eine traurige, finstere, melancholische Voraussetzung! Aber es ist auch zugleich eine äußerst kühne Voraussetzung. Denn sie ist nicht allein nicht erweislich wahr; sondern sie ist vielmehr erweislich falsch. Auch dies läßt sich sehr deutlich einsehen. Denn a) wir wollen einmal setzen: Wir gehen beyde (ich rede hier mit einem Freunde) auf dem Felde spatziren; in der Ferne sehen wir einen Gegenstand; Ihnen erscheint er als ein Baum, und mir erscheint er als ein Mensch. Indem wir aber näher kommen; so sehen wir: es ist

weder

weder ein Baum, noch ein Mensch, sondern es ist
ein Kirchthurm! — Mich dünkt, dies ist ein offenbarer Beweis, daß die Erscheinungen ihren Grund
nicht bloß in unsern Sinnen haben, sondern daß es
wirkliche Dinge sind, die uns so oder so erscheinen.
Denn sonst wäre ja kein Grund vorhanden, warum
nicht ein jeder von uns bey seiner ersten Behauptung
bleiben und beharren sollte; es wäre sonst kein Grund
vorhanden, warum wir am Ende alle Beyde dahin
übereinkommen: es ist weder ein Baum, noch ein
Mensch, sondern es ist ein Kirchthurm! Aber, wird
man sagen, beweiset denn nicht eben dieses Exempel,
daß die Gegenstände ganz anders uns erscheinen kön=
nen, als sie wirklich sind? Freylich! Es beweiset
aber auch, daß dies nur alsdenn geschehen kann,
wenn die Sinne oder die Werkzeuge der sinnlichen
Wahrnehmung in Ansehung des Gegenstandes sich
gerade nicht in der Lage befinden, worin sie sich befinden müssen, um gehörig wahrnehmen zu können.
Befinden sich aber die Sinne in der Lage, die zu
einer richtigen Wahrnehmung erforderlich und hinlänglich ist; so müssen auch die wahrgenommenen
Gegenstände nothwendig so erscheinen, wie sie ihrer
Außenseite nach wirklich beschaffen sind. Ich sage:
ihrer Außenseite nach: denn das innere Wesen der
Dinge bleibt uns freylich vorjetzt noch ganz verbor-
gen. Allein dies brauchen wir auch nicht zu kennen;

und

und können bemohnerachtet wahre und wirkliche Gegenstände wahrnehmen. Denn giebt es Dinge an sich selbst, die dieses oder jenes innere Wesen haben; so müssen sie doch auch nothwendig diese oder jene Außenseite haben, und diese ist es alsdenn, die wir in der Anschauung wahrnehmen. Freylich kann es seyn, daß mir die Gegenstände ganz anders erscheinen würden, wenn ich andere Sinne hätte; aber gesetzt, dem wäre so; so würde doch auch daraus noch gar nicht folgen, daß die Erscheinungen ihren Grund bloß in meinen Sinnen haben; sondern es folgte bloß, daß ich alsdenn an den Gegenständen ganz neue Seiten entdecken würde, die ich vorhin vermittelst dieser meiner jetzigen Sinne noch nicht entdecken oder wahrnehmen konnte. Selbst davon, daß der Kirchthurm Ihnen als ein Baum, mir aber als Mensch erschien, kann man nicht einmal sagen, daß diese Erscheinung bloß subjectiv war. Die Vorstellung eines Baums, die dadurch bey Ihnen, und die Vorstellung eines Menschen, die dadurch bey mir entstand, war freylich der obigen Voraussetzung nach bloß subjectiv; keinesweges aber die Erscheinung an und für sich selbst. Denn es war ja doch ein wirklicher reeller Gegenstand, der uns Beyden so oder so erschien, und eben durch diese seine Erscheinung anfänglich, der zu weiten Entfernung wegen, eine falsche, nachher aber die ihm wirklich correspondirende Vorstellung in uns veranlaßte. Erscheinungen sind also keinesweges bloße subjective Vorstellungen, sondern diese werden durch jene erst veranlaßt und hervorgebracht. Die Kantische Philosophie verwechselt also mit einander, was doch von einander sehr wesentlich verschieden ist. Denn offenbar, wie auch aus den obigen Exempel zu ersehen ist, können ja zween Menschen eine und eben dieselbe Erscheinung haben; und doch können die Vorstellungen, die sie sich davon machen, von einander ganz verschieden seyn. Die ganze Sache verhält sich also so: Es müssen nothwendig wirkliche reelle Gegenstände vorhanden seyn, die ihrer Außenseite nach uns so oder so erscheinen; wir müssen aber auch Sinne haben, die so eingerichtet sind, daß sie von den äußern Gegenständen afficirt werden, sie also wahrnehmen, und dadurch Vorstellungen von den Gegenständen, und zwar solche, die ihnen wirklich correspondiren, in uns veranlassen können. Nur auf diese Art ist es möglich, in dieser Sinnenwelt Wahrheit zu empfangen und zu erkennen, und zwar reelle, d. h. wirklich objective Wahrheit. Denn bloße subjective Wahrheit, wenn sie nicht zugleich auch objectiv ist, d. h. entweder gar keinen Gegenstand hat, oder mit ihrem Gegenstand nicht übereinstimmt, ist in meinen Augen so gut, wie Nichts; ist weiter Nichts als bloßer Schein! Da nun die

Kan-

Kantische Philosophie diese Erkenntnißart gänzlich verwirft, und nur alles bloß subjectiv macht; so verwandelt sie eben hiermit im Grunde auch alles in bloßen Schein! Ich hoffe indessen, daß man des bloßen leeren Erscheinungswesens bald genug noch wieder überdrüßig werden wird.

b) Wenn man behauptet: alle Erscheinungen sind bloß subjectiv, sie sind weiter nichts als bloße Vorstellungen; so muß man auch behaupten: was mir nicht erscheint, oder was ich nicht wahrnehme, oder wovon ich keine Anschauung und keine Vorstellung habe; das existirt auch nicht. Will man aber dies behaupten; so muß man auch behaupten, daß die Existenz der äußern Gegenstände erst eine Folge von unserer Wahrnehmung, oder von unserer Anschauung und Vorstellung ist. Soll aber dies seyn; so würde folgen, daß etwas eher angeschauet oder wahrgenommen werden könne, bevor es existirt. Da es nun aber nicht möglich ist, etwas anzuschauen oder wahrzunehmen, bevor es existirt; so ist es auch nicht möglich, daß die Erscheinungen der äußern Gegenstände bloß subjectiv, oder bloße Vorstellungen seyn können; man müßte denn annehmen oder zugeben wollen, daß wir bloß träumen, oder bloß, wie im Traume, anschauen oder wahrnehmen! —

c)

c) läge der Grund der Erscheinungen bloß in uns, bloß in unsern Sinnen, und in unserm subjectiven Vorstellungsvermögen; so müßte es ja offenbar lediglich bey uns stehen, jedesmal nach Belieben anzuschauen und wahrzunehmen, was wir wollen; so wie es lediglich bey uns steht, uns jedesmal vorzustellen oder zu denken, was uns beliebt. Woher käme es denn also, (man erlaube mir diese meine Lieblingsfrage hier noch einmal zu wiederhohlen!) woher käme es denn, daß ich z. E. jetzt Magdeburg nicht mehr sehe, daß ich doch so gerne sehen möchte? Ehemals hatte ich doch diese Erscheinung; war sie also bloße Vorstellung oder eine Anschauung, die ihren Grund bloß in mir selbst hat; warum hab ich sie denn jetzt nicht mehr? —

d) Wären die Erscheinungen im Raume und in der Zeit bloß subjectiv; so müßte es ja nothwendig lediglich bey mir stehen, sie auf einander folgen zu lassen, wie es mir beliebte. Es müßte also, z. E. lediglich bey mir stehen, die Ordnung der Vorstellungen, nach welcher ich die Sonne zuerst östlich aufgehen, und westlich untergehen sehe, geradezu umzukehren, und sie also zuerst westlich aufgehen, und östlich untergehen zu lassen; so wie es lediglich bey mir steht, die Vorstellungen eines Hauses, dessen einzele Theile ich nach einander betrachte, in

einer

einer Zeitfolge oder in einer Ordnung auf einander folgen zu lassen, wie es mir beliebt; ich kann links oder Rechts, oben oder unten mit meiner Betrachtung zuerst anfangen. Sind also alle Erscheinungen bloß subjectiv; so müssen sie auch alle völlig eben derselben Willkühr unterworfen seyn. Da sie nun aber dies doch keinesweges wirklich sind; so ist es auch falsch und ganz unmöglich, sie für bloß subjectiv halten und erklären zu können. ——

e) Wenn es wahr ist, was Kant behauptet, (S. 127. 159. 163.) daß eigentlich unser Verstand vermittelst seiner Categorien nur der Baumeister der Welt und der Gesetzgeber der Natur ist; warum bauet er sie sich denn nicht gleich so hin, wie er sie gerne haben möchte, und wie er glaubt, aus Bedürfniß und Interesse des Moralgesetzes sie für die Zukunft noch hoffen und erwarten zu müssen? Wird hier nicht die Voraussetzung durch den Erfolg widerlegt? —

f) Wenn es wahr ist, was Kant behauptet, daß die Sätze der Geometrie lauter Sätze a priori sind, die bloß in gewissen ursprünglichen Denkformen unseres Verstandes ihren Grund haben, (S. oben §. 3. den ersten Hauptbeweis) wenn es ferner wahr ist, daß unser Verstand, wie Kant ebenfalls behaup-

behauptet, der ganzen Natur, als dem Inbegriff der Erscheinungen, ihre Gesetze erst gibt und vorschreibt; warum formt sich denn die ganze Natur nun nicht wirklich nach diesen unsern ursprünglichen Verstandesbegriffen? Warum sehen wir nicht lauter vollkommene Triangel, oder lauter vollkommene Kugeln, oder lauter vollkommene Quadrate, oder überhaupt lauter vollkommen reguläre mathematische Figuren? Warum sehen wir hingegen so manche Figur, die unsere Verstandesregeln beleidigt, unsere Sinnlichkeit empört und uns äußerst widrig ist? — Wird hier nicht abermals die Voraussetzung durch den Erfolg widerlegt? —

g) Wenn alle Erscheinungen bloß subjectiv, an sich selbst aber und außer uns Nichts sind; so müßte ja auch die ganze Kantische Philosophie, die doch unstreitig als ein Buch, das ich mit Sinnen wahrnehme, nur zur Sinnenwelt, und mithin unter die Reihe der Erscheinungen gehört, ein bloßes subjectives Traumgesicht, an sich selbst aber Nichts seyn; und wenn, wie Kant ausdrücklich lehrt bloß unser Verstand Urheber der Erfahrung ist, worin seine Gegenstände angetroffen werden; so müßte ja auch nicht irgend ein Kant, als welcher seiner eigenen Erscheinungslehre nach eine bloße Erscheinung, und folglich an sich Nichts ist, sondern bloß mein eigener Verstand die Kantische Philosophie sich selbst erdacht

U haben;

haben; indem er nun aber gegen diese streitet, so stritte er im Grunde bloß mit sich selbst; und wenn nun etwa jemand, der aber ebenfalls an sich gar nicht existirt, die Kantische Philosophie, die doch außer mir gar nicht existirt, gegen mich vertheidigte; so wäre es denn doch auch wieder bloß mein eigener Verstand, der das wieder vertheidigte, was er jetzt verwirft. — So müßte ich mir nothwendig die Sache vorstellen, wenn ich an die Kantische Erscheinungslehre glauben wollte. Da mir doch nun aber dieß schlechterdings unglaublich ist; so sehe ich auch schon um deswillen unumgänglich mich genöthigt, die ganze Kantische Erscheinungslehre für ganz unglaublich zu erklären. — Und da ich nun um des vielen Guten und Vortreflichen willen, das die Kantische Philosophie bey alle dem doch wirklich noch enthält, und in Hinsicht auf den großen Nutzen, den sie der Welt noch bringen könnte, wirklich sehr angelegentlich wünsche, daß niemand veranlaßt werde, sie, so wie alles Uebrige für eine bloße, leere und nichtige Erscheinung halten zu müssen; sondern daß jedermann im Stande seyn möge, ohne inconsequent gegen sich selbst zu seyn, sie für eine wahre wirkliche Realität halten zu können; so wünsche ich auch, daß der große Geber derselben dieses sein Geschenk mit dem hinlänglich motivirten Entschluße kröne, jene an sich selbst so höchst unglaubliche Erscheinungslehre

nächs

nächstens gänzlich wiederum zurück zu nehmen oder sich wenigstens darüber anders zu erklären; und dadurch den äußerst finstern Schatten, den sie auf das ganze übrige System wirft, in volle Klarheit und reine Wahrheit zu verwandeln! Sollte er aber diesen meinen Antrag, dieses Wiederzurücknehmen, unter seiner Würde finden, und bey alle dem doch nicht zugeben wollen, daß seine Erscheinungslehre auf einen wirklichen und völligen Idealismus hinaus laufe, so müßte Er uns doch wenigstens erst zeigen, wie es möglich sey, daß Dinge an sich selbst existiren können, ohne zugleich außer einander und nebeneinander, d. h. im Raume zu existiren. So lange wir nun aber, seinem eigenen Geständnisse nach, uns nicht einmal einen Begriff davon machen können, daß kein Raum außer uns sey; so lange wir, wie sein Vertheidiger Hr. Schultz sagt: sogar die **Möglichkeit der Vorstellung äußerer Dinge unmittelbar selbst** mit aufheben, wenn wir den Raum außer uns aufheben; so lange wir also die Existenz wirklicher Dinge ohne Raum und Zeit uns **nicht einmal als möglich denken können**; so lange ist es auch nicht möglich, daß wir, ohne völlige Idealisten zu seyn, an seine uns vorgespiegelte Erscheinungslehre glauben können. Ein gewisser Recensent, wie ich kürzlich irgendwo gelesen habe, will zwar dem Vorwurfe, daß die Kantische Philosophie auf einen völligen Idealismus hinauslaufe, dadurch ausweichen, daß er sagt: "Erscheinungen sind weder bloße Vorstellungen, noch Dinge an sich selbst, sondern vorgestellte Dinge, das heißt, Objecte, worauf Vorstellungen bezogen sind;" — allein wenn diese Erklärung nicht etwa nur auf Schrauben gestellt, oder bloßes leeres Wortspiel ist; so ist sie wirklicher und förmlicher Widerspruch gegen das Kantische System. Denn was sind vorgestellte Dinge? Sind es bloße vorgestellte Dinge, oder auch zugleich Dinge an sich selbst? Sollen sie bloß das erste seyn; so wird der Recensent inständig gebeten uns doch zu sagen, was zwischen bloß vorgestellten Dingen und zwischen bloßen Vorstellungen, außer der Verschiedenheit des Ausdrucks und der logischen Form, noch für ein Unterschied seyn soll? Sind sie aber nicht bloß vorgestellte, sondern auch wirkliche Dinge an sich selbst, und also beydes zugleich; so hat zwar unser Streit in der Sache selbst ein Ende; allein dann tritt der Fall ein, daß seine Erklärung mit der Kantischen Philosophie in einem geraden und völligen Widerspruche steht. Denn Kant lehrt und behauptet ausdrücklich, daß Erscheinungen bloße Vorstellungen, bloße innere Bestimmungen unseres Gemüths sind; daß sie keine an sich selbst gegründete Existenz haben, sondern gänzlich aufgehoben wer=

werden, sobald wir unsere subjective Beschaffenheit wegnehmen. Wie ist es denn nun aber möglich, so etwas behaupten oder vertheidigen zu können? Unsere Sonne z. E. ist eine Erscheinung. Nun kann ich zwar ganz richtig sagen: wenn ich sterbe, oder weggenommen werde, so wird diese Erscheinung für mich aufhören; allein im Grunde heißt doch das nichts weiter, als: ich werde alsdenn aufhören, ihren Eindruck oder Einfluß auf mich mit meinen jetzigen Sinnen zu empfinden oder sie sinnlich wahrzunehmen. Kann und darf ich denn aber auch wohl sagen: wer mich wegnimmt, der nimmt auch die Sonne selbst weg, oder wenn ich sterbe, so hört die Sonne selbst auf; mein Tod oder die Aufhebung meiner jetzigen subjectiven Beschaffenheit wird auch zugleich Tod und Zernichtung der ganzen Natur seyn? Dieß müßte doch aber nothwendig der Erfolg seyn, wenn, wie Kant will, die ganze Natur ihren Grund bloß in meiner subjectiven Beschaffenheit haben sollte. Dann müßte nothwendig mit meinem Tode auch zugleich die ganze Natur, und als Theil des Ganzen, auch zugleich das ganze menschliche Geschlecht sterben, oder gänzlich aufgehoben werden. So zu denken, und so zu sprechen, ist doch nun aber wohl durchaus unmöglich, wenn man nicht ein völliger Idealist ist. — Sehr gern will ich indessen zugeben, und habe es schon immer zugegeben, daß man einen Unterschied machen müßte zwischen den Objecten, in so fern sie uns erscheinen und zwischen ebendenselben, in sofern sie Dinge an sich selbst sind; sehr gern auch zugeben, daß die Sonne z. E., als Ding an sich selbst, in vielen Stücken vielleicht ganz anders beschaffen seyn mag, als wir jetzt hier auf Erden sie uns vorstellen; allein dieser Unterschied mag noch so groß seyn; so werde ich doch deswegen nimmermehr sagen können, wie Kant sagt: die Objecte, die uns erscheinen, sind nichts an sich selbst; sondern ich bin genöthiget, zu sagen: ebendeswegen, weil sie mir erscheinen, müssen sie nothwendig Dinge an sich selbst seyn. Denn der Grund, warum die Sonne mir jetzt als Sonne, und nicht etwa als ein Comet erscheint, kann doch unmöglich bloß in mir, und in meinem subjectiven Anschauungsvermögen, sondern er muß nothwendig in ihr selbst, und in der Beziehung liegen, die sie als Ding an sich selbst, oder als Aggregat von Dingen an sich selbst, auf die Receptivität meiner jetzigen Sinne hat. Objecte sind also allerdings zwar vorgestellte Dinge; allein, wenn nicht ein bloßer leerer Idealismus daraus werden soll; so müssen sie nothwendig eine von unserer Vorstellung ganz unabhängige Realität an sich selbst haben, oder sie müssen auch zugleich Dinge an sich selbst seyn; und zwar sind und bleiben sie dieß; unsere Vorstellungen, die wir auf sie beziehen,

mögen

mögen ganz oder zum Theil wahr oder falsch seyn. In sofern also die Sonne, z. E. vorgestellt wird, in sofern ist sie allerdings eine bloße subjective Vorstellung; aber diese Vorstellung hat doch einen Gegenstand, der nicht wieder bloße Vorstellung ist, sondern eine von unserer Vorstellung unabhängige Existenz hat; gesetzt auch, daß er an sich in vielen Stücken ganz anders beschaffen ist, als ich ihn mir vorstelle. Wenn Kant bloß dieß lehrte; so hätte Er in der That uns nichts neues gelehrt. Denn das wußten wir längst. Da er aber die ganze Welt durch und durch zu einer bloßen Erscheinung macht, die ihren Grund bloß in unsern Sinne habe; (man ließe es gelten, wenn er gesagt hätte: daß die Welt, als ein Aggregat von Dingen an sich selbst, uns jetzt gerade so und nicht anders erscheint, hat seinen Grund in unsern Sinnen!) Da Er ausdrücklich sagt und lehrt, daß das Mannigfaltige, woraus der Verstand, dieser Urheber der ganzen Natur (S. 127. 159. 163) seine Gegenstände bildet und zusammen setzt, nebst der Verbindung, die er in dieses Mannigfaltige hineinbringt, nicht von etwas Aeußerm abgezogen, und so in den Verstand erst aufgenommen werde, sondern daß jenes in den subjectiven Formen unseres sinnlichen Anschauungsvermögens, diese aber (die Verbindung des Mannigfaltigen) in den Categorien des Verstandes a priori schon enthalten sey), (S. 102. 134.) Da er mithin nicht allein die Formen der im Raum und Zeit uns erscheinenden Welt, sondern auch sogar den ganzen mannigfaltigen Stoff dazu, bloß in unsern Sinnen findet, welche letzte aber auch wieder keinesweges, wie man etwa glauben möchte, eine gewisse räumliche Existenz an sich selbst haben, sondern ebenfalls wieder bloße subjective Formen oder Modificationen unseres denkenden Ichs sind, dessen Hauptformen in Ansehung seines sinnlichen Anschauungsvermögens Raum und Zeit, in Ansehung seines Denkens, oder seines Verstandes aber die Categorien sind; da er folglich allen und jeden Objecten unserer Sinnlichkeit sowohl, als unseres Verstandes eine von unserer Vorstellung unabhängige Realität, oder äußere Existenz gänzlich abspricht, und hingegen ausdrücklich lehrt, daß sie außer unserm Gemüthe, und an sich selbst gar nicht existiren können; (S. 520) ausdrücklich lehrt, daß Erscheinungen die Dinge an sich selbst, deren Möglichkeit aber doch gar nicht eingesehen werden könne, (S. 310) gar nichts angehn; ja sogar ausdrücklich lehrt, daß Noumena, oder Dinge an sich selbst, in positiver Bedeutung gar nicht zugelassen werden können; so ist klar, daß Er einen totalen Idealismus hiermit einführt, weil es aus den obigen Prämissen eine unvermeidlich nothwendige Folge ist, behaupten zu müssen, daß, z. E.

mein

mein Gemüth sich bloß an eine seiner Vorstellungen stoßen würde, wenn es mir etwa einmal einfiele mit dem Kopfe wieder die Mauer anzurennen; behaupten zu müssen, daß die Welt bewohnerachtet uns erscheinen würde, und zwar völlig eben so, wie sie wirklich uns erscheint, wenn auch außer dem Mannigfaltigen, das unsere subjective Anschauungsformen a priori schon enthalten, weiter gar nichts ihr zum Grunde läge; behaupten zu müssen, daß mithin Noumena, oder Dinge an sich selbst, völlig überflüßig sind, und folglich auch gar nicht angenommen werden können, weil, wenn eine Welt eben so gut uns auch ohne sie erscheinen kann, weder in der theoretischen noch in der praktischen Vernunft irgend ein beweisender Grund dazu vorhanden ist. Denn auch die practische Vernunft kann alsdenn mit nichts beweisen, daß ihre Gesetze und ihre Postulate mehr, als bloße idealische Regulative ihres Denkens und Verhaltens für eine bloße idealische Welt, gelten, und weiter, als auf bloße Erscheinungen, bezogen werden müßten. Da sich nun aber ein solcher Idealismus viel zu fühlbar und zu handgreiflich widerlegt; gleichwohl aber die Kantische Erscheinungslehre, man mag es bemänteln, wie man will, gerade zu und ganz unvermeidlich darauf hinführt, indem es widerſinnig iſt, Noumena, d. h. Dinge an ſich ſelbſt, ſo nebenher zwar zuzugeben, und doch auch zugleich die weſentlichen Bedingungen ihrer Möglichkeit und Denkbarkeit, nemlich Raum und Zeit, nicht allein gänzlich aufzuheben, ſondern auch ſogar ausdrücklich zu behaupten, daß Noumena, oder Dinge an ſich ſelbſt in poſitiver Bedeutung gar nicht zugelaſſen werden können, und daß eine Welt, als ein Inbegriff von Erſcheinungen, auch ohne ſie beſtehen könne; ſo widerlegt ſich auch dieſe Kantiſche Erſcheinungslehre eben hiermit ſchon von ſelbſt, und ihre Nichtigkeit iſt entſchieden. Nun iſt es zwar an ſich ein ſehr möglicher Fall, daß jemand anders denkt, als er ſpricht; allein dieſer Fall läßt ſich doch ſchlechterdings bey Kant nicht annehmen. Denn da man unſtreitig einen verſtändigen Mann auf das gröblichſte beleidigen würde, wenn man annehmen wollte, daß er nicht wirklich ſo dächte, als er ſpricht, beſonders da, und alsdenn, wenn und wo er ernſthaft ſpricht; ſo bleibt uns nun auch weiter gar keine Wahl übrig; ſondern wir ſind genöthiget, ſo ungern es auch geſchieht, anzunehmen, daß Kant, als Idealiſt, wirklich denkt, weil er in unzähligen Stellen, und zwar gerade in den Hauptſtellen, die den Ton angeben, der durch das ganze Syſtem herrſcht, gänzlich ſo geſprochen hat, daß ein wirklicher und völliger

Idea-

Idealist gar nicht anders sprechen könnte. — So gewiß es mir indessen ist, daß die Kantische Philosophie in sehr wesentlichen und wichtigen Punkten nicht so bleiben kann und wird, wie sie gegenwärtig ist; so gewiß ist es mir auch, daß unser großer und guter Kant um die Philosophie Verdienste hat, die seinen Namen unsterblich machen, und folglich auch, eben hiermit schon, authentisch es beweisen werden, daß der unsterbliche Kant sich irrte, wenn Er Welt und Zeit bloß in seinen Sinnen anzutreffen glaubte. Denn dann würde es unstreitig mit der Ihm gebührenden Unsterblichkeit Nichts seyn!